승정원일기,

소통의 정치를 논하다

승정원일기,
소통의 정치를 논하다

박홍갑
이근호
최재복
지음

산처럼

* 이 책에 실린 이미지 자료의 출처에 누락이 있는 경우 출판사로 연락을 주시면 게재 허락을 받고 일반적인 기준에 따라 사용료를 지불하겠습니다.

| 책을 내면서 |

　적자생존. 환경에 가장 잘 적응하는 생물이나 집단이 살아남는다는 의미를 가진 다윈의 진화론에 밑바탕이 된 이론이었다는 것은 너무나 잘 알려진 사실. 그런데 한때 기록학 전공자들이나 국가기록물 관리 담당자들 사이에 자주 입버릇처럼 되새기던 말이 바로 '적자생존'이었다. 처음에는 필자도 어리둥절하여 무슨 소리인가 했는데, 나중에 알고 보니 '적자! 적어야 살아남는다'란 의미로 통하는 그들만의 용어였다.
　인류가 아득한 옛날부터 이 지구상에 살아오면서 자신의 행위를 기록으로 남기려는 것은 거의 본능에 가까울 정도였다. 그런데도 우리 사회에서는 최근에 와서야 기록학이란 독립된 학문분야가 생겨났으니, 우리 선조들의 철저했던 기록정신과 찬란했던 기록문화에 비추어본다면, 때가 늦어도 한참이나 늦었다.
　유네스코 세계기록유산만 보더라도 등록을 처음 시작한 1997년에 『조선왕조실록』과 『훈민정음』을 필두로 2001년에는 『승정원일기』, 『직지심체요절直指心體要節』, 그리고 최근 『동의보감』에 이르기까지 총 7건이나 등재됐으니, 대한민국이 실로 최다 보유국에 거의 근접해가고 있다. 그런데 내용적으로 따진다면, 『승정원일기』나 『조선왕조실록』 같은 기록물은 유래가 없을 장장 500년 왕조의 역사가 고스란히 담겨 있는 것이고, 따라서 그 내용 자체가 매우 풍성한 콘텐츠로 채워져 있다는 데 주목해야 한다. 보존가치도 크지만, 그보다 효용가치가 훨씬 더 큰 기록물이란 뜻이다. 특히 오늘날과 같이 문화가 곧 산업인 시대에서는 말이다.

이런 기록물이 우리의 문화유산으로 남겨질 수 있었던 것은 바로 우리 선조들의 기록정신과 높은 문화의식 때문인데, 우리는 이런 사실조차 망각하면서 '서구우월주의'에 젖어 살아왔다. 조선시대 기록정신이 일제강점기에 흔적도 없이 사라져버렸고, 결국 대한민국 정부가 수립된 이후에도 그 기록정신은 온데 간데 없어져버렸다. 미국의 대통령기념관에는 재임 당시 비서가 건넨 사소한 메모 한 장까지도 보존되어 있다. 그에 비해 우리는 제헌헌법 원본조차 분실된 실정이고, 외국 정부와 체결했던 조약 문건도 46건이나 행방이 묘연하다. 참으로 선조들에게 볼 면목이 없고, 후손들에게 미안할 따름이다.

다행스럽게도 2007년에야 「대통령기록물 관리에 관한 법률」(대통령기록물관리법)이 통과되어, 조선시대 기록정신의 전통을 잇는 길이 열리기 시작했다. 그 이전까지의 대통령 기록물들은 퇴임 후 사가로 실려 가거나 여기저기에 흩어져버렸고, 특히 예민한 부분의 기록들은 흔적 없이 사라져버렸을 것이다. 국가기록원 소장 대통령 관련 기록물은 총 30만여 건에 불과하다고 하니, 무단파기 및 유출 상황이 가히 짐작이 간다. 2005년 한나라당 모 의원이 발의한 「예문춘추관법안」이 계기가 되어 「대통령기록물 관리에 관한 법률」이 제정된 것은 고 노무현 전 대통령의 적극적인 관심과 지원 덕분이라고 들었다. 노 전 대통령에 대한 지지 여부와는 별개로, 이 부분만은 열렬한 박수를 보낸다. 조선조 호방한 성격의 태종이 사냥터에서 낙마했을 때 첫마디가 "이 사실을 사관이 알지 못하게 하라"였으나 역사에는 이 사실까지 기록되고 말았으니, 이것이 바로 우리 선조의 기록정신이요, 그 기록을 보존해왔던 수준 높은 문화의식이 아니겠는가.

지금까지 조선시대 역사기록물의 대표선수가 『조선왕조실록』이었다면, 앞으로는 『승정원일기』가 되어야 한다고 굳게 믿고 있다. 『승정원일기』는 비록 임진왜란과 이괄의 난 등으로 소실되어 조선 후기의 것만 남아 있지만, 『조선왕조실록』처럼 2차적으로 편집된 자료가 아니라 현장에서 바로 기록한 속기록이다. 사건 정황을 설명하는 데도 매우 자세하여 녹화비디오를 보는 듯한 느낌이 든다. 그러니 조선시기 절반의 기록이어도 그 양에 있어서는 자그마치 『조선왕조실록』의 5배나 된다.

『승정원일기』 홍보대사가 된 양 열을 올리는 것은 이 기록물에 반했기 때문이고, 이 책을 출간하기로 뜻을 세운 것은 몇 사람과 의기투합했기 때문이다. 너무나 방대한 『승정원일기』를 한 권의 책으로 낸다는 것이 애초부터 무리라는 생각에는 지금도 변함이 없다. 그럼에도 불구하고 책을 세상에 내놓게 된 것은 『승정원일기』를 일반 독자들에게 적극적으로 알려야겠다는 의욕이 앞섰기 때문이다. 세계기록유산으로 지정되어 세계가 인정하고 있는 『승정원일기』를 정작 우리 자신이 모른다면 부끄러운 일이지 않은가. 또 한편으로는 문화콘텐츠 산업이 우리의 신성장 동력 산업의 핵심으로 부상하고 있는 이때 풍부한 스토리텔링의 보고寶庫인『승정원일기』를 알리는 일에 우리 인문학도들도 뭔가 힘을 보태자는, 겉으로 보기에는 매우 거창하지만 실은 아주 작고 소박한 소망 때문이기도 하다.

 작업이 지루하게 해를 넘기며 진행되다보니 의기투합했던 사람들에게는 김빠지는 고비들도 있었지만, 그래도 이만한 책으로 엮어져 다행이다.『경향신문』에 연재하던 내용들만으로는 어림도 없어 거의 새로 쓴 글들로 채워졌다. 기존 연구성과들을 활용하면서 일일이 각주를 달지 못한 점은 선학들께 널리 양해를 구한다. 집필과 교정 과정에 도움을 준 고려대 박사과정 강성득 씨, 한국학중앙연구원 한국학대학원 박사과정 김영민·이미선 씨, 그리고 원고를 깔끔히 마무리해준 도서출판 산처럼에게 고마움을 전한다.

 우리 기록문화를 묵묵히 가꾸어온 수많은 사람들, 특히 승정원에 배속되어 승지承旨와 주서注書들의 지침과 요구로 밤새 붓을 잡고 베끼고 또 베꼈을 이름도 남기지 못한 서리書吏들에게 이 책을 바친다.

2009년 늦여름
저자를 대표하여 박홍갑 씀

승정원일기,

소통의 정치를 논하다 • 차례

책을 내면서 • 5

제1부 288년간의 기록, 『승정원일기』

제1장 승정원이란 어떤 관청인가 • 14
제2장 『승정원일기』는 어떤 책인가 • 20

제2부 나는 왕이로소이다

제1장 1763년 새해 첫날, 국왕의 긴 행차 • 28
제2장 기나긴 국왕의 하루 • 37
제3장 영조, 겸재 정선을 만나다 • 43
제4장 생모 추숭을 둘러싼 영조와 신하의 힘겨루기 • 53
제5장 국왕의 여론몰이, 소통을 생각하다 • 62
제6장 왕의 유모는 1품 벼슬이더라 • 68
제7장 세자는 죽고, 의혹은 커지고 • 76

제3부 　조선시대 국정의 이모저모

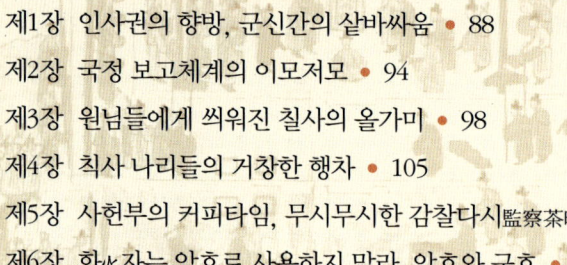

제1장　인사권의 향방, 군신간의 샅바싸움 • 88
제2장　국정 보고체계의 이모저모 • 94
제3장　원님들에게 씌워진 칠사의 올가미 • 98
제4장　칙사 나리들의 거창한 행차 • 105
제5장　사헌부의 커피타임, 무시무시한 감찰다시監察茶時 • 113
제6장　화火자는 암호로 사용하지 말라, 암호와 군호 • 120

제4부 　양반도 살고 상놈도 사는 세상

제1장　어수선한 과거 시험장 풍경 • 126
제2장　호된 신고식에 간 큰 신참도 기가 꺾이고 • 137
제3장　수백 년간 엎치락뒤치락하던 양반동네 시비들 • 149
제4장　술주정도 때론 큰 죄가 되더이다 • 159
제5장　억울한 이는 꽹과리를 쳐라 • 166
제6장　절름발이 혼인 • 173
제7장　족보 팔아 떼돈 버는 세상 • 184

제5부 잘 먹고 잘사는 세상을 위하여

제1장 국왕의 건강관리 • 192
제2장 궁하면 개똥도 약이더라 • 199
제3장 경로잔치, 늙은이들을 위한 세상 • 206
제4장 소 잡아먹는 사회, 금지하는 사회 • 214
제5장 굶주림에 버려진 아이들 • 222
제6장 궁궐과 8도에 측우기를 설치하라 • 230

제6부 비서실 승정원과 왕의 남자들

제1장 국왕의 비서실, 승정원 • 238
제2장 왕명에 죽고 왕명에 산다 • 244
제3장 승지, 실력과 배경을 겸비한 당대 최고 기둥들 • 250
제4장 주서, 사관이나 다름없는 신진 엘리트 • 257
제5장 왕의 남자들은 금천교를 넘지 마라 • 264

제7부 『승정원일기』, 그 기록과 보존의 함수관계

제1장 잘못 기록한 자는 처벌해야 하옵니다 • 274
제2장 불탄 『승정원일기』를 복구하라 • 283
제3장 짐이 명하노니, 예민한 부분을 삭제하라 • 289
제4장 사례로 본 『승정원일기』의 가치 • 302

제8부 전통시대 기록문화와 『승정원일기』

제1장 동아시아 기록문화의 전통 • 310
제2장 조선 이전의 우리 기록문화 • 314
제3장 찬란했던 조선시대의 기록문화 • 318
제4장 기록문화의 꽃, 『승정원일기』 • 325

참고문헌 • 330

제 1 부

288년간의 기록, 『승정원일기』

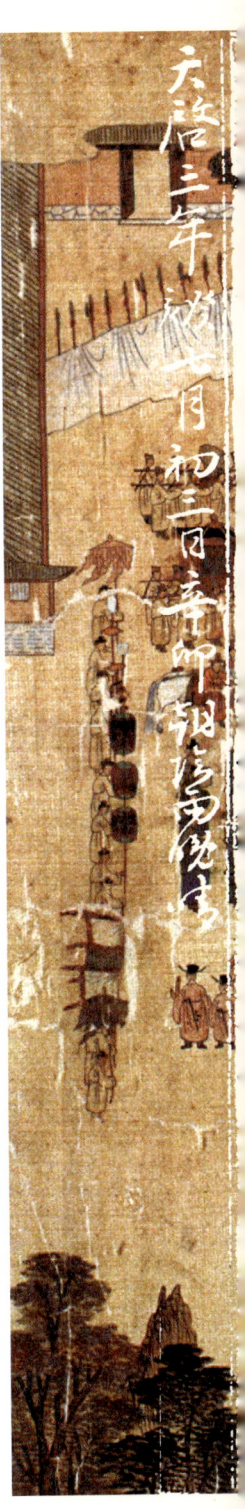

제1장

승정원이란 어떤 관청인가

　오늘날 우리의 관료조직을 보면, 행정 수반인 대통령을 정점으로 국정을 총괄하는 총리실과 그 아래 실무부서인 각 부처들로 나누어져 있고, 아울러 각 부처 아래에는 직속기관이나 하부 기구들이 배치되어 있어 전반적인 나라 살림살이를 꾸려가고 있다. 한편 그와는 별도의 조직인 대통령비서실·감사원·검찰청 등등의 기구들이 상호 협조와 견제를 통하여 국정을 받쳐주는 형국이다.

　이런 모습들은 조선시대라고 해서 예외는 아니었다. 얼핏 전근대사회에서의 관료제도가 국왕 일인의 독점 권력 아래 좌지우지되고 있었다고 섣부른 판단을 할지 모르겠다. 그러나 실상을 알고 보면, 촘촘한 씨줄과 날줄 같이 얽혀 있는 기구와 제도들이 상호 협조와 적절한 견제로 그 사회를 유지해나갔고, 그것이 장장 500년의 왕조를 지탱해간 원동력이었다 해도 과언이 아니다.

　조선시대 정부 기구들을 크게 놓고 보면, 3정승 합의기구였던

「은대계첩銀臺契帖」 은대銀臺는 승정원의 별칭으로 승정원 관원들의 계 모임을 그려 첩으로 묶은 것이다. 도승지 김상헌金尚憲(1570~1652)을 비롯하여 6명의 승지 명단과 이들이 직접 쓴 시도 함께 수록되어 있다. 국립중앙박물관 소장.

의정부 아래 집행부서인 6조 판서들이 업무를 분담했으니, 오늘날 총리 아래 각 부 장관들이 정책을 입안하고 집행하는 것과 마찬가지였다. 아울러 행정 실무부서인 6조와는 별도로 최고 정책에 참여하는 승정원·사헌부·사간원·홍문관이나, 왕의 친인척과 공신들을 관리하는 종친부·충훈부·의빈부·돈령부, 그밖의 특수 기구였던 의금부·한성부·내금위 등은 6조 관할 밖에 있어, 3권 분립은 아니라 할지라도 이들이 적절한 상호 견제와 협조를 통해 나라를 이끌어갔던 것이다. 그렇기에 입법·사법·행정권이 국왕 한 사람에게 집중된 왕조국가라 할지라도, 언론으로 왕권을 적절하게 견제하는 3사나 엄정한 역사로 심판을 할 수 있는 예문관이

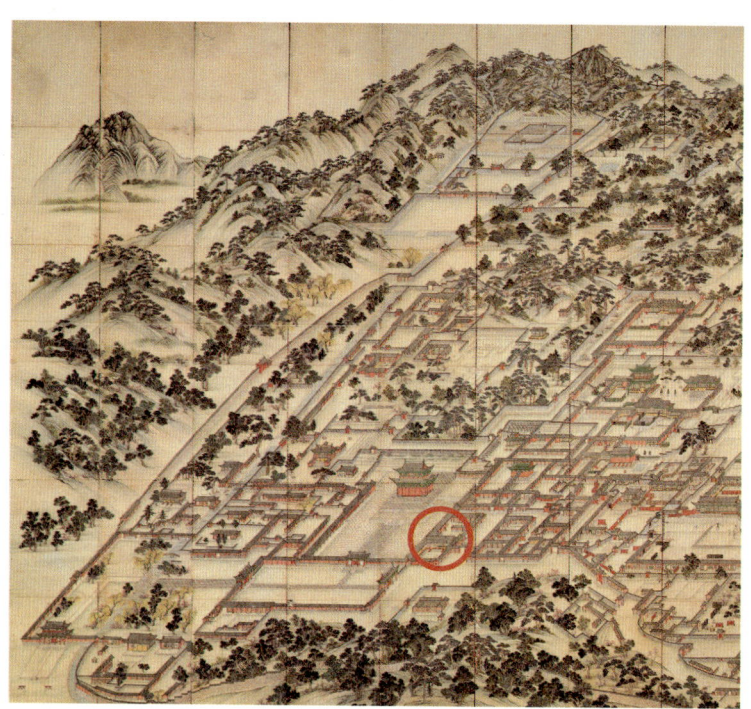

「동궐도」 경복궁 동쪽에 있는 창덕궁과 창경궁을 그린 것으로, 16첩 병풍으로 되어 있다. 실제와 같은 모습으로 세밀하게 묘사되어 있는 것이 특징이다. 인정전 주위에 승정원을 비롯한 궐내 각사들이 포진해 있다. 붉은 원으로 표시된 곳이 승정원의 위치다. 고려대 박물관 소장.

나 춘추관 등이 있어 각 기구들이 그 영향력을 발휘할 수 있었다.

그럼에도 불구하고 왕조국가의 특성상 모든 법령들이 국왕의 입에서 나왔으며, 이를 시행하면 그것이 전범典範이 되어 후대의 왕들도 쉬이 따르지 않을 수 없는 것이 조선사회이기도 했다. 이런 까닭에 조선시대에도 국왕을 견제하는 기구들 속에서 왕권을 뒷받침해주는 기구 또한 필요했으니, 이를 대표하는 것이 바로 승정원이었다. 승정원을 쉽게 표현하자면 오늘날의 대통령비서실과 같은 존재라 할 수 있다. 국정 수반인 대통령이 원활한 국정 수행을 위해 각 업무 현안들을 비서실에서 미리 챙겨서 보좌해야 하듯이, 조선시대 승정원 또한 국왕의 비서실이었던 것이다. 단 오늘날의 대통령비서실과 같이 직접적으로 정책을 개발하거나 조정하는 기능을 갖고 있지 않았다는 점에서는 차이가 있었다.

조선시대 승정원의 기본적인 임무는 『경국대전經國大典』의 규정대로 왕명 출납이었다. 오늘날은 대통령이 지시하고 명령한다 해도 바로 법적인 성격을 가지지는 못한다. 입법기구인 국회가 따로 있기 때문이다. 그러나 왕조국가인 조선시대에서는 국왕이 판단하고 결정을 내려 명령을 하달하면 그것이 곧 법이었다. 그러니 국왕의 명을 들이고 내보내고 하는 일이 매우 중요했고, 이를 맡아서 처리하는 곳이 바로 승정원이었다. 즉 정책 개발과 집행부서인 6조와 그 아래 각 속아문屬衙門들이 업무 현안에 대해 보고할 때면 반드시 승정원을 거쳐 국왕에게 전달되고, 국왕의 결재 사안 역시 승정원을 통해 각 관청으로 하달됐다. 이점 역시 오늘날 대통령비서실의 기능과 다른 점이었다. 그러하니 국왕과 승정원은 뗄래야 뗄 수 없는 관계였고, 이를 빗대어 임금님의 혀와 목구멍과 같다는 뜻으로 승정원을 '후원喉院', 승정원에 배속된 관리들을 '후설지직喉舌之職'이라 불렀다.

왕명 출납 외에 승정원의 주요 업무로는 조보朝報 발행이 있었다. 조보란 우리나라 신문의 효시로 알려져 있는데, 일종의 조선 조정의 관보官報쯤이라고 생각하면 이해하기 쉽다. 왕조 국가에서 국왕의 입과 발이 되고 있는 업무 특성상 승정원에서 정부 관보를 발행했던 것이다. 따라서 승정원에 소속된 기별서리奇別書吏들이 죽어라 필사하여 매일 오전에 배포했는데, 이때 각급 관서에 소속된 기별군사奇別軍士들이 해당 기관에 전달했다. 선조 시절 한때 민간업자들이 조보를 베껴 돈벌이 수단으로 삼은 적도 있지만, 국가의 기밀 사항들도 있어서 곧 금지됐다. 그러나 나중에는 승정원 서리에게 돈만 내면 외국 영사관에서도 마음대로 조보를 입수할 수 있어서, 승정원 아전들의 술값 걱정을 덜어주기도 했다.

아울러 승정원에서는 대궐 문을 열고 닫는 열쇠를 관리하는 임무를 수행했다. 도성문은 인정人定에 닫고 파루罷漏를 치면 열었다. 대개 밤 10시에서 새벽 4시경까지가 통행금지 시간이었던 것이다. 이에 비해 궁궐문은 어두워지면 닫고, 동이 트면 열도록 되어 있었다. 이때에 승정원에서 숙직을 하는 승지가 궁궐 열쇠 관리의 최종 책임을 졌다. 즉 도총부의 당하관이 액정서 관리와 함께 승정원에 와서 열쇠를 받아가 대궐문을 열고 닫는 일을 완수한 후 승정원에 반납하게 되어 있었다. 여타 승지들은 도성문과 궁궐문이 열리기 전에 줄을 섰다가 가장 먼저 입궐하여 출근해야 하는 사람들이었다.

왕명 출납을 담당하는 기구는 고려 때도 있었다. 그리고 조선이 건국될 당시에는 중추원이란 곳에서 왕명 출납을 맡았던 동시에 군기軍機의 사무까지 장악하고 있었으니, 중추원이 실로 막강한 기구였음에 틀림없다. 그러나 이때까지만 해도 왕명 출납을 위한 독자적인 기구는 없었다. 이와 달리 승정원은 독립된 기구이므로 그 위상이나 역할은 사뭇 다를 수밖에 없었다. 국왕의 혀와 목구멍의 역할을 했다고 하니 그 권력 또한 짐작이 되고도 남는다.

막강한 권력을 가진 승정원의 승지들이었지만, 왕명 출납 과정에서 부풀리거나 임의로 줄여 자칫 한 점의 의혹이라도 있는 날이면 큰 화를 부를 수도 있었다. 따라서 승정원에서 처리하는 업무는 매우 공정하게 공개적으로 진행되지 않으면 안 됐다. 만약 임의로 일을 처리한 승지가 있다면 바로 동료들의 견제를 받았고, 나아가 대간들의 견제 또한 철저하게 이루어지도록 되어 있었다. 『은대조례銀臺條例』, 『은대편고銀臺便攷』 같은 승정원의 업무 매뉴얼이 잘 정리되어 내려온 것도 다 그런 이유 때문이다.

제2장

『승정원일기』는 어떤 책인가

    국보 제303호이자 유네스코 세계기록유산인 『승정원일기』. 이는 조선 초기부터 작성되기 시작하여 1910년 일제에 병합되어 나라를 잃을 때까지 하루도 빠짐없이 써내려간 기록이니, 장장 500여 년 동안을 기록한 일기였다. 그러나 불행하게도 조선 전기 부분에 해당하는 광해군 이전의 것은 남아 있지 않다. 임진왜란과 이괄의 난으로 불타버렸기 때문이다. 인조대(1623)부터 경종대(1724)까지의 『승정원일기』도 화재로 소실됐으나, 영조 22년(1746)에 복구한 덕분에 이는 우리에게 전해질 수 있었다.

    현재 우리에게 전해지는 『승정원일기』 책수는 모두 3,245책이다. 여기에는 명칭을 달리하는 것들도 포함되어 있다. 갑오개혁 이후 승정원의 명칭이 여러 차례 바뀌어서 『승정원일기』 역시 그들의 명칭에 따라 변해갔다. 그리하여 1623년(인조 1) 3월부터 1894년(고종 31) 6월까지의 『승정원일기』 3,047책, 1894년(고종 31) 7월

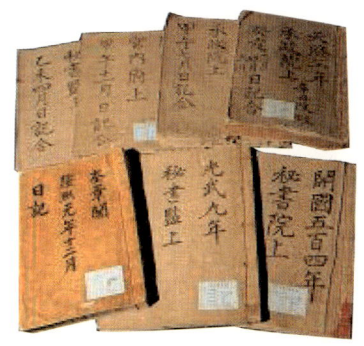
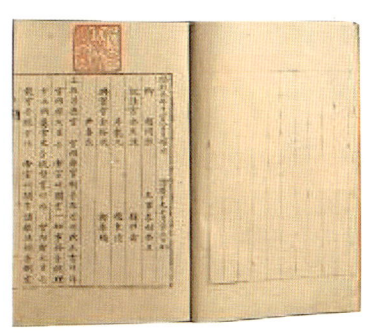

명칭을 달리하는 『승정원일기』들 승정원이 갑오개혁 이후 여러 차례 명칭이 변경됨에 따라 『승정원일기』 역시 이름을 바꿔가며 작성됐음을 보여준다. 서울대 규장각 소장.

융희 원년(1907)의 『승정원일기』 융희 원년의 『승정원일기』는 국한문 혼용으로 되어 있어, 우리 문자의 변천 과정을 잘 보여주고 있다. 서울대 규장각 소장.

부터 10월까지의 『승선원일기承宣院日記』 4책, 1894년(고종 31) 11월부터 1895년(고종 32) 3월까지의 『궁내부일기宮內府日記』 5책, 1895년(고종 32) 4월부터 9월까지의 『비서감일기秘書監日記』 8책, 1895년(고종 32) 10월부터 1905년(광무 9) 2월까지의 『비서원일기秘書院日記』 115책, 1905년(광무 9) 3월부터 1907년(융희 1) 10월까지의 『비서감일기秘書監日記』 33책, 1907년(융희 1) 12월부터 1910년(융희 4) 8월까지의 『규장각일기奎章閣日記』 33책 등 무려 7종류가 된다.

　『승정원일기』는 그 명칭에서 보듯이, 승정원이란 관청에서 작성한 일기다. 앞에서도 언급했듯이, 승정원이란 왕의 비서실 역할을 하는 기구였기에 그들이 업무로 처리한 내용들을 일지로 작성한 것이 바로 『승정원일기』였다. 즉 왕에게 왜곡되지 않은 일원적인 보고체계 확립을 위해 승정원을 통해 왕명 출납을 맡겨 모든 보고가 이루어지게 했으니, 왕에게 보고되는 모든 문서는 승정원을 거

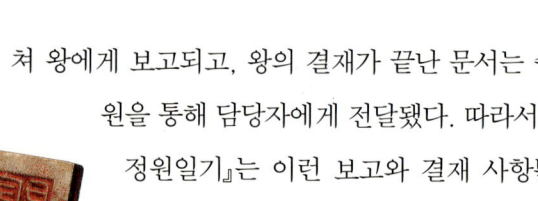

궁내부 소속 관청의 인장
예식원 인장(위), 서북철도
국총재 인장(아래 왼쪽),
비서원 인장(아래 오른쪽).
국립고궁박물관 소장.

쳐 왕에게 보고되고, 왕의 결재가 끝난 문서는 승정원을 통해 담당자에게 전달됐다. 따라서 『승정원일기』는 이런 보고와 결재 사항뿐만 아니라 국왕이 새벽에 기침하여 하루 동안 진행한 갖가지 일들, 즉 임금의 거처와 거둥, 경연과 신료들의 접견, 각종 회의와 지방에서 올라온 상소 등을 격식에 맞춰 정리한 것이다.

그런데 간혹 왕의 명령이 『승정원일기』에 잘못 기록되어 큰 문제를 야기하기도 했는데, 고의든 과실이든 승정원과 최초 보고자 사이에 내용의 왜곡을 두고 갈등이 발생할 소지는 항상 있었다. 『승정원일기』에는 이런 사례들이 자주 보인다.

아무튼 월별 순으로 작성되는 일기는, 날짜와 날씨에 이어 그날 근무한 승지와 주서 명단, 내용 첫머리에 임금의 동정을 기록하고, 승정원의 업무 현황을 비롯하여 왕과 왕비를 비롯한 왕실 어른들의 문안, 왕의 경연 참석 상황, 각 관청에 내리는 명령이나 올라오는 보고 내용 등을 상세하게 적었다. 그날그날 일어난 역대 임금들의 하루 일과, 지시와 명령, 각 부처의 보고, 각종 회의, 그리고 지방에서 올라오는 상소 등이 모두 자세하게 기록되어 있어 당시의 상황을 알 수 있는 귀중한 1차 자료다.

『승정원일기』와 『조선왕조실록』을 비교하면 각각의 장단점이 있다. 현존하는 기록물의 총 기간을 보면 전자가 절반에 불과하지만, 양으로 따지면 약 5배 정도가 된다. 또한 후자가 시정기時政記

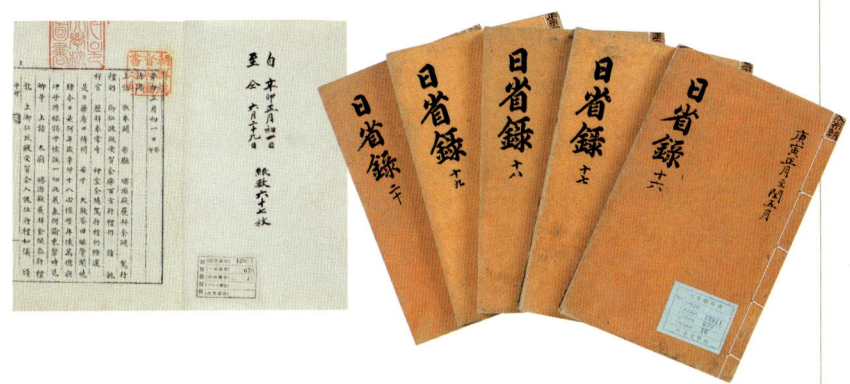

『일성록』, 1760년(영조 36) 1월부터 1910년 8월까지 조정과 내외 신하에 관련된 일기다. 임금의 입장에서 펴낸 일기 형식이나 실질적으로는 정부의 공식 기록이다. 2,327책이 모두 전하고 있으나, 21개월분이 빠져 있다. 서울대 규장각 소장.

나 사초史草 등을 토대로 편집자들이 취사선택하여 가공한 2차 자료라면, 전자는 당시의 상황을 현장에서 바로 기록한 1차 사료다. 따라서 전자는 현장에서 직접 붓으로 쓴 필사본인 데 비해, 『조선왕조실록』은 활자를 이용한 인쇄본이다. 특히 『승정원일기』는 생생한 1차 자료여서 조선시대 사용하던 문서 형식을 보여주기도 하고, 조선 후기까지 사용하던 이두문도 그대로 보여주고 있다. 왕과 신하들이 현안을 두고 토론을 벌일 때의 기록은 비디오 화면같이 생생하고, 마치 국회 속기록을 읽는 듯하다. 만약에 1만 명이 연명하여 함께 상소를 올렸다면 『조선왕조실록』에는 그 사실만 간단하게 기록하거나 생략했을 수도 있으나, 『승정원일기』에는 상소 내용 전문과 함께 1만 명의 이름들이 깨알같이 모두 적혀 있다.

조선시대 국왕들도 일기를 썼고, 그렇게 남겨진 일기는 『일성록日省錄』이란 책으로 묶어져 있다. '하루하루 반성하는 기록'이란 뜻이니, 그야말로 우리가 일기를 쓰는 자세의 모범이 아닐 수 없다.

호학好學의 군주 정조가 세손 시절부터 일기를 쓰던 습관을 즉위 후에도 계속 이어갔고, 그것이 바탕이 되어 후대 임금에게도 이어진 것이다. 여기에는 매일 매일 왕의 행위와 처리 내용들이 묶어져 있는데, 하루치 분량이 20쪽이 넘는 날이 많다. 1781년(정조 5)까지는 국왕 개인의 일기였지만, 그 이후 규장각 각신閣臣들에게 매일 쓰게 하고, 끝에 신하들의 이름을 적게 함으로써 공식적인 기록이 됐다.

국왕의 다양한 통치 기록들이 있었음에도 불구하고 『일성록』을 국가 기록으로 편찬한 것은 너무나 자세한 『승정원일기』가 어떤 면에서는 핵심 내용을 한눈에 파악하기가 어렵고, 『조선왕조실록』은 사고史庫에 비장秘藏되어 있어 아무도 볼 수 없는 자료였다는 데 있었다. 『일성록』은 150년 동안만의 기록이지만 『조선왕조실록』을 웃도는 6천만 자의 방대한 기록임에도 불구하고, 글 제목을 붙이고 필요 자료들까지 첨부해놓았기에 자세하면서도 보기 편한 기록물이다.

『조선왕조실록』에는 정조 재위 기간 동안 30건의 격쟁擊錚만이 기록되어 있으나, 『일성록』에는 무려 1,335건의 격쟁 기록이 실려 있다. 『승정원일기』 1,490건에 거의 육박하는 수치다. 이처럼 국왕의 일기인 『일성록』에조차 일반 백성들의 목소리까지 생생하게 담겨 있는 것이다. 그밖에 『일성록』에는 '소민小民'이란 단어가 자주 등장하는데, 이는 양반이 아닌 평민, 부자가 아닌 가난한 백성들을 가리키는 말로서, 『일성록』이 그만큼 백성들의 목소리를 중요시했음을 간접적으로 보여준다고 할 수 있겠다.

『일성록』은 정조에서 순조에 이르는 150년 동안의 일기이지만, 2,327권에 이르는 방대한 양이다. 또 시간이 지날수록 국왕의 생활을 반성한다는 목적보다는 국정에의 참고자료와 역사기록으로서의 의미가 더욱 커졌다. 따라서 그 내용들 대개는 자세하고 방대했던 『승정원일기』와 겹치는 부분이 많다. 그러나 『일성록』은 다른 관청의 기록을 규장각 각신들이 국왕의 열람에 편리하도록 재분류하여 편집한 것이기에, 그 과정에서 자료가 취사선택되고 국왕의 뜻에 거슬리는 내용은 완화하거나 삭제해버렸을 가능성도 있다. 이처럼 『일성록』이 국왕의 관점에서 기록되고 국왕만이 열람했다면, 『승정원일기』는 승정원의 입장에서 기록된 업무일지이고 국왕을 비롯한 신료들이 국정 운영 과정에서 열람할 수 있는 기록이었다. 따라서 『승정원일기』와 국왕의 개인 일기인 『일성록』은 편찬 주체가 다르고 목적이 달랐으니, 내용 자체가 상호 보완되는 면이 많다. 따라서 조선 후기의 상황을 정확하게 파악하는 데는 둘 다 요긴한 자료다.

오늘날 국무회의 기록이라 할 수 있는 『비변사등록備邊司謄錄』이나 외교일지라고 할 수 있는 『전객사일기典客司日記』, 죄인을 다스리는 의금부 기록인 『의금부등록義禁府謄錄』, 그밖의 각종 업무일지와 일기들이 수없이 많은데, 그 기록들을 펼쳐놓고 보노라면 조선은 가히 기록의 나라라 불릴 만하다. 여기에다 요즘 많이 발굴되어 소개되고 있는 개인 일기까지 포함하면, 실로 조선은 일기책으로 넘쳐나는 사회였던 것 같다. 조선 후기 무인이던 노상추는 선대에 이어 장장 68년 동안 일기를 남겨 그 가문에 소장되어오다가 최근에야 공개된 바 있다. 병인양요 때 강화도를 침입했다가 집집마다 비치된 책을 본 프랑스 어느 장교의 놀란 가슴을 정작 우리 자신만이 모르거나 잊고 살아가고 있는 셈이다.

아무튼 『승정원일기』는 ① 3,245책에 약 2억 4천 250만 자로 작성된 288년 동안의 방대한 기록이라는 점, ② 천문 기상학 및 과학 자료로 이용 가능한 288년 동안의 날씨와 천문 현상들이 매일 기록되어 있다는 점, ③ 288년 동안 작성됨으로써 장기간의 언어 변천 과정을 확인할 수 있다는 점, ④ 『승정원일기』에 기록된 일자 기록이 역산曆算의 기초 자료가 될 수 있다는 점, ⑤ 당시의 정치·경제·국방·사회·문화 등에 걸쳐 역사를 생생하게 기록한 1차 기록이라는 점 등이 인정되어, 유네스코에서 지정한 세계기록유산으로 당당하게 등재됐던 것이다.

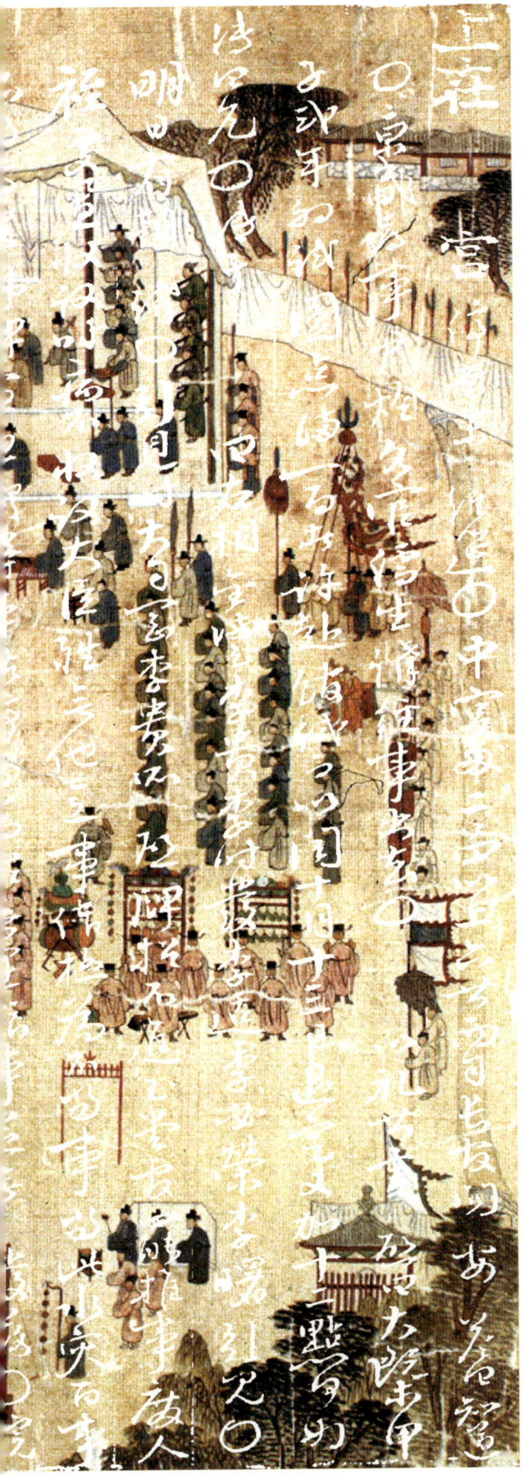

제 2 부

나는 왕이로소이다

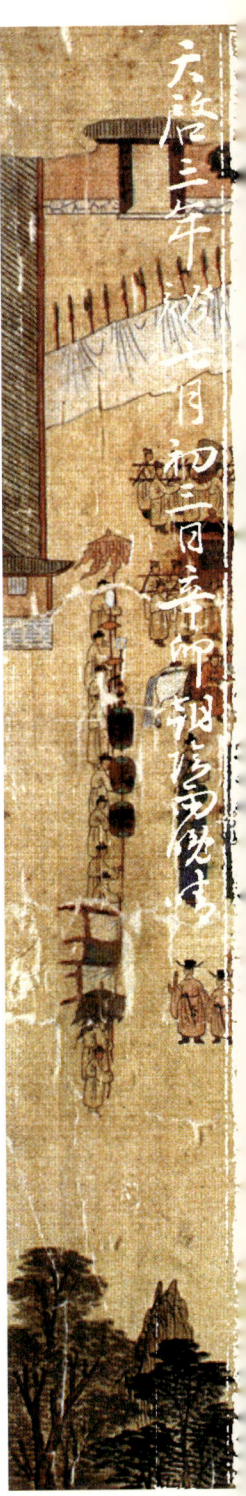

제1장

1763년 새해 첫날, 국왕의 긴 행차

　조선시대 국왕의 궐 밖 행차는 하나의 정치 이벤트였다. 국왕이 궐 밖으로 나서는 경우는 선대왕과 왕비의 위패를 모신 종묘나 사직으로 거둥하는 것 이외에도 중국에서 파견된 사신을 맞이하거나 유생들의 교육을 담당하는 성균관의 행차, 선대왕의 능 참배, 열무閱武라고 하는 군사훈련 참관, 휴식 및 병 치료를 목적으로 한 온행溫行 등 여러 가지 이유에서 이루어졌다. 국왕의 거둥이 결정되면, 예하 담당 부서에서는 각자의 역할에 따라 의장 등을 준비하게 된다. 이때 설치되는 의장의 규모는 거둥 목적에 따라 대가大駕(임금이 타는 수레)를 비롯해 법가法駕·소가小駕 등으로 나누어졌다. 조선조의 예법을 기록한 『국조오례의國朝五禮儀』에 따르면, 대가는 중국에서 온 황제의 조서詔書를 맞이할 때와 사직단이나 종묘 제사에 거둥할 때 적용됐고, 법가는 문소전文昭殿(조선 태조와 그 비인 신의왕후의 위패를 모시는 사당)이나 선농단先農壇(조선 때 신농씨神農氏

임금행차용 조립식 가옥 해체 조립이 편리한 구조물로 주정소駐停所로 알려져왔다. 주정소란 임금이 행차할 때 잠시 머무는 곳으로, 기존 건물을 고쳐 쓰거나 임시 조립식 구조물을 설치하기도 했다. 국립고궁박물관 소장.

와 후직씨后稷氏에게 풍년을 빌던 제단), 문선왕묘文宣王廟(공자를 모신 사당) 등에 제사지낼 때와 사단射壇에서 활쏘기를 하는 경우 등에 적용됐다. 마지막 소가는 국가의 제사가 있을 때 향을 전하는 전향傳香 의식이나 국왕의 명령을 받아 사신을 파견하는 경우 등에 적용됐다. 그 규모에서도 큰 차이를 보여 시위하는 군사 수가, 대가의 경우는 6천 명 정도, 법가의 경우도 3천 명 정도, 소가의 경우 1,500명 정도 수행하도록 규정했다. 그러나 조선 후기에 이르면 의식에 따른 시위 군사 수에 차등을 두지 않게 변화된 듯하며, 영조대의 경우 많게는 3천 명 정도, 적게는 1천 명 정도가 수행했던 듯하다. 이렇게 본다면, 국왕의 거둥은 규모에 차이가 있더라도 그 자체로 장관이었을 것이다.

교룡 깃발 왕권을 상징하는 깃발로 어가 행차에 쓰던 의장용이다. 왕이 탄 가마 앞에 세워서 왕이 행렬을 총지휘한다는 뜻을 나타낸다. 국립고궁박물관 소장.

 국왕의 거둥은 국왕을 직접 볼 수 있다는 것 이외에도 화려한 의장물 등으로 백성들에게 볼거리를 제공했다. 따라서 이를 보기 위해 많은 백성들이 구름같이 모여들었다. 국왕은 이같은 거둥 행사를 통해 백성들에게 그 존재와 권위를 확인시켰다. 뿐만 아니라 거둥은 구중궁궐이라 일컬어지는 궁궐을 벗어나 백성들과 대면할 수 있는 시간이기도 했다. 따라서 국왕의 거둥 때에는 사전에 격쟁을 받을 것인지의 여부가 결정되기도 했다. 격쟁이란 백성들이 꽹과리를 치면 그들이 청원하는 바를 임금이 듣는 것을 말한다. 국왕은 백성들의 격쟁을 통해 민폐를 듣게 되며, 백성들은 직접 군주에게 자신의 억울한 일 등을 호소하거나 청원할 수 있으므로 군주나 백성들에게는 더없이 귀중한 시간이었다. 특히 영조는 거둥 때 주변 지역의 백성들을 소견하면서 직접 그들의 문제를 경청했던 국왕 가운데 한 명이었다.

『승정원일기』 영조 39년(1763) 1월 1일조 기사는 유난히 길었던 영조의 거둥을 자세하게 기록하고 있다. 국왕은 새해 첫날을 맞이하여 선대왕과 왕비의 위패가 모셔진 종묘에 거둥했다. 이날 영조는 진시辰時(오전 7~9시)에 종묘로 향했다. 이 거둥에는 도승지 심수, 좌승지 김효대, 우승지 이유수, 좌부승지 윤동승, 우부승지 민백흥, 동부승지 이의로와 가주서 김순·이원형 및 사관史官으로 홍검·이숭호 등이 수행했다. 종묘에 행차한 영조는 선왕들의 신위에 제사를 지낸 뒤 서울 시내로 나왔다.

종묘 참배를 마친 영조는 익선관을 쓰고 곤룡포를 착용한 뒤 연輦을 타고 시가로 나왔다. 시가로 들어선 국왕은 여러 계층의 사람들을 만났다. 이날 영조가 처음 불러들인 이들은 국왕에게 문안을 드리기 위해 나온 노인들이었다. 노인들을 본 영조는 그들을 모두 국왕의 앞으로 나오도록 한 뒤 나이 순서대로 서게 하고는 말을 붙였다. 국왕과 노인들의 만남, 이 만남의 마지막 순간에는 다음과 같은 대화가 오갔다.

영 조 너희들 모두 문안에 참석하기 위해 왔느냐?
노인들 모두 그렇습니다.
영 조 무슨 이유로 문안에 참석했느냐?
노인들 나라의 은혜가 망극하여 매년 연초에 문안했습니다.
영 조 오늘은 다른 때와 다르다. 그러나 너희들이 문안에 참석했으므로 별도로 소견하고자 하니 모두 개양문開陽門으로 나오도록 하라.

『승정원일기』 영조 39년(1763) 1월 1일

그러고는 이어서 선전관宣傳官에게 입시하라는 명을 내렸다. 이복원이라는 인물이 앞으로 나왔다. 이때 국왕은 "아침저녁으로 나의 마음은 군민軍民에 있다. 그런데 오늘 동가動駕(임금이 탄 수레가 대궐 밖으로 나감)에 너희들이 이렇게 수고하니 내 마음이 편치 않구나" 하며 위로했다. 그러자 이 자리에 참석한 군사들은 하나같이 무도舞蹈하며 "성은이 망극하여 올릴 바를 알지 못하겠습니다"라고 했다. 무도라 함은 족도足蹈와 같은 의미로, 좌우 발을 떼어 옮기는 춤사위를 말한다. 발바닥을 보이지 않고 오금을 구부리지 않는 것이 기본이다.

이어서 이날 국왕은 홍화문興化門 밖으로 나아가 연輦을 멈추게 하고 각 읍의 호장戶長들을 앞으로 나오도록 했다. 호장이란 지방 향리들의 우두머리다. 국왕이 직접 지방을 다스릴 수 없기 때문에 수령에게 행정, 사법, 군사권까지 위임한다. 그러나 그 결과는 지방 토착세력들의 호응도에 따라 달라질 수 있어서 연초에 국왕은 알현하는 호장들을 일일이 만나 위무하는 것이다. 이때 국왕과 호장들 사이에서는 다음과 같은 대화가 오갔다.

영 조 내가 비록 칠순이지만 마음만은 오막살이집과 같아 오늘도 마음을 놓지 못하는구나. 하물며 3남을 생각하는 나의 마음은 더욱 절실하다. 해가 시작되기 전에 모두 진휼賑恤을 베풀었는데, 지금 백성들은 근심이 없는가?

나주호장 해가 시작되기 전에 3등의 규모로 진휼을 베풀었으므로 백성들이 지금까지도 흩어지는 근심이 없습니다.

영 조 너희의 말이 비록 이와 같지만 어사가 아뢰는 것과 서로 다르다. 내가 마땅히 처분이 있을 것이다. 오늘의 거둥은 중한 바가 있으니, 지난해 애휼愛恤의 뜻을 생각하여 너희들을 소견하는 것이므로 품은 바가 있으면 말하도록 하라

언양호장 신이 있는 읍에는 커다란 폐단이 없습니다.

영 조 그렇다면 백성들의 일에 대해 어느 읍에서 보고하겠는가?

금산호장 백성 몇이 굶주려 죽게 되므로 신의 고을 군수가 데리고 온 가족들을 모두 서울로 올려보내고는 오로지 백성들을 위한 마음으로 다스리니 백성들에게 거꾸러지는 근심이 없습니다.

신창호장 연전에 두 차례 진휼을 베풀었으므로 굶주린 백성이 없습니다.

태안호장 군수가 말을 팔아 진휼곡을 마련하는 데 충당했습니다.

경산호장 수령이 어질어 유리流離하는 백성이 없습니다.

영 조 서유경이 처음 지방관으로 나가더니 가상하구나. 대체로 3남에 백성이 떠돌며 걸식하는 근심이 없다는 것이냐?

여러 호장들 없습니다.

『승정원일기』 영조 39년(1763) 1월 1일

이렇게 호장들과의 면담이 끝나자 영조는 이들에게 머물지 말고 속히 내려가라고 지시한 뒤에 다시 종묘로 향했다. 그러고는 신위가 모셔진 전각을 살핀 뒤에 수리가 필요한 부분을 직접 만지며, 영의정 신만申晚 등에게 고쳐놓으라고 지시했다.

이어 영조는 환궁길에 올라 종각에서 잠시 머물며 시전 상인들에게 내일 공시당상貢市堂上(비변사에 소속된 관원으로 조정에 물건을

상납하던 공인貢人과 시전 상인의 일을 주관함)과 만나 그들의 문제점에 대해서 논의하겠다고 했다. 영조의 행보는 이후 기영각耆英閣으로 이어졌다. 기영각이란 기로소耆老所에 들어가는 것을 기념해 만든 전각으로, 기로소란 연로한 고위 문신의 친목 및 예우를 위해 설치한 기구다. 그 시작은 1394년(태조 3) 태조 이성계가 60세 되어 기사耆社에 들어가 임금의 휘諱를 서쪽 누각 벽에 써주고는 문신 재상으로 나이가 70세에 이르고 정경正卿의 지위에 오른 자를 뽑아서 기록하도록 하면서부터였다. 국왕으로서 기로소에 입록된 이는 태조 이후 숙종과 영조 등이 있었다. 기영각에 들어간 영조는 영수각靈壽閣의 계단 위로 올라서서는 서안書案을 들이도록 한 뒤 작은 글씨로 이곳의 방문을 기념하여 글을 남기고는 이를 영수각에 보관하도록 했다. 그리고 다시 기영각 위에 올라가서는 박치화와 유최기에게 글을 짓도록 했다.

영조의 이날 행보는 경복궁까지 이어졌다. 당시 경복궁은 임진왜란 때 불에 탄 뒤에 복구되지 못한 채 터만 남아 있었다. 터만 남아 있는 곳에 국왕 영조가 거둥한 것은 나름대로 의미 있는 행보였다. 즉 경복궁은 조선의 정궁正宮으로 국가의 상징이며 나아가 조선을 건국한 태조의 위엄을 보여주는 곳이다. 따라서 경복궁은 그 자체로 국왕의 위엄을 상징하는 곳이기도 하다. 그런 점에서 국왕 영조의 거둥은 의미심장한 일이었다.

경복궁 앞에 이르러서 국왕은 자신을 맞이하러나온 유생들의 명단을 모으도록 하고는 이들을 대상으로 내일 글을 짓는 시험을 실시하겠노라고 했다. 자신을 맞이해준 것에 대한 감사의 표시쯤이 될 것이다. 영조는 이어 숭현문崇賢門을 거쳐 육상궁毓祥宮에서

「환어행렬도還御行列圖」
『화성능행도華城陵行圖』 중의 한 부분으로, 사도세자 묘소를 성묘한 정조가 어머니 혜경궁에게 다반을 올린 후 화성 행차 일정을 모두 마치고 한양으로 어가를 돌리는 모습이다. 호암미술관 소장.

예를 행하고는 신무문神武門을 거쳐 사정전思政殿의 옛 터에 이르러 작은 막차를 세우고 근정전에 나아가서는 신하들의 협력을 강조했다.

  영조의 행보는 늦은 밤까지 이어졌다. 그러자 홍봉한 같은 이는 야심했으니 속히 환궁하자고 건의했다. 그러나 신하들의 축하글들이 계속해서 올라왔으며, 국왕은 이에 대한 화답으로 수행한 내관과 승지 김효대, 순제군順悌君 이단 등을 비롯해 연로한 궁궐위장 고찬에게 입시하게 한 뒤 퇴거하도록 했다. 이어 국왕이 경희궁으로 입궁하면서 새로운 한 해를 여는 정월 초하루 여정은 막을 내렸다.

제2장

기나긴 국왕의 하루

왕의 하루도 일반인들과 마찬가지로 기상에서 시작된다. 그러나 우리가 흔히 생각하듯 무난한 일상의 평범한 아침이 아닌 그야말로 빡빡한 일정이 기다리고 있는 아침을 맞는다. 기상하자마자 의관을 정제한 후 왕실 웃어른에게 드리는 문안, 신하들과 학문토론을 하는 경연, 아침식사, 조회로 이어지는 하루 일정을 소화하자면 정신이 없을 정도다.『승정원일기』는 이러한 왕의 아침 일정에 대해 "上在○○宮상재○○궁. 停常參정상참 · 經筵경연"이라 기록하고 있다. '왕은 ○○궁에 있었으며 아침 조회인 상참과 경연을 정지했다'는 것이다. 이렇듯 생략되는 일정들이 있었기에 배겨날 수 있었던 것이 아닐까.

1744년(영조 20) 3월 4일 국왕 영조는 아침부터 바쁜 하루의 일과를 맞아야 했다. 그날은 마침 한학문신漢學文臣에 대한 전강殿講이 있는 날이었다. 한학문신 전강이란 문신들 가운데 일부분을 미

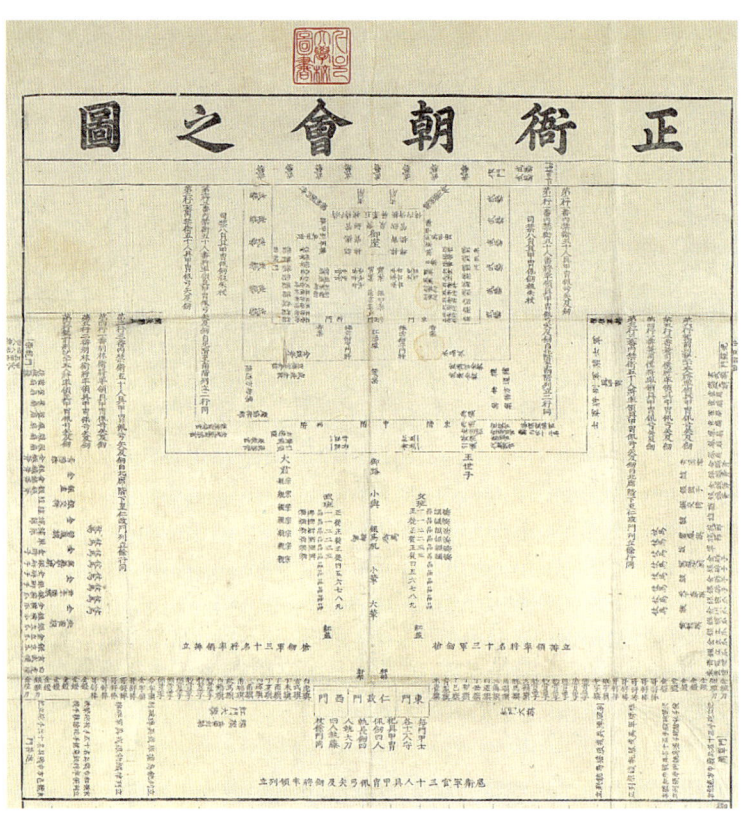

「정아조회지도正衙朝會之圖」 창덕궁 인정전에서 조회를 할 때 국왕과 신하를 비롯하여 각종 의장 행렬의 위치를 표시한 배치도다. 국왕의 가까운 곳에 승지들의 자리가 있다. 서울대 규장각 소장.

리 선발해서 중국어를 시험하던 제도다. 이날 전강은 진시(오전 7~9시)에 열렸으며, 국왕이 친림했고, 시험관인 김홍경을 비롯해 우승지 홍상한, 동부승지 조영로, 기사관 윤학동·안극효, 가주서 박규수, 편수관 황윤 등이 입시했다. 기사관 윤학동이 김상적을 호명한 것을 시작으로 지정된 곳을 강독했으며, 이어 김상복·임상원·노태관·강시현·이택징·조처로·강명옥·노현학·홍치

룡·이창유·조윤규 등의 강독이 이어졌다. 이날 전강에서는 노태관과 이창유가 1등급에 해당되는 거수居首를 차지했으며, 이들에게는 길이 잘 든 말 1필이 지급됐다.

한편 간혹 왕이 도성을 떠나 다른 곳에서 일정을 시작하는 경우도 있었다. 도성을 떠나 장기간 행차할 경우『승정원일기』는 대궐과 왕이 행차해 있는 행궁에서 각각 작성된다. 1669년(현종 10) 3월 15일 눈병과 피부병으로 고생하던 왕은 온양온천을 향해 길을 나섰고, 이날부터 환궁하는 4월 18일까지『승정원일기』는 두 종류가 작성됐다. 도성 안의 승정원 관원들이 작성한 것과 왕을 따라 온양으로 갔던 승정원 관원들에 의해 작성된『승정원일기』가 따로 전해진다. 이 시기 도성에서 작성된『승정원일기』는 대비와 세자에 대한 신하들의 문안 기사와 관상감觀象監에서 보고하는 천문 기사 등이 기록되어 있다. 기타 신하들의 임명 기사와 다른 정치적인 행위들은 왕이 행차해 있는 온양에서 작성된『승정원일기』에 기록되어 있다. 하지만 두『승정원일기』모두 "上在溫陽行宮상재온양행궁(왕은 온양의 행궁에 있었다)"으로 왕의 소재를 기록하고 있다.

왕의 아침 일정인 조회 개최 여부 기사에 이어 관상감에서 올린 천문 기사와 신하들의 왕실에 대한 문안 기사를『승정원일기』에 기록한다. 만약 왕에게 병이라도 있으면 이 문안 기사는 약방의 처방전 및 병의 차도를 묻는 내용으로 가득 차게 된다. 조선시대 왕의 안위는 정국의 불안과 직결되기 때문에 특별히 관리되어야 할 사항이었다. 때문에 당시로서는 최고의 의술이 약방의 처방전 기사에 실리게 되며 종종『승정원일기』를 한의학의 중요한 자료라고

하는 까닭도 여기에 있다. 약방의 문안은 비단 국왕에게 한정되지 않으며, 왕대비나 중궁전, 그리고 세자빈궁의 안부까지 묻기도 했다. 문안은 약방 이외에도 조정의 고위급 관원이나 홍문관 관원들이 하는 경우도 있었다.

신하들이 왕실에 대한 문안을 마치고 나면 본격적인 왕의 업무라 할 수 있는 각 관서에서 올린 보고서에 대한 결재가 이어진다. 왕의 오전 업무가 끝나면 오후에는 낮 공부인 주강晝講, 지방관 접견 및 각 지방에서 올라온 장계狀啓 처리 등이 이어진다. 『승정원일기』는 이러한 기사들을 순서에 따라 기록하고 있으며, 신하가 왕을 만나는 대화기록만은 『승정원일기』의 가장 뒤에 첨부했다. 아마도 대화기록은 주서가 입시하여 대화의 전 과정을 적었기 때문에 별첨의 문서로서 기록한 듯하며, 입시 기사에는 왕과 신하가 만나는 장소와 시간, 참석자들을 기재하고 이어서 왕과 신하 사이에 오간 대화를 자세히 기록하고 있다.

저녁이 되면 왕은 석강夕講에 참여한 후 밀린 업무를 처리하고 왕실 웃어른에게 문안인사를 드리고 난 뒤 잠자리에 듦으로써 하루 일과를 마쳤다. 간혹 석강이나 인견引見 등이 하루를 넘겨 이어지는 경우도 있었다. 1744년(영조 20) 3월 4일 유시酉時(오후 5~7시)에 국왕은 중서헌重書軒에 나아가 우승지 홍상한을 비롯해 세자시강원 관원인 필선 한익모, 설서 윤광소와 가주서 박규수 등을 인견했다. 이때의 대화는 현빈賢嬪(영조의 첫째 아들인 효장세자의 빈)의 사묘祠廟에 전배展拜하는 문제에서부터 시작했으며, 이어 동궁으로 하여금 함께 참석하도록 하여 『고경중마방古鏡重磨方』을 강講하도록 했다. 『고경중마방』은 1607년(선조 40)에 이황이 중국 고대

「어사도御射圖」 『대사례도권大射禮圖卷』 중의 한 부분으로, 임금이 직접 활쏘기 시합을 주관하여 활을 쏘는 의식을 그림으로 그린 것이다. 연세대 박물관 소장.

의 성왕인 은탕殷湯의 반명盤銘 등을 비롯한 23명의 잠箴·명銘 76편을 수록한 것으로, 바로 이해인 1744년(영조 20)에 간행된 서적이다. 당시 이 책의 편찬이 어느 정도 마무리되던 시점이었던 듯 동궁으로 하여금 이를 강하도록 했던 것이다. 이어 대화는 동궁의 학문 자세를 비롯해 소식蘇軾이나 왕안석 등의 평가 등에 대한 논란과 이것이 확대되어 소인과 군자 등에 대한 논란이 치열하게 전개됐다. 이날 모임은 4경(오전 1~3시)에서야 끝났다. 이토록 숨쉴 틈 없이 바쁜 하루하루를 소화해낸 왕들이 있었기에 조선이란 나라가 장장 500년을 지탱했던 것이다.

제3장

영조, 겸재 정선을 만나다

　『승정원일기』 영조 5년(1729) 3월 21일자 기사에는 오늘날 우리에게 친숙한 인물이 등장하고 있다. 진경산수화로 잘 알려진 겸재 정선이 그 주인공이다. 이날 국왕 영조와 겸재 정선을 비롯해 내섬시內瞻寺 주부主簿 안수장 등이 윤대輪對에서 만났다. 윤대란 세종대부터 시행된 제도로, 중앙 관청 소속의 5~6품 관리인 낭청郎廳이 정해진 관청의 차례에 따라 임금을 알현하고 직무에 관해 아뢴 뒤 질문에 답하는 자리다. 이러한 윤대는 국왕의 업무 가운데 하나로써 국왕이 만나기 쉽지 않은 하위 관원의 의견을 청취하기 위한 것이다. 이날의 윤대에 겸재 정선이 참가한 것이다.

　영조는 정선 등을 앞으로 나오게 한 뒤 먼저 정선에게 관직과 이름을 물었다. 그러자 정선은 한성부주부라는 직함과 함께 이름을 대답했다. 이어 이력을 묻자, 정선은 1716년(숙종 42) 관상감 천문학天文學 겸교수兼教授로 입사한 뒤 조지서造紙署 별제別提에서 승육

겸재 정선의 산수도 정선이 중년에 그린 것으로, 전통 화풍과 함께 그의 개성적인 필치가 잘 드러난 작품이다. 국립중앙박물관 소장.

陞六(6품의 품계로 오름. 7품 이하를 참하관, 6품 이상을 참상관이라 하여 큰 구분점이 있었음)하여 사헌부 감찰로 옮겼고, 하양현감으로 나갔으며 6년 만에 임기가 만료된 뒤에도 가을까지 계속 근무하다가 1728년(영조 4) 12월에 한성부주부직에 제수됐다고 했다. 정선의 이력을 들은 영조는 계속해서 그가 한성부주부로서 담당하는 직무가 무엇인지를 묻자, 정선은 공방과 형방의 업무를 맡고 있다고 답했다. 다시 영조가 품고 있는 생각을 말하라고 하자, 정선은

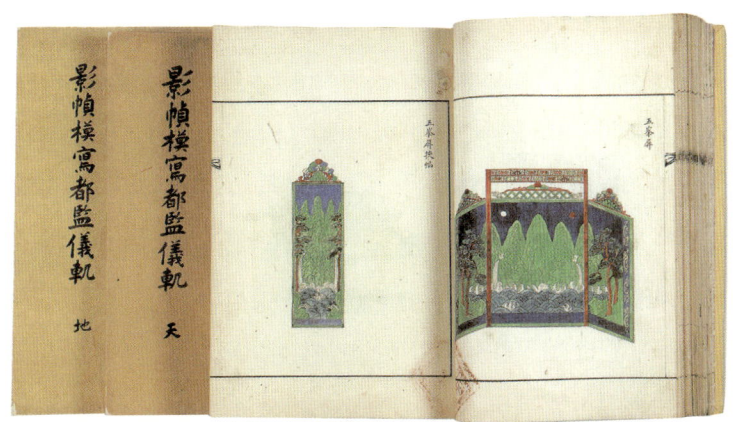

『영정모사도감의궤影幀模寫都監儀軌』 영조 임금 때 영희전에 봉안된 세조 초상과 숙종의 어진을 모사하면서 기록한 의궤다. 국립고궁박물관 소장.

아뢸 것이 없다고 하여 영조와 정선과의 만남은 여기서 끝났다. 겸재 정선이 우리에게 잘 알려진 것에 비한다면 이날 국왕 영조와의 만남은 형식적인 대화로만 이루어져 있어, 이를 읽는 오늘날의 우리들로 하여금 서운하게 한다.

영조는 계속해서 같은 자리에 참석했던 안수장 등 윤대관들에게 정선에게 했던 질문을 계속하며 윤대를 진행했다. 이어 윤대를 마치고 윤대관원들이 물러났는데, 이때 승지 조석명은 정선이 나아갈 때 곡배曲拜(국왕이 남쪽을 향하여 앉으므로 절하는 사람은 마주 대하여 하지 않고 동쪽이나 서쪽을 향하여 절함)하지 않았다고 하여 추고推考하기를 청했다. 추고란 관원들에게 잘잘못에 대해 진술하게 하는 것을 말한다. 그러나 영조는 정선이 입시 때 절차를 익히지 못한 때문이라며 이를 물리쳤다.

이날 국왕 영조의 업무는 여기서 그치지 않았다. 이날 『승정원일기』 신시申時(오후 3~5시) 때의 기록을 보면, 선정전宣政殿에서 석강夕講이 열렸다. 석강이란 경연의 일종으로, 국왕과 신하가 유교 경전이나 역사책을 강론하는 것이다. 조선시대 경연은 아침에 하는 조강, 점심에 하는 주강, 저녁에 하는 석강과 함께 야심한 밤에 하는 야대夜對가 있었다. 경연에서 국왕은 신하들과 경서를 강론하며, 강론의 중간 혹은 강론을 마친 뒤에는 국정 현안에 대해서 논의했다. 경연은 국정 운영의 중요한 장이 됐다.

국왕이 행하는 일상적인 업무는 경연 이외에 상참常參이 있었다. 상참이란 원칙상 매일 새벽에 참상관 이상의 관원이 국왕을 알현하여 함께 국정을 논의하는 조회를 말한다. 조선시대 조회는 상참과, 매 5일마다 행하는 조참朝參, 그리고 매달 초하루와 보름, 그리고 신정과 동지에 행하는 조하朝賀 등이 있었다. 『승정원일기』의 하루 기사 처음에는 국왕이 어느 궁에 거처했는지를, 그리고 이어서 상참이나 경연을 시행했는지를 기록하고 있다. 기록에 따르면 때로는 상참과 경연을 모두 정지하기도 하고, 때로는 상참만 시행하거나 경연을 하기도 했다. 상참과 경연의 시행 여부는 전날 승정원이 국왕에게 그 여부를 문의하여 결정했다. 공식 휴무일이라고 할 수 있는 국기國忌나 이를 위한 전전날의 재계齋戒 등 다른 행사와 겹치는 경우 흔히 상참과 경연을 정지했다.

국왕의 업무로는 이밖에도 약방 관원들이 입시하여 문안인사를 드리면 이에 대해 응대하는 것과 새로 관직에 제수되어 사은숙배謝恩肅拜(관직에 임명해준 국왕의 은혜에 감사하며 절을 올리는 것)하는 관리들을 접견하는 것이 있었다. 또한 각 관청에서 올라온 현안이나 신료들이 개인적으로 제출한 정사呈辭나 사직소 등에 대해 비답을 내렸다. 국왕은 이상과 같이 국정의 최고 책임자로 담당 업무가 실로 여러 가지였다. 왕실의 제례나 상례를 비롯해 특별한 날에 행해지는 대열大閱(국왕이 자리하여 군대를 검열하는 행사)과 중국 사신을 접대하는 것도 국왕의 중요한 업무 가운데 하나였다.

국왕의 일상적인 업무 가운데 역시 가장 중요한 것은 신료들과 국정을 논의하고 결정하는 일이었다. 이는 국가 운영의 필수적인 것이며, 이 과정을 통해서 정치적 현안을 조정하면서 국가의 안정을 기하는 것이었다. 이때 간혹 나라의 원로들을 불러 자문을 구하거나 타개책을 논의하기도 했다.

1736년(영조 12) 3월 19일 국왕 영조는 기로소의 여러 당상들을 인견했다. 같은 날 『승정원일기』의 기록을 보면, 당시 이 자리에는 노론의 영수격인 봉조하 민진원과 소론의 영수격인 판중추부사 이태좌를 비롯하여, 지중추부사 이기익과 이의만 등이 참석했다. 당시 민진원의 나이는 73살이었고, 이태좌의 나이는 77살이었다. 조선시대 의례를 규정한 『국조오례의』에는 "여러 노인이 지팡이를 짚고 들어오면 찬자贊者가 일어나기를 청한다"라고 규정되어 있었으나, 영조는 이들의 아들인 민형수와 이종성으로 하여금 부축하여 들어오도록 지시했다.

국왕과 자리를 함께한 민진원과 이태좌 등은 먼저 국왕의 건강을 묻고, 아울러 국가에서 노인을 우대해 자식들과 함께 국왕을 면대할 수 있도록 배려해준 것에 대해 기쁨과 감사의 표시를 했다. 이어 자리에 참석했던 인사들은 국왕의 성덕을 칭송하는 치사를 올렸는데, 이태좌가 여항간에 "50년 치평治平할 군주가 나왔다"는 동요가 퍼져 있다고 하자, 민진원도 역시 이것을 들었다고 했다. 아울러 큰 눈이 내린 것 또한 하늘의 은택이라는 등의 발언으로 영조의 기운을 한껏 북돋아주었다.

이어 국왕과 참석한 신하들 사이에 서로의 건강을 묻는 이야기들이 오갔다. 이를 알기 쉽게 재구성해보기로 하자.

영 조 경은 근래 술을 얼마나 마시는가?
민진원 신이 젊었을 적에는 예닐곱 잔 정도 능히 마셨으나 근래에는 하루에 마시는 것을 합해도 한두 잔이 넘지 않습니다.
영 조 이 판부사는 시력이 어떠한가?
이태좌 귀가 좋지 않아 작은 소리는 듣지 못합니다. 시력 또한 좋지 않아 등불 아래에 있어도 혼미한 것이 심합니다.
영 조 치아는 어떠한가?
이기익 치아가 모두 상하여 딱딱한 음식을 먹을 수가 없습니다.

「승정원일기」 영조 12년(1736) 3월 19일

연로한 신하들과의 대화는 그들의 건강을 묻는 데서 시작했다. 신료들의 건강 상태를 확인한 뒤 영조는 함께 들어온 민형수와 이종성에게 부친들의 근황을 전해들은 뒤 술과 함께 음식을 내렸는데, 이태좌에게는 술을 내리면서 아들 이종성이 대신 마시도록 했고, 민진원에게는 한 잔만 마시라며 술을 권했다. 이 자리에 참석했던 사관史官 이성중은 술을 먹으면 기록할 수 없다고 거절했으나, 국왕은 이성중이 술을 잘한다는 소리를 듣고는 다시 술을 권했다.

이렇게 술자리가 무르익어가자 영조는 본심을 드러냈다. 사실

영조 어진御眞 역대 임금의 어진이 보관된 경운궁 선원전이 1900년에 화재로 소실되자, 육상궁 냉천정에 모셔진 어진(1744)을 본떠 새로 제작한 것이다. 국립고궁박물관 소장.

이 자리는 표면적으로 기로소 관원들을 위로하기 위한 것이지만, 국왕 영조의 속내는 다른 데에 있었다. 당시 갈등을 보이던 노론과 소론을 중재하기 위한 것이었다. 이에 영조는 민형수와 이종성에게 서로 잘 알면서 어찌 싸우는가 하고 물었다. 이는 민형수와 이종성에게 묻는 것이면서 동시에 같이 자리에 참석했던 민진원과 이태좌에게 묻는 질문이기도 하다. 이는 다름 아니라 노론과 소론의 다툼을 말하는 것이었다. 국왕의 질문에 이종성은 기로소에 같이 들어왔으면 민형수의 아버지가 자신의 아버지와 같은 것인데도 민형수가 상소를 올려 자신의 부친인 이태좌를 놀림감으로 삼았기

옥당 현판 옥당은 홍문관의 별칭으로 언론 3사를 구성하는 한 부서다. 국립고궁박물관 소장.

에 "불초한 아들不肖子"이라며, 민형수의 처사에 대해서 불만을 표시했다.

영조는 이에 민형수와 이종성에게 부친들을 부축해서 들어오도록 한 것은 유의한 바가 있어서라고 밝히며, 지금까지의 모든 일들은 없던 것으로 할 터이니 앞으로는 서로 권해서 함께 옥당(홍문관의 별칭)에 나와 근무하도록 했다. 노론과 소론의 화합을 종용하는 말이었다. 그러나 이들의 설전은 그치지 않았다. 그러던 중 술을 전혀 하지 않던 이종성이 국왕이 내린 술 한 잔을 마시고는 취해버렸다. 영조가 이를 알고는 돌아가서 누우라고 하자 이종성이 취한 채 세자를 보고 돌아가겠노라고 답변한 뒤에 사알司謁(궁중에서 임금의 어명을 전달하는 일을 맡았던 액정서의 하급 관원)의 부축을 받고는 겨우 대전을 나서게 됐다. 이종성이 대전을 나간 뒤에도 술자리가 계속 이어졌는데, 국왕은 민진원과 이태좌를 탑전 앞으로 나오도록 해서 두 대신과 악수를 하고는 호피 1령을 내려주고 교자轎子를 타고 나가도록 했다. 본래 영조는 검소한 생활을 표방하며 술을 마시지 않았다. 그러나 노론과 소론의 화합이라는 대전제 아래에 핵심 인사들을 데려다놓고 술자리를 마련해 정치적 안정을 모색했던 것이었다.

국왕은 이같은 업무 이외에도 지방관이 부임하기에 앞서 미리 만나보고 지방 민생을 부탁하기도 했다. 지방관의 파견 때 지방 민정을 당부하는 것도 국왕의 중요한 업무 가운데 하나였다. 예를 들어 1725년(영조 1) 9월 11일 홍용조가 충청감사에 제수됐다. 그러나 홍용조는 관직 제수 뒤 능력 부족을 이유로 계속해서 사직서를 제출하다가, 결국 9월 27일 사은숙배하고 임지로 부임하려고 했다. 이때 그동안 미루어졌던 교서敎書가 반포됐으며, 같은 날 영조는 임지로 출발하려는 홍용조를 잠시 머물도록 하고는 진수당進修堂에서 홍용조 등을 인견했다. 같은 날 『승정원일기』에 보면 국왕과 홍용조의 대화 내용이 자세하게 기록되어 있다. 홍용조를 인견하는 자리에서 국왕은 이른바 수령칠사守令七事의 내용에 포함되어 있는, 학교를 융성하게 하는 것과 군무軍務의 신칙 등을 다시 한번 환기시키며 강조했다. 아울러 이 자리에서 홍용조는 국왕에게 진휼에 필요한 미곡의 확보에 대해 진언하여 국왕의 허가를 받기도 했다. 이밖에도 이 자리에서는 직위만 쓰고 이름을 기록하지 않은 백지 임명장인 공명첩空名帖의 발급 문제, 수령의 전최殿最(관찰사가 각 고을 수령의 실적을 조사하여 성적을 매기던 일)에 대한 문제 등이 논의되는 등 지방 민정에 대한 당부와 지시가 이어졌다. 특히 감사의 경우 한 도를 책임지는 관원으로서 그 역할이 지대했다. 따라서 국왕의 업무에는 이처럼 감사를 비롯해 일부 지방관을 면대해 각별히 주의를 주는 일도 포함되어 있었다.

이렇게 신하들과 국정을 논의하다보면 시간이 지체되는 경우가 많았고, 간혹 국왕이 수라 때를 놓치기도 했다. 1759년(영조 35) 5월 15일 신시(오후 3~5시)에 함인정에서 좌의정 신만, 지춘추관사 홍상한 등의 신하들이 한림소시翰林召試에 대한 시험성적을 매기기 위해 모였다. 이때 신하들은 국왕에게 1699년(숙종 25) 연잉군으로 봉해진 지 60년이 된 것을 기념하는 자리를 마련하기를 청했으나, 국왕 영조는 일언지하에 왈가왈부하지 말라며 거부 의사를 비쳤다. 신하들은 자신들의 의견을 관철시키려다 결국 국왕의 저녁 수라 시간을 놓치게 했다. 그러자 신하들은 잠시 물러났다가 다시 들어올 터이니 거부한다는 명령을 반포하지 말아달라고 건의했다. 이처럼 국왕의 하루도 신하의 하루도 길게만 이어졌다.

제4장

생모 추숭을 둘러싼 영조와 신하의 힘겨루기

조선은 왕조국가이고, 왕조국가의 최고 권력자는 국왕이다. 물론 맞는 말이다. 그러나 조선조의 경우 최고 권력자로서 국왕의 위상은 반드시 일률적이지만은 않았다. 그리고 이 과정에서 군주와 신료들 사이에 갈등이 드러나기도 했다.

『승정원일기』 영조 29년(1753) 7월 27일자 기사를 보면 화가 난 국왕과 어쩔 줄 모르는 신하들의 움직임이 잘 묘사되어 있다. 7월 27일 오후 창경궁. 진노한 국왕이 집서문으로 들어섰다. 집서문을 지나면 경춘전이 있는데, 이곳에 대왕대비가 거처했다. 영조가 왕위를 물려주겠다는 말을 전하기 위해 대비전으로 향하던 중이었다. 그 뒤를 당황한 표정으로 승지와 사관史官이 따랐다. 승지 등은 국왕을 뒤따르며 원래 있던 함인정으로 돌아갈 것을 계속 종용했다. 1694년(숙종 20)에 태어나 갖은 고생 끝에 왕위에 오른 영조였기에 갑자기 왕위를 물려주겠다고 한 것은 의외였다. 왜 그랬을까.

냉천정冷泉亭 칠궁 안에 있으며 영조가 생모 숙빈 최씨의 제사를 준비했던 장소이자 휴식 공간으로, 영조 어진이 봉안되어 있다. 서울시 종로구 궁정동 소재.

　신하들의 요구에 못 이겨 다시 함인정으로 돌아온 영조는 마침내 속마음을 드러냈다. 집서문으로 향하기 전에 영조는 신하들에게 시로써 자신의 속마음을 표현하며 왕위를 넘기겠다고 하교했다. 신하들은 당황해하며 그 이유를 물었다. 당시 급박했던 상황을 『승정원일기』를 통해 잠시 보기로 하자.

　　이천보 · 김상로　전하가 무슨 일 때문에 이처럼 과격한 행동을 하십니까?
　　영　조　(마음에 품었던 것을 시로 읊어 이를 써서 보여주며 말하기를) 대신과 여러 신하들이 무상하구나.
　　이천보　무슨 일이십니까?
　　영　조　내가 사친私親을 위해 비록 옥인玉印은 바라지 못하지만 어찌 은인銀印으로 하는 것이 불가한가?

김상로 절목節目(규정을 정한 조목)에 있는 것을 신 등이 우매하여 알지 못했습니다.

영 조 절목은 무엇을 말하는 것인가?

이어서 국왕은 큰소리로 차마 들을 수 없는 하교를 했다.

영 조 일의 체모가 그렇지 않다.

대신이 모두 관을 벗고 사죄했으며, 양 대신은 관을 벗고 전정에 엎드렸다.

영 조 주서는 나가서 초엄初嚴(의식의 시작을 알리기 위해 첫 번째로 북을 치는 행위)을 하도록 분부하라.

이 위 신이 우매하나 죽어도 명령을 봉행할 수 없습니다.

영 조 (미소를 띠며) 모두가 귀머거리이구나. 너희들이 이렇다면 장차 세자를 섬길 수 있겠는가? 우리 나라는 양반의 나라다. 경 등이 스스로 다스리면 된다.

이어서 차마 들을 수 없는 하교를 했다.

『승정원일기』 영조 29년(1753) 7월 27일

위에서 차마 들을 수 없는 하교란 바로 왕위를 물려주겠다는 것을 말한다. 사친私親이란 영조의 생모인 숙빈 최씨를 말하는 것이다. 이어지는 대화의 내용도 위와 크게 다르지 않았다. 그리고 급기야 영조는 속내를 보여, "의리로는 마땅히 도감都監을 설치해야 하는데, 지금까지도 청하지 않으니 경들의 잘못이다"라고 지적했다. 사실 영조는 신하들이 자신뿐만 아니라 자신의 생모를 우습게 여기고 있다고 생각한 것이었다. 영조의 생모인 숙빈 최씨는 궁궐 나인 가운데서도 가장 천한 무수리 신분이었으나, 숙종의 눈에 띠어 후궁에까지 올랐다. 평소 생모의 출신이 콤플렉스였던 영조로서는 쉽게 할 수 있는 생각이었다.

이날의 해프닝은 결국 국왕의 의도대로 추숭을 위한 임시 관청을 설치하는 것으로 결론이 났다. 그런데 문제는 여기서 끝나지 않았다. 추숭 의식 때 죽책문竹冊文(대나무 간책簡冊에 쓴 책봉문)과 은銀으로 만든 도장을 올려야 하는데, 죽책문의 작성을 둘러싸고 또 한 차례 논란이 있었다. 영조는 대제학 조관빈에게 죽책문을 지어 올리도록 했다. 그러나 조관빈이 이를 거부했다. 책문은 대개 승통承統한 왕비나 세자빈에게 올리는 것이므로, 숙빈의 경우는 작성할 수 없다는 것이 그 이유였다. 조관빈의 주장이 타당하다고 하더라도, 영조로서는 불쾌한 일이었다.

결국 며칠 후 국왕의 분노가 폭발했다.

영 조 대신들은 마땅히 조관빈을 역적으로 처벌할 것을 청하여야 한다.
이천보·김상로 어찌 일개 조관빈의 일로 이처럼 과격하게 격분하십니까?
영 조 명위名位가 이미 정해졌는데도, 그가 어찌 감히 이럴 수 있는가? 어제 관도 벗지 않고 좌우를 살피는 것을 보고 내가 이미 수상하다고 생각했다.

『승정원일기』 영조 29년(1753) 7월 29일

그러고는 하교하여 조관빈은 신하로서의 직분을 다하지 못했으므로 마땅히 친히 심문하겠다고 했으며, 조관빈을 충청도 해미에

「소령원도昭寧園圖」 영조의 친모인 숙빈 최씨의 무덤을 산도山圖 형식으로 나타낸 그림이다. 가운데 묘소와 왼쪽의 제청祭廳, 오른쪽의 비각碑閣 배열과 아래쪽 전답이 잘 나타나 있다. 한국학중앙연구원 장서각 소장.

중도부처中途付處(관원을 유배시킬 때 중간 지점을 지정하여 거기에 머물게 하는 형벌)하라 명했다. 더하여 조관빈의 상소를 올린 세자궁 소속의 내관인 승전색도 강원도 삼척으로 유배 보내라고 하명했다. 국왕 영조의 분노는 여기서 그치지 않았다.

같은 날 2경(밤 9~11시) 내사복에 조관빈을 국문하기 위한 국청

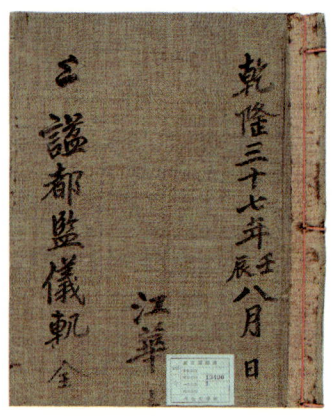

「육상궁상시도감의궤毓祥宮上諡都監儀軌」 1772년(영조 48) 영조가 무수리 출신인 어머니 육상궁에게 시호를 가상加上하면서 작성된 의궤다. 서울대 규장각 소장.

이 설치됐다. 이때 국왕은 문사낭청 김광국에게 글로써 "어찌 매번 양반 형세라 하는가"라는 것을 질문토록 했다. 그런데 이때 김광국이 문목에 '죄인'이라는 글자를 누락했다. 그러자 다시 국왕의 분노가 폭발하여, 김광국에게 "문사낭청은 어찌하여 죄인이라는 글자를 지워버렸는가"하며 다그쳤다. 영조는 김광국의 행동을 '조관빈은 알고 군주는 모르는 처사'로 생각했던 것이었다. 그러자 동석했던 김상로가 김광국을 변호하며 김광국이 고의로 죄인이라는 글자를 빠뜨린 것이 아니며, 국왕의 진노가 너무 심해 어찌할 바를 몰라 발생한 일이라는 등 적극적으로 변호했다. 결국 김광국은 김상로의 변호로 화를 당할 뻔한 순간을 모면했다.

이어 영조는 조관빈을 불러 면대하며 죄를 추궁했다. 이때 영조는 조관빈의 부친인 조태채를 거론하며 그와의 각별한 관계를 언급했다.

> 너는 절반의 우두머리가 됐다. 어제 너 홀로 사모를 벗지 않고 좌우를 돌아보길래 내가 이미 수상한지를 알았다. 그러나 특별히 문장을 짓는 일이므로 낙점했는데 너는 지금 나를 저버렸다. 어찌 은혜에 보답하려는가? 너의 부친은 좋은 사람으로, 4대신 중에 나는

육상궁毓祥宮 조선 숙종의 후궁이며 영조의 친모인 숙빈 최씨의 신주를 모신 묘廟다. 이 사진은 현재 육상궁의 모습과 달리 1882년 소실되기 이전의 것이 아닌가 추정된다. 국사편찬위원회 소장, 서울 종로구 궁정동 소재.

> 더욱 조태채를 애석해한다. 그런데 너는 지난날에는 이번 일이 당연하다고 말하고서는 지금 이렇게 상서를 올린 것이 어찌 두 마음을 품은 것이 아니겠는가?
>
> 『승정원일기』 영조 29년(1753) 7월 29일

국왕의 이같은 언급에 대해 김상로 등의 변호가 있었고, 심지어 조관빈과는 당색을 달리하던 영성군 박문수까지도 인견을 요청해 조관빈을 구하려고 했다가 파직되는 사태로 번졌다. 물론 얼마 후에 파직하라는 명령이 거두어지기는 했다. 이렇듯 영조의 생모를 추숭하는 일을 둘러싸고 국왕과 신하들의 갈등은 끝이 보이지 않는 듯했다.

그러나 잠시 뒤 안정을 찾은 영조는 재위 30년이 지났는데 생모를 추숭하지 못한 것이 통탄스럽다고 하며, 외가의 3대가 영의정으로 추증되어 양반이 됐는데도 여전히 자신의 외가를 우습게 보는 신하들을 질책하고 나섰다. 그러고는 좌의정 이천보로 하여금 죽책문을 짓게 했다. 같은 해 8월 5, 6일 국왕은 육상궁에 거둥하여 추숭 사실을 알리는 제사를 지냄으로써 영조의 생모에 대한 추숭작업은 일단락됐다.

비록 국왕의 강력한 의지에 따라 원하는 대로 결과가 나오기는 했지만, 앞의 사례는 왕조국가로서 조선의 상황을 잘 반영한 것이다. 같은 왕조국가인 중국과는 달리 조선의 경우 국왕의 권위나 정치력은 개인의 역량이나 처해진 정치 환경 등에 따라 달랐다. 또한 신하들 가운데 일부는 성리학적 이상정치의 실현을 위해 그들이 이상으로 생각하는 중국의 요堯·순舜과 같은 군주상을 당대 국왕들에게 요구하기도 했다.

특히 조선 중기 이래 정치에 등장하여 국정 운영의 지표를 제시하고 붕당의 이론적 기초를 제공했던 산림山林은 국왕의 입장에서 본다면 부담스러운 존재였다. 산림은 간혹 국왕의 권위를 능가하는 경우가 있기도 했으나 숙종대 이후가 되면 서서히 그 위세가 약화됐으며, 영조의 경우는 산림을 당론에 물든 사람이라 비판하기도 했다.

예를 들어 1736년(영조 12) 3월 그간 미루어왔던 노론 4대신 가운데 이건명·조태채의 시호를 다시 회복하라고 명했다. 그런데 이에 대해 소론 쪽의 불만이 증폭되고, 여기에 더해 노론 쪽의 입장을 변명하는 윤급의 상소가 제출되는 등 어렵게 조성된 탕평정국이 위기를 맞게 됐다. 이때 영조는 수라상의 음식수를 줄이는 감선減膳을 하명하고는 사태에 대한 불만을 표시했으며, 뒤이어 제신들의 수라상 음식수를 회복하라는 요구에 대해 자신이 굶어 죽어야 신료들이 당습黨習을 버릴 것이라 강변했다. 나아가 양쪽 당인들의 목을 베어오면 밥을 먹겠다는 강경한 입장을 내보였다. 그리고 이번 사태와 관련된 여러 신하들을 국문하거나 관직에서 쫓아냈다.

그런데 이때 영조는 유학자들의 시비로 인해 이같은 편벽된 논의가 나왔다고 하면서, 이러한 논의는 바로 송시열에게서 나온 것이 아닌가 하여 강한 불만을 토로했다. 이 표현은 여러 가지로 해석될 수 있겠으나 결과적으로 송시열로 대변되는 산림을 당론의 소굴로 인식한 것으로 이해해도 무방하다. 영조의 산림 불신 태도에 대해 『승정원일기』 영조 7년(1731) 7월 11일자에 수록된 대사간 김용경의 상소에서는 "산림에서 자중하고 있는 선비들이 목을 웅크리고 자취를 감추었으므로 정직하고 순박한 말들이 진달될 수 없을까 두렵다"고 우려한 바 있다. 그러나 영조는 자신의 치세 가운데 큰 사업으로 산림에 대한 견제를 거론할 정도였으므로 이들의 권위는 이 시기에 위축될 수밖에 없었다. 결국 산림의 존재는 국왕의 입장에서 본다면 왕권을 제한하는 것으로 생각됐을 것이며, 영조가 굳이 송시열을 거론한 이유는 이러한 상황에 대한 불만을 표시한 것이었다.

특히 역대 왕들 중에서 왕권이 매우 강했다는 영조의 경우도 신권과의 갈등이 자주 있었고, 이러한 때 간혹 '답답沓沓'이라고 표현했다. 오늘날 사용하는 '답답하다'라는 것의 한자식 표현이다. 또한 신하들에 대해 '야속野俗하다'는 말도 자주 했다. 『승정원일기』에는 『조선왕조실록』과는 달리 이처럼 국왕들의 속마음까지도 적나라하게 기록되어 있어 당시 정치사의 속살을 보여주기도 한다.

제5장

국왕의 여론몰이, 소통을 생각하다

　1750년(영조 26) 7월 3일 진시(오전 7~9시)에 국왕 영조가 홍화문에 나섰다. 이때 영의정 조현명, 좌의정 김약로, 우의정 정우량을 비롯해 6승지 등 당대 고위 관원들이 모두 영조를 수행했다. 뿐만 아니라 성균관 유생 80여 명을 비롯해 도성의 백성이 나왔다. 이 자리는 국왕 영조가 양역良役 문제를 해결하고자 해법을 찾기 위해 앞서 몇 차례 했던 것에 이어서 관리들과 선비 및 일반 백성들을 만나기 위해 마련된 것이었다.

　참석자들을 확인한 영조는 강한 어조로 양역 문제로 도탄에 빠진 백성을 더 이상 보고만 있을 수 없음을 강조했다. 그리고 그동안 논의됐던 양역변통론良役變通論 가운데 유포론游布論과 구전론口錢論은 시행할 수 없다고 하면서, 호포론戶布論(호전론이라고도 한다)과 결포론結布論을 가지고 논의할 것을 전교했다. 아울러 혹시 이를 백성들이 알아듣지 못할 것을 우려해서 성균관 유생을 불러 전달하도록 했다.

여기서 유포론이란 그동안 양역 징수 대상에서 제외됐던 유생이나 교생校生 등을 대상으로 징포하겠다는 것이고, 구전론은 신분에 구애됨이 없이 모든 사람에게 포를 징수하자는 것이며, 호포론은 가호家戶를 단위로 징포하자는 것이고, 결포론은 토지를 단위로 징포하는 것이었다. 사실 이러한 논의들은 이미 숙종대부터 제기됐던 것이나 그동안 역役의 징수 대상에서 제외됐던 양반들의 반대로 시행되지 못하고 있었다. 그러면서 양역 문제는 점점 더 수렁에 빠져들었다. 이에 영조는 특단의 대책이 필요함을 강조하면서 이날 모임을 주도했다.

영조의 친필 현판 영조가 호조에 내린 것으로 "균공애민均貢愛民(조세를 고르게 하여 백성을 사랑하고) 절용축력節用蓄力(씀씀이를 절약하여 힘을 축적하라)"이라고 씌어 있다. 이 현판은 1744년(영조 20)에 내린 것으로 추정된다. 국립고궁박물관 소장.

자신의 의견을 피력한 영조는 이어 재상들을 시작으로, 유생과 방민坊民으로 이어지면서 각자의 의견을 개진하도록 했다. 이때 어떤 사람은 호포론과 결포론이 모두 불편하다고 하고, 어떤 사람은 호포론이, 또 어떤 사람은 결포론이 좋겠다는 의견들을 속속 제출했다. 오전에 시작된 이날 만남은 석양 때까지 지속됐으나 의견이 좀처럼 모아지지 않았다. 그렇게 설왕설래하는 사이 예조판서 신만은 혹시 하여 국왕의 건강이 걱정된다고 했으나, 영조는 이에 아랑곳하지 않고 좋은 대책을 얻은 연후에 파할 것임을 천명했다. 이어서 영조는 다음과 같이 하교했다.

"백관이 반드시 글로 품은 바를 진달할 필요가 없다. 호전이 편하다고 생각하는 자는 북쪽 마당에 서고, 불편하다고 생각하는 자는 남쪽에 서라."

『승정원일기』 영조 26년(1750) 7월 3일

그러자 신료들 모두가 남쪽에 섰다. 이어서 영조는 다시 하교하기를, "결포가 편하다고 생각하는 자는 북쪽에 서고, 불편하다고 생각하는 자는 남쪽에 서라"고 지시했다. 그러자 대부분이 남쪽에 섰고, 북쪽에는 10여 명 정도가 섰다. 영조는 특별히 북쪽에 선 자들의 명단을 적어서 보고하라고 지시했다. 호포나 결포의 시행에 대한 반발을 충분히 짐작케 하는 대목이다. 결국 이날은 어떤 특정 의견을 결정하지 못하고, 끝내는 신하들에게 5일 안에 방안을 강구해서 전달하라고 지시하는 것으로 일단락됐다.

조선시대 국왕이 직접 나서서 일반 백성들을 만나는 것은 흔하지 않았다. 더구나 앞의 사례처럼 각자의 소견을 듣고, 나아가 자신의 의견에 따라 남북으로 나누어 서도록 하여 의견을 청취하는 일은 드문 일이었다. 조선시대 국왕의 궁궐 밖 출입은 정상적으로는 국가적인 제사 때나 왕실과 관련된 행사, 혹은 선대 국왕이나 왕비의 능 행차, 사신 접견 등으로 극히 제한됐다. 따라서 주로 궁궐 안에서 생활하는 국왕이 일반 백성을 대면하는 경우는 많지 않았다.

그러나 조선 후기에 이르면 국왕은 여러 가지 목적으로 백성들과 접촉했다. 물론 이는 민民의 역사적 성장이 전제된 것이기는 하다. 더구나 앞의 사례처럼 특정한 정책의 결정 과정에서 백성들의 의견을 청취하려는 국왕의 태도는 대단히 고무적인 것이었다. 영조의 경우만 보더라도 그의 재위기간 동안 백성들과 접촉해서 고통을 문의하거나 설득한 것이 총 55차례 정도였다. 앞의 사례가 그 하나이며, 대상 계층도 선비를 비롯해 일반인, 향유鄕儒, 향리, 지방군, 공인貢人, 시전 상인, 농민 등 광범위했다. 영조 치세에 행해지는 이러한 대민접촉은 앞 시기와는 다른 국정운영 방식으로, 정조 역시 즉위 초부터 활발한 대민접촉을 시도하게 되는 역사적 선례가 됐다.

이와 관련해서 흥미로운 것은 숙종대나 영조대, 정조대에 동포同胞라는 표현이 자주 등장한다는 점이다. 조선시대 군주들이 백성들을 바라보는 인식을 대표적으로 표현하는 것은 적자론赤子論일 것이다. 적자라는 것은 갓 태어난 아이의 몸 색깔에서 유래된 것으로, 그만큼 어려서 무지하고 아무 일도 할 수 없는 존재가 백성이므로, 국왕이 이들을 어린아이처럼 보살펴야 한다는 것이다. 이런 적자론이 조선시대 국왕의 인식의 기저이지만, 숙종대 이후에 이르면 동포라는 표현이 자주 나왔다.

동포란 한 배에서 태어난 자식이란 뜻으로, 오래 전부터 이 용어가 사용됐으나 역사상 유명해진 것은 중국 북송대의 성리학자 장재張載가 체계화하면서부터였다. 다만, 이 표현을 사용하는 논자에 따라 개념 정의가 강조되기도 했으나, 이 시기 국왕들에 의해서 동포는 모든 백성을 아우르는 뜻으로 사용됐다. 영조는 균역법 제정 과정에서 유생으로 대변되는 당시 지배신분층에게 신분에 따른 차이가 있을 수 있으나 자신에게는 3공三公이나 사士 모두 적자赤子에 해당되므로, 역役을 고르게 해야 한다고 강조하곤 했다. 위에서 언급한 대로 다양한 계층을 접촉한 데에는 이런 인식의 전환이 있었

제5장 국왕의 여론몰이, 소통을 생각하다

기 때문이다.

  이렇게 국왕과 접촉하는 과정에서 백성들은 자신들이 느끼는 생활 속의 고통이나 민폐를 언급함으로써 문제 해결을 확답받기도 했다. 『승정원일기』 영조 28년(1752) 12월 19일 신시(오후 3~5시) 기사에 따르면, 창덕궁 선화문에 임시로 자리가 만들어지고 국왕이 함께했다. 이 자리는 영조가 공인과 시전 상인을 만나기 위해 마련한 것으로, 영의정 이종성, 우의정 김상로, 병조판서 김상성 등 많은 관리들이 동석했다. 모임이 시작되면서 국왕은 공인과 시전 상인의 참석 여부를 확인했는데, 아직 공인들이 도착하지 않았다. 그리하여 잠시 다른 국정이 논의되다가 공인들이 도착했다는 어영대장 홍봉한의 보고를 받은 뒤 영조는 평시서 관원들로 하여금 그들을 데리고 들어오도록 하고는, 미리 나무로 만들어 설치한 벽도 허물도록 했다. 공인과 시전 상인들이 들어오자 국왕 영조는, "너희들이 느끼는 병폐와 고통을 말하라"라고 하면서, 만일 오늘 다 말하지 않으면 앞으로는 이런 기회가 없을 것이라고 강조했다.

  이날 공인과 시전 상인의 면담은 시전 상인의 발언으로부터 시작됐다. 먼저 입전立廛 상인은 영조대에 사치를 방지하기 위해 무늬 있는 비단의 판매를 금했는데, 법령이 시행되기 이전에 자신들이 보유하고 있던 무늬 있는 비단의 경우 이 법에 적용되지 않도록 해달라고 요청했다. 그러자 영조는 이를 호조에 지시해서 변통하도록 하겠다고 답변했다. 이어 백목전白木廛(무명을 파는 면포전을 달리 부르는 말) 상인들의 발언이 이어졌다. 이들은 자신들의 전포에는 커다란 폐단은 없다고 하면서 당시 군영의 군사들이 행하던 난전亂廛으로 인한 폐단을 언급했다. 이를 들은 영조는 백목전 상인의 발언이 지극히 우직하다고 하면서 승지로 하여금 성명을 묻도록 했다. 백목전 상인의 이름은 홍종석으로, 영조는 병조에 명하여 그를 특별히 채용하도록 했다. 이어 은전銀廛을 비롯해 면주전綿紬廛, 지전紙廛, 내어물전內魚物廛, 생선전生鮮廛 등 상인들의 발언이 계속됐으며, 각 시전 상인들의 말을 들은 영조는 바로 그 자리에서 사안에 따라 해당 부서에 지시했다. 그리고 발언자 가운데 일부는 앞서 홍종석의 예처럼 소임을 주도록 했는데, 상전床廛(잡화를 팔던 가게) 상인 최창덕은 호위대장청으로, 잡곡전의 서세운은 어영대장의 집사로 삼도록 지시했다. 시전 상인에 이어 공인工人들의 진술이 이어졌는데, 제용감濟用監 공인, 예빈서禮賓署 공인, 장흥고長興庫 공인, 장목전長木廛(여러 가지 재목材木을 파는 가게) 공인 등의 순서로 발언이 이어졌다.

이날의 모임은 국왕 영조가 평소 커다란 민폐로 인식하던 공인과 시전 상인들의 고충을 듣고 해결하기 위한 자리로, 특히 이 시기 이후 국왕은 자주 공인 등을 면담하면서 그들의 문제들을 바로 해결하고자 했다. 오늘날 대통령이 재래시장을 도는 모습들이 가끔 TV 화면에 나오긴 하지만, 문제점이 바로바로 해결됐다는 후일담을 들은 기억은 별로 없다. 전통 왕조사회의 단순한 구조와 체제라는 점을 감안한다 할지라도, 영조의 대민접촉은 분명 일회성 이벤트가 아니었음이 분명하다. 신문이나 방송, 그리고 인터넷도 없던 시절에 구중궁궐에 갇혀버리면, 그야말로 캄캄한 별천지 세상이기 때문에 국왕은 대민접촉을 중요시했던 것이다.

제6장

왕의 유모는 1품 벼슬이더라

　요즘이야 남의 자식에게 젖을 먹이는 일은 상상조차 할 수 없지만, 조선시대에는 유모를 통해 아이를 양육하는 것이 보편적이었던 것 같다. 일반 사대부가에서도 유모를 두어 아이를 키웠던 것이 기록에서 자주 확인되며, 얼마 전까지도 이러한 문화가 남아 있었다고 한다. 그리고 조선시대 왕실 또한 이러한 양육 방법에서 예외일 수 없었다. 왕실의 혈육이 태어나면 유모를 선발하여 아이를 양육하는데, 만약 태어난 아이가 미래의 왕위를 계승할 지위에 있다면, 유모의 선발 또한 신중에 신중을 거듭하지 않을 수 없다.

　우선 아이의 보양保養을 위해 유모는 젖이 풍부해야 한다. 뿐만 아니라 아이가 젖을 빨기 쉽도록 유두가 잘 발달되어 있어야 한다. 동시에 유모가 반드시 갖추어야 하는 덕목은 후덕한 품성이었다. 함께 지내다보면 서로를 닮아가듯이, 당시 사람들은 젖을 먹고 자라면서 아이의 품성이 저절로 유모를 닮아가게 된다고 생각했다.

따라서 유모를 통해 자연스럽게 덕성을 함양하는 것은 "조금 자란 뒤에 훌륭한 사람을 통해 교육을 하는 것보다 강보에 싸여 있을 때 습관이 들게 하면 그 효과가 훨씬 크다"고 생각할 정도로 매우 중요하게 생각했다. 때문에 유모가 얼마나 후덕한 인품을 갖고 있는가는 유모 선발에 있어 중요한 기준이었다.

인조임금의 태항아리 국립고궁박물관 소장.

아울러 스스로 원해서 하는 일인가 하는 것 또한 조선시대 유모 선발의 한 기준이었다. 유모라는 역할이 자기 아이 대신에 남의 아이에게 젖을 물리는 입장이다보니, 스스로 원하고 있는가의 여부 또한 고려되지 않을 수 없다. 아이에게 젖을 물리면서 "내 아이가 너 때문에 굶고 있다"는 식의 마음을 품고 있다면, 아이에게 얼마나 불행한 일이겠는가. 더구나 유모의 품성이 그대로 아이에게 이어진다고 하는 입장에서 생각해보면 유모의 자발적인 마음 또한 중요한 기준이 아닐 수 없다.

영조가 "유모의 공이 또한 크다. 직접 낳지 않았을 뿐이지 양육하는 것은 오로지 유모에게 있다"라고 말했을 정도로 왕실 유모의 역할은 지대했다. 모자가 아닌 모자의 관계가 이렇게 밀접했기 때문에 유모의 식생활은 아이에게 큰 영향을 미칠 수 있었고, 『승정원일기』를 통해서 보면, 이와 관련된 이야기가 종종 기록되어 있다.

대개 아이가 탈이 났을 경우 그 원인을 진단하는 과정에서 유모의 식생활에 대해 자주 언급하고 있다. 예컨대, 기름진 음식이나 고기 위주의 식사를 하면 젖이 많이 나기는 하지만 열이 많아진다. 유모

왕세자 탄생 축하잔치 1874년(고종 11) 고종의 둘째아들(뒷날의 순종) 탄생을 기념하여 산실청 관원들이 만든 병풍이다. 장대한 궁중 잔치의 분위기를 읽을 수가 있다. 국립고궁박물관 소장.

의 열은 그대로 아이에게 전달되기 때문에 탈이 날 수도 있다. 반대로 채소 위주의 식사를 하면 열은 줄어들지만 젖이 줄어든다. 『승정원일기』에서는 열로 인해 아이가 탈이 난 경우가 주로 기록되어 있는데 유모에게 기름진 음식 자체를 못 먹게 하거나 채소가 적당히 섞인 식단으로 음식을 섭취하도록 처방을 내리고 있다.

아이에게 약을 먹이는 것도 유모를 통해 이루어졌다. 유모가 처방된 약을 먹고 젖을 물려 간접적으로 그 약이 아이에게 전달되게 하는 방식이었다. 대개 어린아이는 비장과 위가 약해서 직접 투약할 경우 이를 상하게 한다. 이를 염려해 간접 투약하는 것이다. 또한 아이의 입맛이 까다로울 경우 약을 직접 먹이기 어려워서이기

도 하다.

영 조 약을 먹이는 것이 매우 어렵다.

권성징 사탕砂糖을 많이 섞으면 약의 맛이 매우 쓰지는 않을 것이며, 작설雀舌의 맛 또한 매우 담백합니다.

현기붕 말하기를 작설을 심하게 달이면 맛이 더욱 좋지 않으며 유도乳道라면 친히 드시는 것만 못할 것입니다.

영 조 맛이 나쁘면 먹이기가 매우 어렵다.

김응복 민강閩薑(생강을 설탕물에 조려 만든 과자)이 좋을 것입니다.

영 조 민강이면 더욱 다행일 것이다. 궁중에는 매번 검은깨黑荏子, 연자다식蓮子茶食(연꽃의 열매를 넣어 만든 다식)을 두고 먹이고 있으나, 반드시 황률다식黃栗茶食(밤을 넣어 만든 다식)만을 골라 먹고, 미음 같은 종류는 아예 먹으려 하지 않고, 흰죽인지를 확실히 안 뒤에야 비로소 먹으니, 약을 먹이는 게 심히 어렵다.

『승정원일기』 영조 13년(1737) 7월 30일

위의 기사는 1737년(영조 13)에 영조와 약방 담당자가 함께한 자리에서 나눈 대화다. 뒷날 사도세자가 될 왕세자가 설사와 구토 증세를 보이고 있어 그에 대한 처방을 의논하고 있었다. 이때 영조는 사도세자의 입맛이 까다로워 약을 먹이는 데 어려움이 있다고 말하고 있다. 그리고 유모를 통해 투약을 하게 되면 직접 투약하는 것보다 효과가 떨어지므로 가급적 직접 약을 먹이는 방법으로 단 음식에 약을 섞어 먹이는 것을 의논하고 있는 것이다.

오늘날 산모들은 대개 술 마시는 것을 꺼려한다. 임신 중에 음주를 할 경우 선천성 기형이 생길 확률이 높다는 것과 술에 대한 사회적 인식이 부정적으로 형성되어 있기 때문일 것이다. 이에 대해 『승정원일기』에서는 다음과 같이 전하고 있다.

영 조 유모가 술을 자주 마신다. 심하게는 밤에도 술을 마셔 젖에 젖은 아이의 옷에서 술 냄새가 난다.

김약노 유모가 술을 마시는 것은 매우 금기해야 할 일입니다. 그런 까닭에 이런 이야기를 듣기 전에도 경계해야 함을 말했던 것입니다.

영 조 술을 마시고 젖을 물리면 어찌 술기운이 흘러 전해지지 않겠는가?

홍상한   더운 날에 소주를 마시면 땀에서 소주 냄새가 납니다.

영 조   젖을 짜내고 밤에 마시면 피가 더욱 잘 돌게 된다.

홍상한   소주는 장과 위에 해롭습니다.

영 조   꺼리는 병으로 의원을 속일 수 없는 까닭에 말을 한 것이다. 건갈乾葛(칡뿌리)은 어떠한가?

김한철   건갈은 술독을 풀어줍니다.

영 조   이후로 알아야 할 것은 유모가 밤에 매번 술을 마신다는 것이다. 내가 주酒 자를 들으니 떨린다.

홍상한   소주는 더욱 해롭습니다.

영 조   이번 세손의 병은 아마도 술에 상한 듯하다.

김한철   지극히 공경한 지위에 있으면서 유모가 어찌 감히 술을 마실 수 있습니까? 신은 들으면서 전율을 금지 못하겠습니다. 신이 만약 언관이라면 죄를 청할 것입니다.

영 조   유모가 자신의 공을 지나치게 과신했다.

『승정원일기』 영조 28년(1752) 2월 2일

위에서 보는 바와 같이, 영조가 경춘전에서 약방 도제조 이하 관원들과 만나 심각하게 대화를 나누고 있다. 당시 세손이었던 정조는 하루에도 11번이나 대변을 볼 정도로 몸이 안 좋았고, 논의를 하던 이날도 새벽 나절에 여섯 차례 정도의 대변을 봤다. 영조와 약방 관원들은 이러한 정조의 증상에 대해 적절한 처방을 내려야 했고, 그에 대한 논의를 했던 것이다.

영조는 이때 유모의 음주에 대해 이야기를 하고 있다. 유모가 밤에도 술을 마셔 젖에 젖은 아이의 옷에서 술 냄새가 날 정도라는

「서연관사연도書筵官賜宴圖」 1535년(중종 30)에 세자(뒷날의 인종) 책봉 16주년을 맞이하여 서연관 등 왕세자와 인연이 깊은 인물 39명을 초대하여 잔치를 베푼 것을 기록한 그림이다. 서울대 규장각 소장.

것이다. 그런데 이상한 점은 영조가 그 사실을 인지하고도 유모의 음주에 대해 별도로 제재를 가하고 있지 않다는 사실이다. 물론 신하들은 유모의 음주가 금기해야 할 사항이므로 경계해야 하며 언관이라면 죄를 청할 정도라고 말하고 있다. 하지만 영조는 이에 대해 "주酒 자를 들으니 떨린다", "세손의 병은 아마도 술에 상한 듯하다"라고 말하면서도 유모의 공을 들어 두둔할 뿐 아니라 오히려 유모의 음주를 참고하여 처방을 내리도록 지시하고 있는 것이다. 금주령을 내리기도 했던 깐깐한 성격의 영조와는 전혀 어울리지 않는다. 평소의 모습대로라면 아마 불호령이 떨어졌을 텐데 말이다.

유모의 공을 인정하여 특별한 대우를 했던 선대 왕들처럼 영조 또한 유모의 공을 인정하고 특별대우를 했던 것은 무엇이었을까. 아마도 영조의 이러한 태도는 유모의 공에 대한 무한한 애정에서 출발했을 것 같다. "유모의 공이 크다"라든지 "유모가 자신의 공을 지나치게 과신했다"라는 표현은 세손의 보양을 담당하고 있는 유모에 대한 공을 크게 인정하고 있음을 보여준다.

조선시대에 왕의 유모에게는 봉보부인奉保夫人이라는 종1품 벼슬을 내렸다. 그러니 왕비의 어머니인 부부인府夫人(정1품)보다는 한 수 아래이지만, 왕자의 처인 군부인郡夫人(종1품)과 같은 품계다. 이쯤 되면 3정승 부인인 정경부인과도 맞먹을 수 있는 위계이니, 임금에게 젖을 물려 키운 공을 생각하면 1품 벼슬도 전혀 아깝지 않을 것이다. 왕실에서는 원자의 유모가 단순히 젖을 먹이는 사람이 아니라 후계자의 스승을 뽑는다고 생각했던 것이다.

그러니 역대 어느 왕도 자신의 유모를 홀대한 적이 없었다. 세종은 봉보부인 이씨가 사망하자 장례에 소요되는 관곽을 내려줌은 물론이고 묘소를 조성할 인부들을 보내기도 했고, 단종은 봉보부인 이씨에게 노비나 곡식을 내렸으며, 예종은 자신의 유모 홍씨에게 빈과 귀인에 걸맞은 의복과 음식을 내리는 동시에 3촌 이내의 친척을 면천시켜주었다. 한때 천한 출신들이 궁중으로 들어와 유모가 됐을 경우 청탁과 부패로 얼룩진 적도 있었지만, 대체로 봉보부인에게는 모두 극진한 예우를 해주는 것이 관례였다. 오죽 했으면, 할머니를 머리로 들이받은 폭군 연산군조차도 자신의 유모 최씨에게는 극진한 대접을 다했다. 그러니 추상같이 엄했던 영조 또한 왕세손의 유모가 술을 먹었다 할지라도 눈감아주려 애쓰고 있었던 것이다.

제7장

세자는 죽고, 의혹은 커지고

　1786년(정조 10) 5월 10일 오시午時(오전 11시~오후 1시) 창경궁 별당에 정조와 약방 제조, 각신 등이 무거운 마음으로 자리했다. 그저께까지 다 나아가는 듯했던 동궁의 병세가 하루 만에 급격히 악화됐기 때문이다.

　당시는 온 나라에 홍역이 만연하고 있었다. 문효세자文孝世子 또한 이를 피해갈 수 없었던지 연초부터 홍역을 앓고 있었다. 의관들은 문효세자를 치료하기 위해 숙직을 하며 밤낮으로 간호했다. 그 덕분인지 5월 상순경에는 세자의 증세가 호전되고 있었다.

　5월 3일 정조는 김익에게 세자의 증세가 매우 평온해졌으며, 분명지지는 않지만 발진도 허물이 생기는 듯하며 한기가 있기 때문에 갈근탕을 먹이고 있다고 했다.

　5월 8일 정조가 약방과 대신들을 만나는 자리에서 세자는 열이 이미 내려서 회복 중에 있으며 흰죽을 먹이고 있다고 했다. 신하들

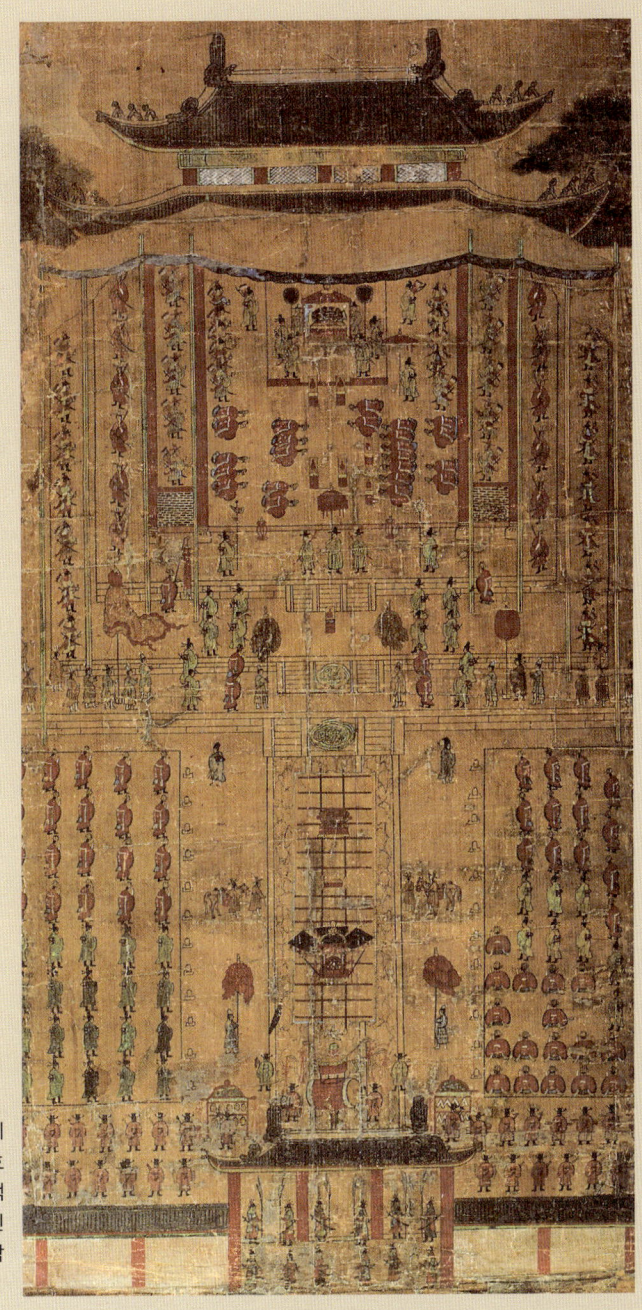

「문효세자책례계병
文孝世子册禮契屛」
정조와 의빈 김씨 사이에 태어난 문효세자를 왕세자로 책봉하는 의식을 그린 그림이다. 서울대 박물관 소장.

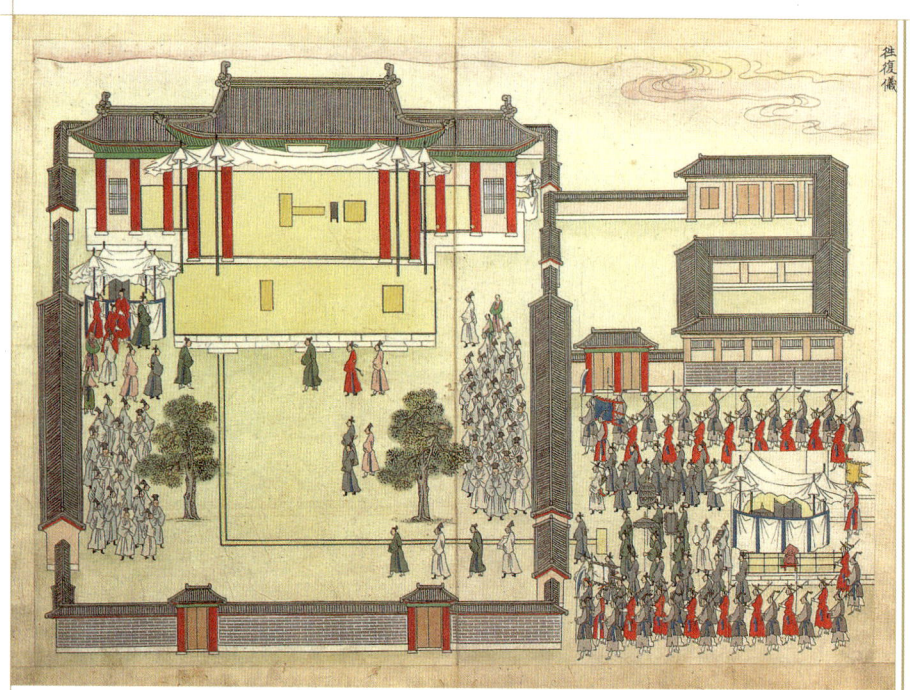

「왕세자 입학도」 순조의 세자인 효명세자(뒷날의 익종)가 8살 되던 해에 성균관에 입학하는 것을 그린 그림이다. 국립고궁박물관 소장.

은 세자의 병이 나은 것은 종사의 무한한 복이라며 기뻐하고 병이 나은 뒤에 음식 드시는 절차를 신중해야 하며 수유하는 것 또한 조심해서 살펴보아야 한다고 말했다. 적어도 이 시점에 정조와 신하들은 세자의 병이 다 나았다고 생각했고, 따라서 세자의 병을 살피기 위해 운영했던 약원의 숙직도 이날부터 정지했다.

그런데 이렇게 다 나은 듯했던 세자의 병세가 5월 9일에 다시 열이 나면서 급격히 악화됐다. 10일에 세자의 증세는 이미 위중한 지경에 이르렀다. 당시 급박했던 상황을 『승정원일기』 기록을 통해 자세하게 들여다보자.

서명선 세자의 상태는 밤새 어떠하셨습니까?

정 조 홍역의 증세는 거의 회복되어 발진은 거의 다 사라졌다. 어제 저녁부터 정신이 흐려지고 열이 오르는 증세가 있어 약물을 친히 살펴 달여 먹였으나 동정이 없으니 매우 걱정이 된다.

이문원 환후가 이처럼 위중하시나 약원은 전혀 방법을 알지 못하여 뭐라 드릴 말씀이 없습니다.

밤 2경(밤 9~11시)에 인삼차를 먹이고 왕이 친히 약제를 짓는 것을 살피셨다.

이문원 계속 인삼차를 사용하는데도 움직임이 없으시니 저희들은 애타는 마음을 이길 수가 없습니다.

정 조 점점 심해지니 이를 어찌해야 되는가?

4경(새벽 1~3시)에 다시 인삼차를 먹였다.

정 조 (문원에게) 이곳에서 내가 모든 것을 친히 살피고 있으니 정성이 닿아 좋은 일이 있을 것이다.

5경(새벽 3~5시)에 젖을 조금 먹이었다.

정 조 아마도 원기가 점점 떨어지는 것 같다. 내가 차마 보지 못하겠다. 자궁慈宮(혜경궁 홍씨)께서 오늘밤 잠 못 들고 걱정하시며 애타는 마음을 가눌 길이 없으실 텐데 어찌해야 하는가?

『승정원일기』 정조 10년(1786) 5월 10일

하지만 하늘은 무심했다. 아버지 정조의 지극한 간호와 신하들의 기도에도 불구하고 5월 11일 미시未時(오후 1~3시)에 문효세자는 창경궁 별당에서 숨을 거두고 말았다. 『승정원일기』가 전하는 당시의 광경을 보자.

서명선 등이 왕명을 받들어 들어가 살핀 뒤에 울며 돌아와 아뢰기를 환후가 위독하시니 드릴 말씀이 없습니다. 조금 있다가 왕이 홍낙성과 이복영에게 다시 들어가 살피도록 했다. 홍낙성 등이 들어가 살핀 뒤 돌아와 아뢰기를 점점 위독해지시니 어찌할 바를 모르겠습니다. 이복영이 말하기를 원기가 빠지셔서 가벼이 약을 의논하기도 어렵습니다. 왕이 말하기를, 할 만한 방법이 있는가? 안경 등이 말하기를, 신이 몽매하여 무슨 방법을 써야 할지 알지 못하겠습니다. 왕이 말하기를, 병은 이미 논할 것이 없으니 만일의 행운을 기대하며 오직 인삼차만을 시험 삼아 먹여볼 뿐이다. 왕이 말하기를, 사람의 정리로 말하면 참으로 진정하기 어려우나 지금 이러한 지경에 이르러 나는 다만 천명에 맡길 뿐이니 별도로 크게 동심할 일은 아니다. 종묘 등에 정성을 다하여 기도할 것을 명했다. 왕이 말하기를 이미 살아날 가망이 없으니 이게 무슨 일인가? 이게 무슨 일인가? 목숨이 이미 정해졌으니 경 등은 반드시 상세히 살펴 후회가 없게 해야 한다. 왕이 눈물을 흘리며 하교하기를, 일이 이에 이르렀으니 나는 그다지 동심하는 것이 없으나 다만 자전과 자궁의 슬픔을 생각하면 애가 끓는구나!

『승정원일기』 정조 10년(1786) 5월 11일

문효세자는 1782년(정조 6) 9월 7일에 태어났다. 세상에 어느 부모가 자식을 얻어 기뻐하지 않겠는가. 정조 또한 오랫동안 기다리던 아들이었던지라 한없이 기뻤다. 왕통을 잇는 원자의 출산……. 이는 비단 정조의 기쁨일 뿐만 아니라 신하들의 기쁨이기도 했다. 정조와 신하들 사이의 이러한 마음을 『승정원일기』는 다음과 같이

「회강반차도會講班次圖」 세자가 서연에서 회강하는 모습을 기록한 그림이다. 책이 놓여 있는 옆의 빈자리가 세자가 앉는 곳이며, 맞은편에 시강원 관원들이 앉아 세자를 가르쳤다. 서울대 규장각 소장.

기록하고 있다.

> 임인년 9월 초칠일 묘시卯時(오전 5~7시)에 왕이 성정각에 나아가니, 전·현직 대신들이 입시했다.
> **김상철 등** 하늘에 계신 조종께서 우리 나라를 돌보시어서 남자 아이를 얻는 경사가 생겼으니 신 등은 기뻐 춤을 추며 헌축獻祝하고픈 마음을 이기지 못하여 이렇게 입대한 것입니다.
> **정 조** 종실宗室이 이로부터 우거져 넘칠 수 있게 됐으니 기쁘고 다행스러움을 이루 다 말할 수가 없다.
> **김상철 등** 나라 경사에 오늘 경사보다 큰 것이 없는 것은 온 나라 신민이 온종일 우러러 바라는 마음에 부합했기 때문입니다. 오늘 경사는 형용하여 말하기가 어렵습니다.
> **정 조** 문후하는 것은 이미 전례가 없는데 오늘 면대를 청하는

문효세자의 묘 효창원 문효세자는 3살 되던 해에 세자로 책봉됐지만 5살에 죽어 서울 효창동에 묻혔다. 이곳이 효창공원으로 조성되면서 효창원은 서삼릉으로 이장됐다. 경기도 고양시 소재.

것은 조금 지나치다.

서명선 등 이같이 큰 경사에 어찌 소소한 절차에 구애될 게 있겠습니까?

『승정원일기』 정조 6년(1782) 9월 7일

그렇게 축복 속에 태어난 문효세자가 5살도 넘기지 못하고 세상을 하직한 것이다. 당시 문효세자의 병명은 홍역이었다. 우리 선조들에게 홍역은 흔한 전염병 중에 하나였다. '홍역을 치른다'라는 말이 있듯이, 어린아이가 죽지 않고 성인이 되는 과정에서 거쳐야 하는 일종의 통과의례 같은 병이었다. 지금에야 예방주사 덕분에 홍역으로 목숨을 잃는 경우가 없지만, 조선시대에는 누구도 피해 갈 수 없었던 것이 홍역이었다. 영아 사망률이 높았던 조선시대에 홍역으로 목숨을 잃는 것은 너무나 흔한 일이어서, 최근 공개된 조선 후기 무관 노상추의 일기에서도 그의 자녀와 손자들이 이로 인해 죽어갔던 것을 확인할 수 있다.

문효세자가 사망하자, 언관들로부터 유생들에 이르기까지 해당 의관의 처벌을 주장하고 나섰다. 혐의는 대개 2가지에 맞춰졌다.

장령 어석령이 엎드려 말합니다. 세자께서 홍역을 앓은 지가 여러 달이었습니다. 홍역 뒤에 삼蔘과 같은 종류를 쓰는 것은 이미 금기입니다. 하물며 부자附子(식물 바곳의 둥근 뿌리로, 체온이 부족하여 생기는 모든 병에 쓴다)의 열이 많고 독함은 삼蔘 같은 재료에 비해 백배 이상이 된다는 것이 본초本草에 실려 있습니다. 이것을 어찌 홍역 뒤의 증세에 가볍게 시험할 수 있으며 지중하신 몸에 망령되이 시험할 수 있는 것이겠습니까? 전하께서 전국의 이미 경험한 자취를 널리 찾아보고 의가醫家가 약을 논한 처방을 살펴보시면 홍역에 삼蔘과 부附를 사용하고도 무사한 자가 과연 있겠습니까? 신이 더욱 만만히 애통하게 한탄하는 것이 있습니다. 어린아이를 보양하는 것은 오로지 유도乳道에 있습니다. 비록 민가에서 아이를 키우는 법으로 말해도 크고 작은 역疫을 경험하기 전에는 다른 사람을 빌려서라도 일찍이 젖을 끊지 않습니다. 크고 작은 역疫을 이미 다 겪었어도 기질이 허약하여 혹 질병이 있으면 10살에 이르도록 젖으로 키우는 자가 또한 많이 있으니 대개 장腸과 위胃가 약하면 장성한 자가 오로지 곡기로 목숨을 유지하는 것처럼 하기 어렵기 때문입니다. 그러므로 유도는 소아의 목숨입니다. 이는 비단 어린 아이에게만 해당되는 일이 아닙니다. 나이가 많은 사람도 젖을 먹으며 연명한 자가 많으니 한나라 때 장창張蒼의 일을 보면 알 수가 있습니다. 어찌 5, 6세를 채우지 않고 크고 작은 역疫을 겪지도 않았는데 경솔하게 먼저 젖을 끊는 것이 어찌 보양하는 도리이겠습니까?

『승정원일기』 정조 10년(1786) 6월 1일

첫 번째 혐의의 내용은 홍역에 삼과 부자附子를 처방했다는 것이다. 삼이나 부자는 열을 내게 하는 약재로 홍역은 열을 다스리는 데 초점이 있으므로 의가에서는 처방을 꺼려했던 약재다. 그런데 약방에서 홍역에 걸려 있던 세자에게 이를 처방했으니, 의관은 책임을 면할 수 없다는 것이다.

두 번째는 섣불리 젖을 끊어 보양의 도리를 잃게 한 점이었다. 당시 사대부나 일반인들도 7살까지는 젖을 먹이는 것이 일반적이었다. 아이는 기질적으로 허약하고 각종 질병에 취약하기 때문에 젖에 의지해 병을 이겨내려는 이유에서다. 그런데 당시 의관들은 세자가 아직 5살밖에 안 됐는데도, 봄에 젖을 끊을 것을 청하여 세자에 대한 보양의 도리를 잃어버리게 했다는 것이다.

이에 대해 정조는 처방전을 살피고 약을 달여내는 일을 친히 했으니 의관에게 책임을 물을 수 없으며, 유모는 봄에 병이 들어 다른 유모로 대체하려 했기 때문에 잠시 젖을 끊었던 것이어서 역시 의관에게 책임을 물을 수 없다고 했다. 하지만 언관들은 왕의 이러한 답변에도 불구하고 계속 의관들의 책임을 물을 것을 청했고, 이는 1790년(정조 14) 5월까지 이어졌다.

당시 세자의 사망이 처방을 잘못한 의료사고였는지, 어찌할 수 없는 천명인지는 알 수 없다. 하지만 누구나 겪는 홍역이라는 단순한 병으로 죽게 됐다는 점, 거의 나은 것처럼 보였다가 급격히 악화된 상태에서 석연치 않은 치료를 했다는 점, 7살까지 젖을 먹이던 일반적인 경우와 달리 5살에 불과한 세자에게 젖을 끊었던 점 등이 납득되지 않았기 때문에 언관들은 지속적으로 당시 약방의 책임자에 대한 처벌을 요구했을 것이다.

　그러나 그 과정에서 누구보다도 마음이 아팠던 사람은 정조였으리라. 자식을 사랑하는 극진한 마음에 친히 처방전을 살피고 병간호를 했음에도 불구하고 자식을 먼저 보낸 부모의 마음은 어떠했겠는가. 게다가 같은 사안으로 5년 동안 끈질기게 올라온 상소를 보며 매번 자식을 먼저 보낸 쓰라린 기억을 떠올렸을 정조를 생각하면 부모로서 연민의 정이 느껴진다.

제 3 부

조선시대
국정의
이모저모

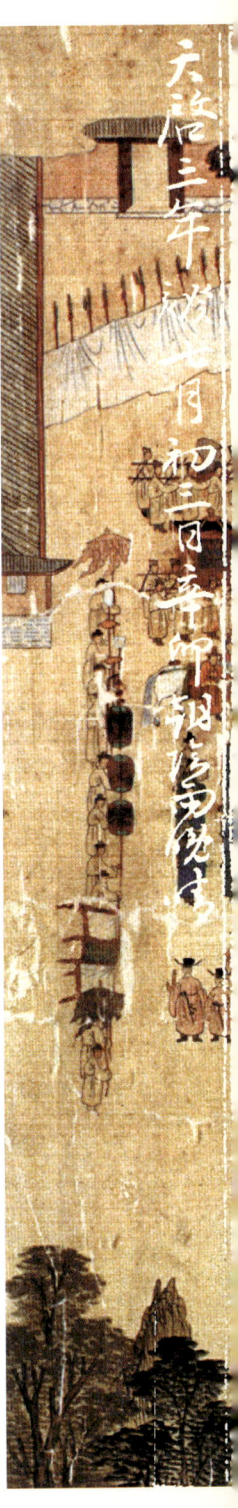

제1장

인사권의 향방, 군신간의 살바싸움

『승정원일기』 현종 1년(1660) 6월 29일자 기사를 보면, 이조참의는 밤늦도록 정청政廳에서 퇴근하지 못하고 있었다. 자신이 올린 관원 임명건을 왕이 결재하지 않고 있기 때문이었다. 무엇이 잘못됐는가. 왕은 도대체 자신의 임명안에 어떤 불만이 있는 것인가. 그에 대한 답을 듣고자 여러 번 왕에게 아뢰었지만, 왕은 시원한 답변을 내려주지 않으니 답답한 노릇이었다.

현종은 현종대로 분노하고 있었다. 일찍이 자신의 병을 치료해 준 공으로 의관 양제신을 수령에 임명하라고 했으나 신하들이 올린 임명안에는 그 이름이 빠져 있었다. 더구나 양제신을 수령으로 임명하는 것을 반대하던 대간들도 이제 한 발 물러나 있는데 정작 인사를 담당하는 관서에서 자신의 생각을 헤아리지 않고 있는 것이었다. 현종은 이들을 골탕 먹일 심산이었다. 일단 이조참의가 올린 임명안 결재를 보류하고 정청에 그대로 있으라고 지시했다.

상황이 이러하니 이조참의는 밤늦게까지 영문을 모른 채 정청에서 하명을 기다릴 수밖에 없었다. 나중에야 정청에 승지 자격으로 참석해 있던 승정원 좌부승지 윤집에게 왕의 마음에 대해 얘기를 들은 뒤 결국 양제신을 금천현감에 임명하는 새로운 결재를 올림으로써 갈등은 일단락됐다.

하지만 현종이라고 해서 자신의 의견을 관철시키는 이익만을 얻은 것은 아니었다. 그에게는 우찬성 송시열로부터의 준엄한 비판이 기다리고 있었던 것이다. 양제신 문제가 해결된 지 20여 일이 지나 송시열은 다음과 같이 현종을 비판했다.

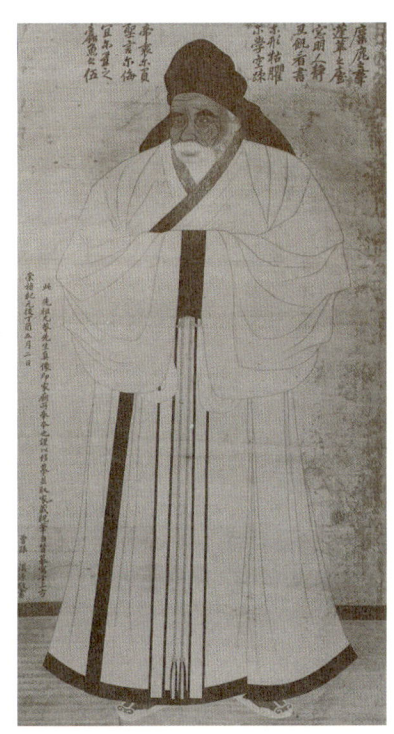

송시열 초상(유리 필름) 국사편찬위원회 소장.

> 성인은 분노함이 없다고 합니다. 그러나 『맹자』에 문왕이 한번 분노했고 무왕이 한번 분노했다고 하니 성인 또한 어찌 분노하는 것이 없겠습니까? 다만 성인이 분노하는 것은 마땅히 분노할 만한 일에 분노하고 그 분노를 다른 곳으로 옮기지 않아 거울이 물에 비치는 것과 같이 공명정대하여 사람들이 정작 성인의 분노를 깨닫지 못하기 때문에 분노함이 없다고 하는 것입니다. 왕께서는 양제

신이 목민관牧民官이 될 만한 자질을 가지고 있기 때문에 그를 수령으로 임명하려는 것입니까? 아니면 의관으로서의 공로를 치하하기 위해 수령으로 임명하려는 것입니까? 만약 전자라면 정관政官이 공의公議에 따라 후보자를 인선하는 것이기 때문에 군왕의 번거로움을 기다리지 않아도 되는 것이며 만약 후자 때문이라면 대신들과 의논하여 자급을 승격시키면 되는 것입니다. 어찌 반드시 공의를 저버리고 수령으로 임명하는 것만이 그의 노고를 치하하는 것이겠습니까?

『승정원일기』 현종 1년(1660) 7월 25일

현종에 대한 송시열의 비판은 성인의 자질을 가져야 할 군왕이 체통을 지키지 못하고 수령의 인선과 같은 하찮은 일에 분노하여 정관을 정청에 구금하듯이 기다리게 한 것을 꾸짖는 한편 공의에 기초한 정관의 인선을 따라야 한다는 것이었다. 현종에게는 송시열의 비판을 반박할 명분이나 논리가 없었다. 이러한 상황에서 자신의 의견을 계속 주장하다가는 공의를 무시하고 조그만 일에 화를 내는 용렬한 왕이 될 수밖에 없었다. 결국 양제신 건에 대해서는 후퇴하여 왕으로서의 권위를 지키는 것이 현종이 선택할 수 있는 최선의 방안이었다.

양제신을 둘러싼 앞의 사례는 조선시대 왕과 신하의 관계에 있어, 인사가 무엇에 기초해야 하는지를 잘 보여준다. 보통 조선시대 인사 업무를 가리켜 정사政事라고 한다. 물론 인사 이외의 제반 업무를 지칭하는 경우도 있지만, 대개의 경우 정사는 인사 업무를 의미한다. 그래서 인사 업무를 위한 회의가 열리는 곳을 정청政廳이

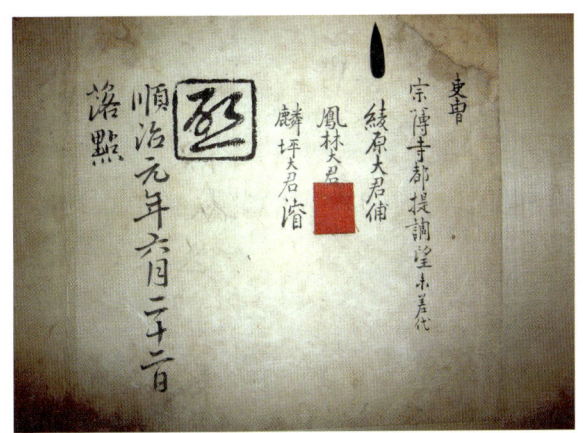

낙점 인조의 어필낙점御筆落點 문서다. 종부시 도제조宗簿寺都提調 망단자望單子(관직 후보자를 3명으로 압축하여 임금께 올리는 서류)인데, 능원대군 이보, 봉림대군 이호, 인평대군 이준 등 세 사람이 후보로 올라갔고, 그중에서 수망首望(3명의 후보 중 1순위)인 능원대군 이보가 낙점됐음을 알 수 있다. 최종적으로 마무리한 계자인啓字印이 찍혀 있다. 한국학중앙연구원 장서각 소장.

라 하고, 회의가 열리는 것을 개정開政이라 하며, 인사 업무를 담당했던 관원을 정관政官이라 했다.

조선시대 문신 관원으로 구성된 동반과 무신 관원으로 구성된 서반에 대한 인사는 분리되어 있었다. 문신 관원에 대한 인사는 이조에서 담당했으며, 무신 관원에 대한 인사는 병조에서 담당했다. 그래서 동반에 대한 인사회의인 이비吏批에는 이조의 관원이, 서반에 대한 인사회의인 병비兵批에는 병조의 관원이 참석했다.

인사회의가 열리면 승정원의 승지, 이·병조의 판서, 참판, 참의 및 낭관이 구성원으로서 참석한다. 승정원의 승지는 왕을 대신하는 자격으로, 참판 등은 정관으로, 낭관은 실무자로 참가하는 것이다. 이들의 참석 여부는 왕에게 보고됐다. 만약 긴급히 회의를 진행하여 관원을 임명해야 하나, 판서와 참판 등이 부재하여 회의를 진행할 수 없는 경우에는 이를 왕에게 보고하고 정관을 패초牌招(패를 주어 불러들이는 일)하라는 왕명을 받아 정관을 나오게 한 뒤 회의를 진행했다.

인사회의는 공의公議에 따라 후보자를 정하는 일이다. 근무실적, 자질, 결격 사유 등을 고려하여 3명의 후보자를 정하고 이를 왕에게 보고했다. 후보자의 이름이 적힌 문서를 망단자望單子라고 했으며, 왕은 3명의 후보자 중에서 가장 적합하다고 생각되는 사람의 이름 위에 ○를 하여 선택하게 되는데 이를 낙점이라고 했다. 후보자를 3명으로 정함으로써 왕에게 선택의 폭을 준 것이지만, 대개의 경우 왕은 맨 첫 번째 사람을 낙점했다.

망단자의 기재 순서가 후보자의 우열을 의미하는 것은 아니다. 기재 순서는 망단자 작성자의 편의에 의해 정해지는 우연적인 배열이다. 그런데 왕의 낙점이 이와 같이 반복되다보니 망단자에 누구를 앞에 놓느냐가 곧 관원 임명임을 의미하게 되고, 그 행위를 하는 사람에게 인사권이 집중될 가능성이 있었다. 이에 숙종대 목래선은 다음과 같이 말하고 있다.

> 국가에서 사람을 부리는 일은 오로지 전관銓官에게 있습니다. 전관이 후보자를 정함에 있어 공정한 도리를 다하면 다스려지게 되고 그렇지 않으면 국정에 해가 되는 것입니다. 대개 정사에서 후보자를 정하면 매번 첫 번째 후보자에게 낙점을 합니다. 첫 번째 후보자가 반드시 두 번째, 세 번째 후보자보다 현명한 것이 아닌데도 매번 이와 같이 낙점을 하면 정관의 권한이 편중될 것입니다.
>
> 『승정원일기』 숙종 15년(1689) 4월 3일

하지만 왕으로서는 재량권을 발휘하기가 쉽지 않다. 양제신의 수령 임명을 둘러싼 현종과 정관 사이의 갈등에서 보듯이, 정관이 올린 망단자는 이미 공의를 전제로 하고 있기 때문이다. 왕이 이 공의를 뒤집기 위해서는 그에 상응하는 논리와 명분이 있어야 했다.

인사를 둘러싼 갈등관계는 왕과 신하들 사이에서만 나타나는 것이 아니었다. 종종 신하와 신하들 사이에서도 있었다. 이럴 경우 왕은 둘 사이의 조정자로서 공의가 모아지기를 기다려야 했다.

1746년(영조 22) 11월 22일 영의정 김재로는 사직 상소를 올렸다. 자신이 주재하여 만든 도당록都堂錄이 문제가 됐기 때문이다. 도당록이란 홍문관 교리 등을 선임하기 위한 2차 추천 기록으로 의정부와 이조참판 등이 참석하여 만들어진다. 그런데 이 도당록에 포함되어 있던 이응협이 평소부터 심질心疾이 있어 홍문관 관원으로는 부적격하다고 홍익삼이 비판을 제기했던 것이다. 김재로는 영의정으로서 이 회의를 주재했고 자신이 주재하여 작성된 이 도당록에 포함된 인물이 부적격자라는 비판이 제기됐으니 자신 또한 그 책임이 있다는 것이 사직의 이유였다.

말하자면 김재로는 사직을 통해 공의가 누구에게 있는지를 영조에게 물은 것이다. 영조가 김재로의 사직 상소를 받아들이는 것은 공의가 도당록의 문제를 제기한 홍익삼에게 있음을 인정하는 것이 된다. 그렇다면 도당록에 참여한 다른 관원들의 연쇄 사직도 일어날 판이다. 그렇다고 아무런 논의 과정 없이 홍익삼의 문제 제기를 덮어둘 수도 없었다. 결국 이 과정에서 장장 132회에 걸친 김재로의 사직 상소가 이어졌고, 공의는 홍익삼의 문제 제기가 과하다는 쪽으로 모아지게 됐다.

제2장

국정 보고체계의 이모저모

1656년(효종 7) 11월 사간원에서는 왕에게 내수사 소속 수진궁의 내관을 파직시킬 것을 청했다. 이유는 내수사가 왕에게 직계를 하여 형벌을 남용한 형조의 아전에게 죄 줄 것을 청했기 때문이다. 일찍이 형조에서는 수진궁의 노비 말룡을 잡아다가 심문을 하고 있었다. 그런데 심문이 너무 심했는지 그만 말룡이 죽어버리고 말았다. 그러자 수진궁의 내관은 궁의 노비를 풀어 심문을 담당했던 형조의 아전을 잡아들이도록 했다. 그런데 해당 아전을 잡지 못하자 아전의 집을 뒤지고 아전의 이웃까지 잡아다가 몽둥이질을 했다. 나아가 해당 아전의 죄를 다스리라는 왕의 처분까지 받아버렸다.

국가가 관직을 설치했을 때에는 각자의 소임이 있는 것이며, 맡은 바 임무 처리 중에 과실이 발생하면 정해진 보고 절차에 따라 책임을 물으면 되는 것이다. 수진궁의 노비 말룡의 심문 또한 말룡이 거짓으로 보고한 혐의가 있기 때문에 왕명으로 진행된 형조의 일상적인 업무 행위였다. 말룡을 죽게 한 해당 아전의 업무상 과실치사 또한 형조에서 승정원을 거쳐 왕에게 보고되는 정상적인 절차에 따라 진행되어야 했다. 그런데 내관이 이러한 절차를 무시하고 사사로이 노비를 풀어 해당 아전과 이웃을 핍박했을 뿐만 아니라 승정원을 거치지 않고 왕에게 직접 보고하는 비정상적인 방법으로 문제를 해결해버린 것이다. 사간원은 바로 내수사 내관의 이러한 월권 행위를 문제 삼았다.

조선시대 왕은 천명을 받아 권력의 정점에 있는 존재다. 모든 정책 결정은 왕으로부터 시작되며 그의 명령은 곧 천명이다. 이러한 권력구조에서 왕에게 보고되는 정보가 왜곡될 경우 현실과 상반되는 방향으로 정책이 추진될 가능성이 크며, 정보의 왜곡은 보고체계가 공식화되지 않고 다원화될수록 더욱 큰 문제를 일으킬 수 있다. 따라서 정보가 왜곡되는 것을 최소화하는 일원적인 보고체계의 확립이 필요하므로 조선에서는 왕명 출납을 담당했던 승정원을 통해 모든 보고가 이루어지도록 했다. 당연히 왕에게 보고되는 모든 문서는 승정원을 통해 왕에게 보고됐고, 왕의 결재가 끝난 문서는 승정원을 통해 담당자에게 전달됐다.

그런데 모든 보고가 승정원으로 집중됨으로써 도리어 승정원에 의한 보고나 왕의 명령이 왜곡되는 폐단도 발생하게 됐다. 1649년(효종 즉위년) 6월에 이형익의 처벌을 둘러싼 사헌부와 승정원의 갈등은 이를 잘 보여준다.

이형익은 당시 침술이 뛰어나 여러 차례 공을 세웠으므로 왕실의 총애를 받던 의관이었다. 그는 평소 당시로서는 다소 생소한 의술인 화정火錠이라는 침술을 사용했는데, 인조를 치료할 때 다른

각 관청에서 사용했던 인장들 조선시대 공문서에는 진본을 확인하기 위해 각 관청별로 인장을 사용했으며, 상서원에서 제작하여 관리했다. 이조 인장(위의 왼쪽), 병조 인장(위의 가운데), 호조 인장(위의 오른쪽), 기로소 인장(아래의 왼쪽), 의정부 인장(아래의 오른쪽)이다. 국립고궁박물관 소장.

의관들의 반대에도 불구하고 끝내 잘못된 혈에 침을 놓았다고 한다. 결국 인조가 사망하자 사헌부에서는 안율정죄按律定罪(법에 따라 죄를 다스린다)로 이형익을 처벌할 것을 청했다. 사헌부의 주장대로라면 왕의 환후를 잘못 치료한 것이어서 이형익은 죽음을 면치 못할 상황이었다.

그런데 승정원이 사헌부의 계啓와 그에 대한 왕의 답을 전달하는 과정에서 '안율按律' 두 글자를 삭제하는 일이 벌어졌다. 그러자 사헌부는 해당 승지와 주서를 파직시킬 것과 왕의 답에 '안율' 두 글자를 다시 포함시킬 것을 청했다. 결국 효종은 사헌부의 주장에 따라 담당 승지 정유성을 파직시켰다.

이러한 갈등은 보고가 승정원을 경유하는 과정에서 왜곡되는 경우도 있었음을 보여준다. 왜곡이 고의적으로 일어나든 업무상 과실로 일어나든 이 경우 승정원과 최초 보고자 사이에서는 갈등이 생기게 되며, 『승정원일기』에는 이러한 사례가 다수 기록되어 있다.

　1726년(영조 2)에 벌어진 사건도 이와 유사한 경우다. 사간원 정언 홍성보가 경종 때 주서로 있으면서 받아 적은 초책草冊 기록이 있었는데, 당시 승지로 입시했던 박휘등이 홍성보가 초책을 기록할 때 잘못을 저질렀다고 문제를 삼은 적이 있었다. 이 문제로 티격태격하게 된 것은 승지 박휘등이 소론이고 주서 홍성보는 노론이었기 때문이었다. 즉 경종이 즉위한 후 노론의 신예 박치원은 소론을 이끌던 이조판서 최석항이 인사권을 마음대로 주무른다는 탄핵을 했고, 그 후에도 세제 연잉군(뒷날의 영조)의 대리청정을 주장하는 등 정국의 핵으로 떠올랐다. 이런 상황이던 경종 2년(1722) 봄에 박치원의 처리 문제를 놓고 군신간에 논의가 있게 되자 우의정으로 있던 최석항은 의정부로 하여금 박치원의 형량을 정하도록 했던 이전의 결정대로 본건을 처리할 것을 청했다. 그러나 왕은 이에 대해 가타부타 말이 없었으니, 주서나 사관들은 자기 편한 대로 기록하고 말았다. 그리하여 기록을 담당한 사관 2명과 주서 2명 등 모두 4명의 초책을 대조했으나, 빈칸으로 둔 자도 있었고 임금이 "아무 말도 없으셨다"라고 적은 기록도 있었다. 왕이 긍정을 했다는 기록이 없자, 그 자리에 참석했던 인물에게도 상황을 확인하는 등 소란을 떨었다.

　그러나 달리 생각하면 이러한 갈등은 오히려 왜곡된 보고를 바로 잡는 과정으로서 조선시대 국정을 투명하게 하는 측면이 있었다. 그리고 그것은 승정원을 경유하는 보고가 공개되기 때문에 가능했을 것이다.

제3장

원님들에게 씌워진 칠사의 올가미

　1650년(효종 1) 11월 21일 이장형은 강진현감으로 부임하기 전에 하직인사를 하러 왕에게 나아갔다. 그런데 왕이 수령으로서 해야 할 바를 묻는 질문에 바로 대답을 하지 못했다. 왕은 재차 칠사七事가 무엇인지를 물었고, 이장형은 겨우 수령칠사에 대해 대답했다. 왕은 다시 이장형에게 부임할 곳인 강진의 상황이 어떠한지 물었다. 그러나 이장형은 "제가 들은 바가 없어 알지 못하겠습니다"라고 했다. 결국 왕은 그 자리에서 이장형을 다른 현감으로 교체하여 부임시킬 것을 명했다.

　흔히 조선시대 지방관을 목민관이라 불렀다. 목민관이란 왕을 대신하여 백성을 다스리고 기른다는 의미다. 지방관은 왕으로부터 권한을 위임받은 것이므로 그가 펼친 정치의 선악 여부는 왕의 치적과 직결될 수밖에 없었다. 따라서 임지로 부임하는 지방관을 만나 임무를 확인하고 왕을 대신하여 선정을 베풀어줄 것을 당부하는 것은 조선시대 왕이 반드시 확인해야 할 중요한 일과 중의 하나였다.

이렇게 왕이 지방관을 친히 만나는 것을 지방관의 입장에서는 하직下直한다고 했다. 『승정원일기』에 하직 기사가 풍부한 것은 왕의 일과 중에서 매우 중요한 업무 중의 하나였기 때문이다. 신라 이래로 중앙집권 국가를 유지해온 근간은 바로 수령제도였다. 봉토를 분봉해주어 다스리게 했던 봉건제도와는 달리 우리나라는 줄곧 군현으로 나눈 지역에다 국왕의 위임을 받은 수령을 파견하여 대신 통치하게 했다.

『승정원일기』에 나타난 하직 기사를 보면, 대개 그 자리에서 왕이 지방관으로 부임하는 자에게 던지는 질문은 정해져 있었다. 첫 번째는 그의 출신이 어떠하며, 이전에 어떤 관직을 거쳤는가, 두 번째는 지방관으로서 해야 할 중요한 임무는 무엇인가, 세 번째는 부임할 지역이 안고 있는 어려운 문제는 무엇인가 하는 것이었다.

여기서 지방관이 해야 할 중요한 임무가 바로 수령칠사다. 조선의 치국 이념을 담은 법전 『경국대전』에 보면, 수령칠사가 「이전吏典」 고과조考課條에 실려 있다. 수령이 지방 통치를 위해 지켜야 할 수칙 7가지, 즉 수령칠사란 농상을 성하게 함農桑盛, 호구를 늘림戶口增, 학교를 일으킴學校興, 군정을 닦음軍政修, 역의 부과를 균등하게 함賦役均, 소송을 간명하게 함詞訟簡, 교활하고 간사한 버릇을 그치게 함奸猾息이다. 이 수령칠사는 지방관에 대한 인사고과의 기준이기도 했다.

조선시대 인사고과를 포폄褒貶('포'는 포상을 의미하고 '폄'은 폄하를 의미한다)이라 했는데, 매년 6월 15일과 12월 15일에 모든 관원

「도임환영到任歡迎」 『평양감사향연도平壤監司饗宴圖』 중의 하나로, 부임한 평양감사를 위해 환영연을 열어 즐기는 장면이다. 작자는 미상으로 18세기 후반의 작품이다. 미국 피바디 에섹스 박물관 소장.

「감사순시」 『평양감사향연도』 중의 하나로, 감사가 각 고을을 순시하는 것을 그린 것이다. 작자는 미상으로 18세기 후반의 작품이다. 미국 피바디 에섹스 박물관 소장.

신임 수령의 행차도 각종 깃발을 든 기수 48명과 군뢰軍牢, 중군中軍 등 병졸, 악대, 병방兵房과 집사, 아전과 노비, 악사와 기생, 가마를 앞세운 아녀자들의 행렬이 앞서 나가고, 이어 18명의 수종원이 받드는 쌍가마가 등장하여 행렬의 중심을 이룬다. 그 뒤에는 수행하는 인원과 군뢰 등이 따르고 있다. 국립중앙박물관 소장.

에 대한 포폄을 했다. 평가자도 오늘날처럼 직속 상관이 주로 맡는다. 수령에 대한 포폄은 관찰사와 병마절도사가 함께 의논하여 결정한다. 다만 제주도는 목사가 포폄단자를 작성하여 관찰사에게 보고했다. 이때 관찰사는 수령이 칠사를 어떻게 했느냐에 따라 상·중·하의 점수를 매겨 인사고과를 하며, 그 성적에 따라 승진이나 파직이 결정됐다.

예를 들어 10회 포폄을 실시하여 그중에서 3번 중을 맞으면 파직이었고, 2번 중을 맞으면 녹봉을 받지 못하는 관직으로 좌천되도록 법으로 정해져 있었다. 10회 포폄에서 10번 모두 상의 성적이면 당연히 1계급 특진이었다. 그런데 중종 때 경상도 관찰사로 내려간 김안국이 얼마나 깐깐하게 성적을 매겼던지 좌천되어간 수령들이 부지기수였다. 이처럼 평가자의 주관에 따라 들쭉날쭉 할 수도 있었던 것이 성적표이기도 했다.

위에서 본 수령칠사는 지방관으로서 명심해야 할 항목이자 목민관으로서 백성을 다스리는 데 있어 준칙으로 삼아야 할 사항이었다. 왕이 지방으로 부임하는 수령에게 너무나 잘 알려 있지만 그럼에도 불구하고 반드시 수령칠사가 무엇인지를 물어보는 것은 목

민관으로서 초심을 잃지 말라는 의미이며, 포폄은 이러한 지방관에 대한 끊임없는 견제장치의 작동인 것이다. 결국 『승정원일기』 하직 기사의 동어반복적인 서술과 지방관에 대한 정기적인 포폄은 지방관에 대한 인사관리 시스템을 유지하기 위해 조선이 얼마나 노력했는지를 보여주는 반증이라 생각된다.

하지만 시스템의 운영이란 것이 사람하기에 달려 있기에 개인의 자질 여하에 따라 시스템의 성능이 좌우되는 것은 자명한 일이다. 현종대 임천군수 최준형의 경우는 이러한 사실을 잘 보여준다. 당시 최준형의 파직을 청한 사헌부 지평 이유의 이야기를 들어보자.

> 임천군수 최준형은 일을 행함에 있어 사리에 어그러지는 일이 많으며 요망한 첩에게 빠져서 그녀가 말하는 바는 모두 들어줍니다. 일찍이 증산현령을 지낼 때에는 모든 정사가 그녀에게서 나오지 않는 것이 없었고 첩으로 하여금 매번 관아의 누각 위에 앉게 하여 하인을 잡아와 형장刑杖을 남발하며 뇌물을 받는 등 백성을 괴롭게 하는 것이 이루다 말할 수 없습니다. 최준형은 그러한 폐단을 금하지 못하고 오히려 그녀의 말을 좇아 악행을 조장해 사람들의 원성이 자자하니 그를 파직시킬 것을 청합니다.
>
> 『승정원일기』 현종 13년(1672) 9월 20일

최준형의 경우는 시스템의 운영자가 초심을 잃어버렸을 때, 그리고 그에 대한 견제장치가 제대로 작동하지 않았을 때 어떠한 폐해가 생기는지를 보여준다. 조선 후기 백성들의 저항을 야기하게 되는 3정三政의 문란도 결국은 지방관들이 그 초심을 잃어버리고 서로에 대한 견제장치를 제대로 작동시키지 않아서 발생한 심각한 폐단이었다.

현재 우리나라에서는 지방자치제를 시행하고 있다. 지자체의 권한이 헌법이 정하는 바에 따라서 위임되고 있다는 점에서 왕이 권한을 위임하는 조선시대와는 확연히 다르지만, 그 권한을 위임받아 공무를 행한다는 점에서는 일맥상통하다. 조선시대 왕이 수령에게 그 임무가 무엇인지를 물었다면 이제 주권을 행사하고 있는 대한민국 국민은 지자체에 물어볼 일이다. 임무는 무엇이고 그것을 제대로 시행하고 있는지 말이다. 모든 것은 제도 자체가 아니라 사람에 달려 있다는 평범한 진리를 다시 한번 되새겨볼 일이다.

제4장

칙사 나리들의 거창한 행차

　조선시대 외교정책은 사대교린事大交隣으로 대별된다. 그중에서 사대란 전근대시기 동아시아를 지배하고 있던 국제질서인 조공체제에 따라 중국과 조선이 맺는 관계다. 이 관계는 조선이 정기적으로 특산물을 중국에 보내는 조공과, 조선 왕의 등극을 인정해주는 책봉 등으로 유지됐다. 중국의 왕조가 명나라에서 청나라로 교체됐음에도 불구하고 이러한 체제는 개항기까지 이어졌다. 청나라는 명의 외교 형식을 유지하고 있었고 조선이 정서적으로 여진족의 왕조인 청나라를 거부했다고는 하지만 현실적으로는 중국을 지배하고 있는 왕조였기 때문이다.

　중국에서 파견하는 사신은 어떠한 문서를 가지고 오느냐에 따라 명칭이 구분될 수 있지만 대체로 칙사라고 했다. 칙사란 황제의 칙서勅書를 가지고 오는 사신을 말한다. 보통 칙사단은 상사上使 1명, 부사副使 1명, 대통관大通官 2명, 차통관次通官 2명, 근역跟役 18

「칙사영접」 아극돈阿克敦의 『봉사도奉使圖』의 부분들이다. 위의 그림은 영조가 모화관에서 청나라 칙사를 영접하고 있는 것이다. 왼쪽에 붉은 옷을 입고 허리를 굽힌 사람이 영조이고, 오른쪽 가마 위에 푸른 옷을 입은 자가 칙사 아극돈이다. 아래 그림은 창덕궁 인정전에서 영조가 예를 갖추어 칙서를 받는 모습이다. 중국민족도서관 소장.

명, 필첩식筆帖式 2명 등으로 구성됐다. 이들은 의주-소곶-양책-거연-임반-운흥-정주-가산-안주-숙천-순안-평양-중화-황주-봉산-검수참-서흥-총수참-평산-금천-개성부-파주-벽제-서울의 경로를 거쳐 조선에 왔다.

칙사가 조선에 올 경우 중국에서는 칙사 일행의 명단이 적힌 패문牌文을 보내어 칙사가 조선으로 간다는 사실을 알렸다. 칙사가 조선의 국경에 도착하기 전에 미리 조선에 통보해 그에 대한 준비를 사전에 하라는 것이다. 이 패문은 요동에서 의주로 전해졌으며 의주에서는 평양을 거쳐 서울로 보고됐다.

중국에서 패문이 오면 조선에서는 중국 사신의 접견을 준비하는데 크게 보면 3단계로 구분할 수 있다. 칙사가 압록강을 건너 의주에 도착해서 서울에 이르기까지의 단계와 서울에 도착한 칙사를 왕이 맞이하고 칙서를 받는 단계, 그리고 칙사가 다시 의주로 돌아가는 일정에 맞춰 칙사를 배웅하는 단계다. 칙사가 조선으로 온다는 소식이 전해지면 조선에서는 의주에서부터 서울까지 칙사를 안내할 원접사遠接使를 임명하여 의주로 파송하고 사신 접대의 임무를 전담할 영접도감迎接都監을 설치했다. 또한 황주·평양·안주·정주·의주에는 영위사迎慰使를 파견하여 환영연을 베풀었다. 평양과 개성부에는 별도로 문안가승지問安假承旨를 차출하여 칙사를 위문했다.

이러한 절차를 거쳐 칙사가 서울에 도착하면 왕은 모화관에 나아가 칙서를 가지고 오는 사신 일행을 맞이하고 대궐로 돌아와 어전에서 칙서를 받는 수칙례受勅禮를 행하고 사신 일행에게 잔치를 베풀었다. 이때 왕은 동향을 하고 서쪽에 앉고 칙사는 서향을 하고

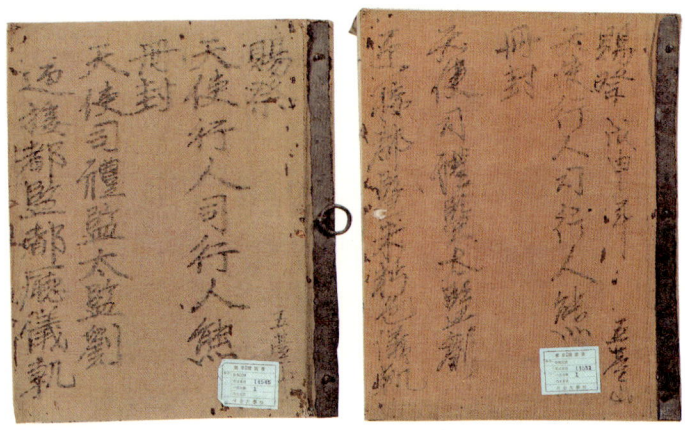

『영접도감도청의궤迎接都監都廳儀軌』 1609년 4월 선조의 장례식에 참석한 명나라 사신과 같은 해 6월 광해군의 즉위식에 온 사신의 영접에 대한 의식과 절차를 기록한 의궤다. 영접도감이란 조선에 온 명나라 사신을 접대하는 문제와 관련된 제반 업무를 담당하기 위하여 임시로 설치한 기구다. 서울대 규장각 소장.

동쪽에 앉았다.

왕과 중국 사신과의 대화는 통역을 통해 이루어지는데, 조선에서는 어전통사御前通事가, 중국 쪽에서는 대통관大通官이 통역을 담당했다. 왕과 사신 일행이 나누는 대화는 조선에서 미리 준비한 시나리오에 따라 진행되는데 이를 접견설화接見說話라고 하며, 승정원에서 만든 초안을 의정부가 검토한 뒤 최종안으로 확정하게 된다.

서울 일정을 마친 중국 사신은 서울로 들어왔던 여정을 따라 다시 중국으로 돌아간다. 이때 사신 일행을 배웅하기 위해 조선에서는 반송사伴送使를 파견한다. 반송사는 칙사가 조선에 들어오기 위해 압록강을 건넌 후에 미리 임명했으며 칙사가 들어올 때와 마찬가지로 개성, 평양, 의주 등지에 문안사를 파견하여 칙사 일행을 배웅했다.

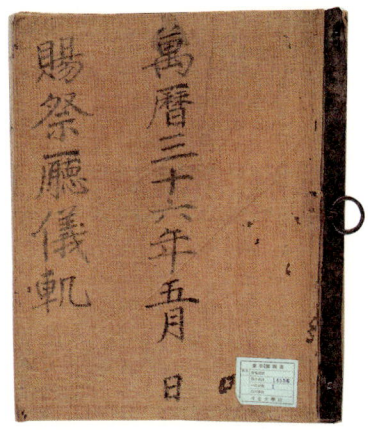

『영접도감사제청의궤迎接都監賜祭廳儀軌』 1609년 4월 선조의 장례식에 참여한 명나라 사제천사賜祭天使 웅화熊化 일행을 영접한 절차를 기록한 의궤다. 사제청이란 승하한 선조를 조문하러 온 명나라 사신에 대한 접대와 사제賜祭, 사부賻賻, 사시賜諡 의식 전반에 관련된 업무를 관장하는 기구다. 서울대 규장각 소장.

    중국 사신을 접대하기 위해 조선이 부담해야 하는 비용은 막중했다. 또한 사신 일행이 오고 가는 길 주변의 백성들이 감당해야 하는 사신 접대의 부담 또한 만만치 않았다. 그럼에도 불구하고 조선이 이렇게 사신의 접견에 신경을 써서 대접하는 것은 이를 통해 중국으로부터 문물을 수입하고 양국 간의 미묘한 문제를 해결하는 효과가 있었기 때문일 것이다. 연구에 의하면 청대에 조선으로 오는 사신은 중앙정계의 권력층에 속하는 인물이 많았다고 한다. 조선의 입장에서는 권력의 핵심에 있는 인물을 후하게 접대하여 교섭함으로써 조선에게 유리한 외교적 결론을 이끌어내려고 하는 측면도 있었을 것이다.

    한편 교린이란 조선 전기에 변방을 자주 침탈하며 조선을 어지럽히는 북쪽의 여진과 남쪽의 왜에게 구사한 외교책이었다. 조선은 이들과의 통교를 허락하고 회사回賜의 형식으로 그들이 요구하

「의순관영조도義順館迎詔圖」 선조대에 평안도 의주 압록강가에 있는 의순관에서 명나라 사신을 맞이하기 위하여 파견된 원접사 일행이 이를 기념하기 위해 일행의 명단과 주변의 경관을 그림으로 남긴 화첩이다. 서울대 규장각 소장.

는 물품을 내려주어 경제적인 이해를 충족시켜줌으로써 이들을 회유하고 무마하여 소란스러운 변경을 안정시키려 했다. 여진·왜 등을 상대로 이루어지던 조선 전기의 교린관계는 여진이 중원을 제패하고 청나라를 건립함으로써 조선 중기 이후 일본을 대상으로 전개된다.

임진왜란은 개국 이래 200년 동안 이어오던 조일관계를 단절시킬 만한 커다란 사건이었다. 하지만 양국 간의 국교 회복은 비교적 빠른 시기에 이루어져 1607년(선조 40)에 회답겸쇄환사回答兼刷還使가 일본으로 파견됐고, 1609년(광해군 원년)에는 일본 및 대마도와의 통교 등에 관한 틀을 마련한 기유약조己酉約條가 체결됐다. 일본에 대한 조선의 강력한 적대심에도 불구하고 이렇게 빨리 국교가 회복된 데에는 일본의 재침을 방지하고 전란으로 황폐해진 내정을 정비해야 하는 조선의 상황과 조선과의 국교를 회복함으로써 중국

「통신사 행렬도」 1711년(숙종 37)에 조선통신사 일행이 일본을 방문할 당시 그린 것으로 작자는 미상이다. 정사로 파견된 조태억은 당시 일본의 최고 유학자 아라이 하쿠세키(新井白石) 같은 지식인들과 필담을 했는데, 동서양의 지식에 해박했던 조태억의 학문과 세계관에 일본인들은 큰 인상을 받았다고 한다. 국사편찬위원회 소장.

의 문물을 수입하고 막부의 통치권을 공고히 하려는 일본의 형편이 맞물려 작용하고 있었다.

통신사는 이와 같은 조·일간의 국교 회복을 상징적으로 보여주는 사절단이었다. 일본의 요청에 따라 파견됐던 통신사는 막부가 있는 에도에까지 이르는 여정에 일본의 학자와 교류하며 조선의 문물을 보여주는 문화 외교사절단이었다. 그러나 통신사처럼 조선의 수도인 서울에 도착하는 일본 사절단은 개항기까지 존재하지 않았다. 조선 전기에 사용됐던 사신의 행로가 왜군의 침략로가 됐던 점을 염려한 조선이 일본의 사신이 서울에까지 오는 것을 거절하고 있었기 때문이다. 따라서 임진왜란 이후 일본 사신의 왕래는 왜관倭館이 설치되어 있는 동래부에 국한되어 있었다.

일본의 사신이 도착하면 동래부에서는 경상감사를 통해 서울에 보고했고, 서울에서는 접위관接慰官을 동래에 파견하여 사신을 위한 연회를 베푸는 등 접대를 했다. 당시 조선과 일본의 외교는 대마도를 통해 이루어지고 있었다. 대마번주와 조선 사이에 오가는 문서를 서계書契라 했으며, 이를 가지고 오는 대마도의 사신을 차왜差倭라고 했다. 대마번주의 문서는 예조참판·예조참의 앞으로 보내졌는데, 사안의 중요도에 따라 예조참판과 예조참의에게 보내는 문서가 구별되어, 전자를 대차왜大差倭, 후자를 소차왜小差倭라고 했다. 따라서『승정원일기』에서 일본 사신의 접견은 서계를 주고 받는 것에 대한 기록으로서 존재하게 된다.

제5장

사헌부의 커피타임,
무시무시한 감찰다시 監察茶時

    사헌부. 문무백관들이 부정과 부패를 일삼지 않고 각자 맡은 바 업무에 충실하고 있는지를 살피는 감찰기구이자, 국왕을 견제하는 일종의 언론기구이기도 하다. 그러니 조선왕조에 있어 사헌부의 중요성은 아무리 강조해도 지나치지 않다. 특히 간쟁기구였던 사간원과 함께 양사兩司라 불렸고, 이 두 기관에 근무하는 관원들을 대간臺諫이라 하여 상당히 우대했다. 그런데 사헌부의 직무 처리와 관련하여 『승정원일기』에는 다음과 같은 기사가 자주 출현하고 있다.

    권수가 "대사헌 목래선, 집의 유명현, 장령 박상형, 지평 심단·심발은 경질됐고, 장령 김하정은 지방에 나가 있으므로 오늘은 감찰로써 다시茶時를 하도록 하겠습니다"라고 아뢨다.

『승정원일기』 숙종 3년(1677) 6월 5일

광화문 앞의 해치(왼쪽) 해치는 원래 동아시아 고대 전설 속의 '시비와 선악'을 판단한다는 상상의 동물로서, 백관을 규찰하는 사헌부를 상징하기도 한다. 왼쪽의 사진인 광화문 앞의 해치상은 원래 사헌부 앞에 있었다. 선악과 시비를 가리는 상징적 동물이기 때문이다. 사헌부의 관원들을 치관豸冠이라 불렀던 것이나 해치가 장식된 모자를 썼던 것도 그 때문이다.
해치상을 수놓은 대사헌의 흉배胸背(오른쪽) 사헌부 수장인 대사헌이 입는 관복의 흉배 문양은 학이 아니라 해치였는데 이는 사헌부가 시비와 선악을 판단하는 관직이었기 때문이다. 고려대 박물관 소장.

다시茶時란 지금으로 말하면 커피 타임이다. 사무실에 출근해서 부서원들끼리 커피를 마시면서 가볍게 신변대소사와 하루 업무에 대해 이야기하듯, 조선시대 사헌부도 해뜨기 전 다시청茶時廳에 모여 차를 마시면서 하루 업무를 점검하는 시간을 가졌던 것이다. 그런데 재미있는 것은 유독 사헌부와 관련해서 위와 같은 기사가 출현한다는 점이다. 왜 조선시대는 감찰로써 다시를 한다는 사실에 대해 일일이 왕에게 보고하고 결재를 받아야 했을까.

차문화는 사헌부만의 전유물이 아니라 조선시대에 보편적인 것이었다. 왕이 중국 사신을 접대하는 자리에서 다례를 하는 것이나, 다모茶母라는 존재를 통해서도 조선시대 차문화의 보편성을 확인할 수 있다. 그러나 사헌부의 다시는 차문화의 일면을 보여주고 있다는 점에서 의미가 있는 것이 아니라, 오히려 다시에서 처리되는 사헌부의 업무가 큰 의미를 갖고 있기 때문에 중요한 것이다.

사헌부의 다시茶時에서 행해지는 중요한 일은 분대分臺와 출금出禁이었다. 분대란 각 관아를 비롯하여 국가의 중요 행사라 할 수 있는 과거시험과 대소제향, 백관의 공회 등에 사헌부 감찰을 감독관으로 파견하는 것을 말한다. 즉 다시에서는 사헌부의 최고 책임자가 누구를 어디에 파견할지에 대한 결정을 매일 정했다. 그것의 구체적인 행위가 바로 분대기分臺記에 대한 결재다. 분대란 감찰들의 성명과 파견처를 기록한 명부로서, 사헌부 감찰의 근무처인 감청監廳에서 먼저 작성하여 다시를 행할 때에 보고했다. 다시에서 사헌부 최고 책임자의 결재를 받으면 성상소城上所에서는 순서대로 감찰을 근무처로 파견했다.

성상소는 경복궁의 정문 곧 광화문의 오른쪽 곡장曲墻에 있던 일종의 사헌부 지소다. 사헌부와 사간원 양사에서 운영했으며, 양사의 최하위 관원이 매일 이곳에 나와 근무했다. 사헌부라면 사헌부 지평이 이 임무를 맡고 있었다. 성상소는 전계傳啓와 규찰糾察이 주요 임무였다. 전계란 사헌부의 계啓를 승정원 곧 왕에게 전하는 일이며, 규찰은 6조 거리와 도성을 눈 아래에 두고 살펴보는 일이었다. 초가집이든 기와집이든 단층 건물로 이루어져 있던 당시의 가옥구조를 생각할 때 광화문 정도의 높이라면 6조 및 도성 전체를 조망할 수 있었을 것이다. 하지만 전란으로 경복궁이 소실되는 등 조선 후기가 되면 경복궁의 정문에 있었던 성상소는 사헌부 혹은 대간 자신의 집으로 이동되어 그야말로 성상소라는 이름만 남게 된다. 이 제도마저도 후대에 이르면 폐지된다.

다시에서 행해지는 또 다른 업무, 출금出禁이란 지금으로 말하면 중점 단속 사항을 정하는 일이다. 조선시대 사헌부는 백관을 규찰하고 풍속을 바로잡는 포괄적인 임무를 담당하고 있었다. 하지만 사헌부의 적은 인력으로 이 모든 일을 매일 매일 처리할 수는 없는 노릇이었다. 조선에 비해 훨씬 많은 인력을 가진 오늘날의 경찰청조차도 수많은 위법 행위를 매일같이 똑같은 노력을 기울이며 단속할 수는 없기 때문에 중점적인 단속 사항과 기간을 정하여 임무를 수행하고 있지 않은가. 조선시대 사헌부도 이처럼 다시에서 그날의 중점 단속 사항을 정하고 관원 및 백성들을 규찰했다. 감찰들은 규찰 결과를 매일의 다시에서 보고하는데, 이를 정과呈課라고 한다.

이처럼 분대와 출금이 행해지는 다시는 백관에 대한 규찰을 담당하고 있는 사헌부로서는 중단시켜서는 안 될 업무였다. 관원에 대한 감찰 시스템을 지속적으로 가동시킴으로써 해이해질 수 있는 조정의 기강을 바로 잡아야 하기 때문이다. 그런데 다시를 주재해야 할 대사헌, 집의, 장령, 지평이 모두 공석이 되는 경우가 조선시대에는 자주 있었다. 이는 사헌부가 언관言官의 임무를 맡고 있어서 발생되는 필연적인 결과였다.

사헌부 지평 이상의 관원이 공석이 되는 경우는 지방으로의 파견, 휴가, 병 등으로 인한 불가피한 경우도 있지만, 공론公論을 이유로 사직 혹은 관직 교체를 청하는 경우가 대부분이었다. 특정 사안을 둘러싼 왕과의 대립, 다른 관원들의 문제 제기 등은 공론을 담당하고 있는 언관으로서 계속 직임을 수행할 수 없는 조건이 되고 만다. 왜냐하면 사헌부의 의견에 혐의가 생겼으므로 더 이상은 공론이 아니기 때문이다.

「전위암선생등청도傳韋菴先生登廳圖」 조선시대 관원이 등청登廳하는 것을 그린 것으로, 그림의 인물은 위암韋菴 이최중李最中(1715~84)으로 전해지고 있다. 왼쪽 건물이 개인 집이 아닌 것으로 보여 출근이 아니라 퇴근하는 것으로 보인다. 국립중앙박물관 소장.

이 경우에 조선시대는 다른 언관의 공론을 기다려 사직 여부를 결정해야 했다. 『승정원일기』에 기록된 왕의 비답에서 자주 출현하는 '퇴대물론退待物論(물러나서 물론을 기다려라)'에서 물론物論이 바로 그 공론이다. 그런데 공론을 모아가는 과정 자체에 일정한 시간이 필요하고, 중대한 사안일 경우 1년 이상이 경과하는 경우도 있었다.

이처럼 사헌부 지평 이상 관원이 장기간 혹은 빈번하게 공석이 되더라도 지속적으로 사헌부의 업무가 진행될 수 있도록 조선은 감찰다시라는 업무대행 시스템을 마련한 것이다. 만약 사헌부 지평 이상의 고위 관원이 모두 공석일 경우 보고를 통해 왕의 결재를 받아 수석감찰로서 다시를 진행함으로써 사헌부의 업무 공백이 생기지 않도록 했던 것이다.

나아가 다시는 감찰과 규찰 결과를 토대로 여론의 향배를 정하는 중요한 자리였다. 조선시대 사헌부가 대표적 언론기관이었으므로 다시를 통해 결정되는 여론의 향배는 사헌부의 공론이자 조선 조정의 공론이었다. 사헌부의 다시에서 결정되는 사항이 어떻게 여론의 향배를 좌우하는지는 다음의 사례가 잘 보여준다.

> 조종조에서 신료들 중에 부패한 자가 있으면 모든 감찰은 밤중에 그 신하의 집 근처에서 다시茶時를 열어 죄악을 헤아려 나무판에 죄상을 써서 문 위에 걸어두고 가시로 그 문을 둘러쳐 막고 가버린다. 그 사람은 마침내 세상으로부터 질타를 받게 되니, 대개 이 일이 없어진 지 오래다.
>
> 『지봉유설芝峯類說』

위의 기사는 광해군 때 이수광이 『지봉유설』에서 언급하고 있는 사헌부 감찰의 활동에 대한 기록이다. 사헌부 감찰의 부패 관원에 대한 다시는 일종의 여론재판이다. 그런데 사헌부가 갖고 있는 언론기관으로서의 위상 때문에 감찰이 내린 재판의 결과는 공신력을 가져 지목된 부패 관원은 여론의 질타를 받게 되는 것이다. 이처럼 사헌부의 다시는 공론이 결정되는 중요한 자리였다. 조선시대에 사헌부의 다시를 중요하게 여기고 대행 상황에 대해 왕에게 보고하고 결재를 받았던 이유가 이 때문이다.

고려 및 조선 초 다시는 말 그대로 차를 마시는 자리였다. 이 시기에 사헌부는 언론의 일만 담당하고 다른 서무를 처리하지 않았기 때문이다. 그래서 조선 초기까지 사헌부는 하루에 한번 다시청에 모여 다례를 하는 것에 그쳤다. 하지만 국가제도가 정비되고 처리하는 일이 많아짐에 따라 다시가 이루어지는 다시청은 항상 사헌부 관원이 근무하는 장소가 됐다. 물론 다시청이 정식 아문은 아니었지만, 비리와 부패로 얼룩진 관원들에게는 무시무시한 곳이 바로 다시청이었다.

오늘날도 가끔 검찰총장이 고위직과 커피 한 잔을 앞에 놓고 처벌 수위를 조절하듯이, 조선시대 커피타임이었던 다시 역시 죄상을 적은 나무판을 그 집 앞에 걸어놓고 가시덤불로 둘러치면, 해당 관원의 인생은 끝장나는 것이었다. 참으로 선조들의 요긴하고 재미있는 제도 운영이 아니었나 싶다.

제6장

화火자는 암호로 사용하지 말라, 암호와 군호

　한때 5공화국 시절까지 야간 통행금지가 있었듯이, 조선 초기에도 도성문과 궁문을 파루(오전 3~5시)에 열고 인정(오후 9~11시)에 닫아걸어 잡인의 통행을 금지시켰다. 하지만 1468년(예종 즉위) 남이南怡의 옥사로 한바탕 소동을 겪은 예종은 궁문을 해 뜰 무렵에 열고 해질 무렵에 닫도록 했는데, 이는 조선 후기까지 이어졌다. 태종의 외손자였던 남이는 일찍이 무반적 기질로 세조의 신임이 두터웠고, 이시애의 반란을 토벌하여 공신록에 올라 일약 27살의 나이에 병조판서가 됐다. 예종이 즉위한 후 궁궐에서 숙직을 하던 남이가 혜성이 나타나자 "묵은 것을 없애고 새 것을 펼칠 징조라"라고 무심코 말한 적이 있었는데, 천하의 모사꾼 유자광이 이를 듣고 반역으로 모함하여 연루자들과 함께 처형된 것이 남이의 옥사다.

　도성문과 궁문을 닫고 나면 철저한 통행금지가 실시된다. 도성 및 궁의 각 문에는 파수병이 배치되고, 야간 순찰자는 각 문을 돌아다니며 근무 상태를 점검하고 순찰을 통해 불의의 사태에 대비하도록 했다. 군호軍號는 통행금지 시간 동안 군사들이 서로 같은 편이라는 것을 확인하기 위해 사용했던 암호였다. 군호는 왕의 안위가 달린 일급 보안사항이다. 따라서 다른 관서의 보고가 승정원을 거쳐 왕에게 보고되던 것과는 달리 병조에서 신시(오후 3~5시)에 왕에게 직접 보고했다. 병조의 당상관이 그날의 군호

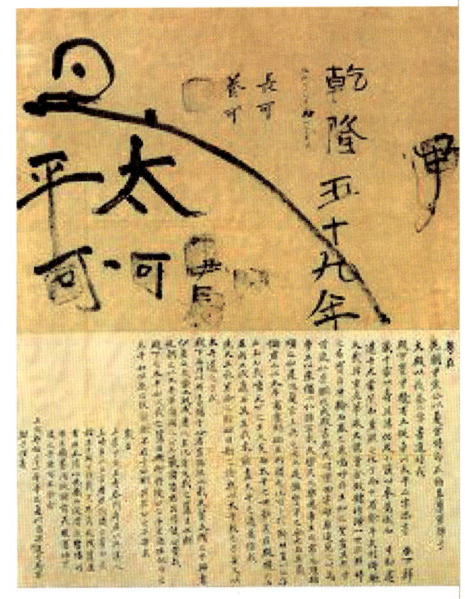

군호 문서 정조 18년(1794) 5월 3일, 병조에서 야간경비를 볼 때 사용한 군호 문서의 하나다. 당시 병조낭관이던 윤장렬이 정조에게 군호를 재가받기 위해 두 글자를 써서 올리자 왕자였던 순조가 두 글자와 함께 군호 밑에 '가可'자를 쓰고 서명을 놓아 재가했다. 안양 비산동 윤창로 씨 소장.

를 정하여 친히 쓰는 것이 원칙이며 이를 밀봉하여 병조낭관을 통해 왕의 결재를 받았다. 이렇게 결정된 군호는 병조를 통해 궁문을 닫을 때 파수 및 순찰을 도는 군사들에게 전달됐다.

『승정원일기』에서는 군호와 관련된 이야기들을 어떻게 전하고 있을까.

1737년(영조 13) 4월 어느 날 임금이 내린 군호는 '석청惜晴'이었다. 굳이 풀이하자면 '맑은 날씨가 원망스럽다' 정도로 해석될 수 있다. 바야흐로 모내기의 계절이니 논에 물을 찰랑찰랑 채울 정도

도성 출입 증표인 부신符信 금군禁軍들이 밤에 도성을 출입할 때 제시하던 확인 표찰이다. 나무로 만들었으며 반으로 나누어서 좌반부左半符는 궁중에 간직하고, 우반부右半符는 각 문의 수직소守直所에 분배했다. 승정원에서 발부하여 숙직하는 금군에게 교부했는데, 서울의 4대문에는 경更마다 사용하는 부험이 있었다. 국립고궁박물관 소장.

의 비가 내려야 한다. 그러나 무심한 하늘은 청명하고 서늘한 바람만 불 뿐 비가 내릴 기색이 전혀 없었으니, 어찌 그 맑은 하늘이 원망스럽지 않을 수가 있겠는가. 1737년(영조 13) 4월 11일의 경연에서 군호를 '석청'으로 정한 연유를 설명하는 영조의 마음은 모내기를 앞두고 비를 간절히 바라는 농부의 마음이 아니었을까. 이처럼 군호는 대개 두 글자였으며, 앞의 사례에서 보듯이 당시의 시정을 반영하는 단어를 선정하는 것이 일반적이었던 것으로 보인다.

조선 후기의 무신 김양언은 자신의 신조를 군호로 사용한 인물이다. 그의 아버지는 임진왜란 때 공을 세웠던 무신으로 강홍립을 따라 후금을 정벌하다가 전사했다. 그는 아버지의 복수를 위해 500명의 의사義士를 모아 훈련을 시키고 관군과 합세하여 북쪽 오랑캐를 섬멸하고자 했는데, 이 결사군의 군호로 복수復讎를 사용했던 것이다.

하지만 시정을 지나치게 잘 반영해도 탈이 나는 경우가 있었다. 1743년(영조 19) 7월 5일 영의정 김재로가 경연에서 그믐날에 군호를 금화金火로 정한 입직 당상관을 추고할 것을 청했다. 이유는 일찍이 '화火'자를 군호로 사용하지 말라는 왕의 명령이 있었는데, 입직을 서던 당상관이 이를 살피지 못하고 군호책에서 무심코 '금화'를 선정하여 군호로 보고했던 것이다. 음양오행에 따르면 여름에는 화火가 왕성하고 가을에는 금金이 왕성하다고 한다. 당시는 여름과 가을이 서로 교차하던 시기로서 입직을 서던 당상관은 이러한 절기를 감안하여 '금화'를 군호로 사용한 것이다.

사람이 너무 바쁘다 보면 실수도 하게 마련인데 1749년(영조 25) 3월 25일 병조좌랑 최대윤의 경우가 그러했다. 이날 군호단자를 본 영조는 어이가 없었다. 군호단자에 있어야 할 군호가 비어 있었던 것이다. 당장 최대윤을 잡아들이라는 명이 떨어졌고, 왕에게 잡혀온 최대윤이 전하는 사건의 정황은 이러했다.

이날은 왕이 친히 참석하는 과거시험이 열리는 날이었다. 시험장은 8도에서 모여든 유생들로 인산인해를 이루고 있었고, 최대윤은 병조의 좌랑으로서 왕에게 유생들이 접근하지 못하도록 통제하며 왕을 호위하고 있었다. 그렇게 경황이 없는 와중에 군호를 보고해야 할 신시가 되자, 병조의 서리가 전하는 군호단자를 무심코 왕에게 보고했다. 그런데 하필이면 그 군호단자가 예비 군호단자였던 것이다.

예비 군호단자란 당시 군호단자를 다시 올리게 하거나 글자를 고쳐서 들이라는 왕의 명령이 있을 때를 대비해 병조에서 미리 글자를 써놓지 않고 준비해두었던 군호단자다. 그런데 서리가 그 군호단자를 진짜와 바꿔서 들고 왔던 것이고, 왕의 경호에 정신이 없었던 최대윤은 이를 제대로 살피지 못한 채 그 군호단자를 왕에게 보고했던 것이다.

1684년(숙종 10) 10월 25일 병조참의 유거는 너무나 일에 익숙해서 탈이 난 경우다. 그는 당시 입직당상으로서 군호를 친히 쓰지 않고 다른 사람으로 하여금 대필케 하여 왕에게 보고했다. 하지만 그의 필체를 알고 있는 숙종이 이 사실을 알아버렸고, 중요한 군호를 함부로 다루었다고 그를 결국 파직시켜버렸다.

비상시국을 위해서 필요한 것이긴 하지만 매일마다 다르게 내려야 하는 군호인만큼, 이로 인해 벌어진 해프닝이 한둘이 아니었을 것이다.

제 4 부

양반도 살고
상놈도 사는
세상

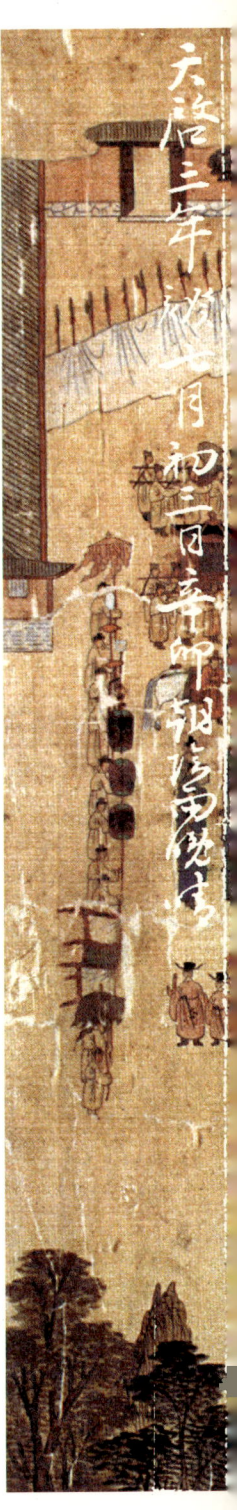

제1장

어수선한 과거 시험장 풍경

　과거제도가 고려 958년(광종 9)에 도입되어 조선 1894년(고종 3) 갑오경장으로 폐지됐으니, 거의 1천 년 가까이 전근대 한국사회의 가장 중요한 출세 수단이자 인재 등용 방식으로 굳건히 기능해왔다. 과거는 크게 문과와 무과, 그리고 잡과로 이루어졌다는 것은 잘 알려진 사실이다. 또한 조선시대의 지배신분인 '양반'의 일차적인 어원이 문과와 무과를 합격한 문반과 무반이라는 것에서 그 중요성을 쉬이 짐작할 수 있겠는데, 특히 과거시험이 조선 후기 풍속화에도 자주 등장하는 것을 보면, 비중 있는 하나의 사회 풍속도로 자리 잡았음을 알 수 있다.

　당시와는 비교할 수 없을 정도로 사회 진출의 경로가 다양하게 작동하고 있는 지금도 대입 수능시험이나 여러 고시 같은 국가적인 시험이 큰 관심을 끌고 있는 것을 보면, 조선시대에 과거가 중대한 사안으로 취급된 것은 당연했다. 『승정원일기』가 다루고 있

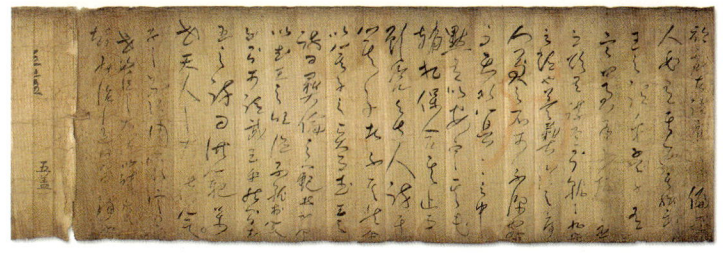

과거시험 답안지 유생 오세추吳世樞가 제출한 과거시험 답안지다. 오른쪽에 응시자 이름, 나이, 본관, 신분, 거주지 및 4조(부·조·증조·외조)의 신분과 성명·본관 등을 기재하여 제출하면, 이를 확인한 뒤 응시자 이름을 알지 못하도록 그 위에 종이를 붙였다. 국립고궁박물관 소장.

는 시대인 조선 후기의 과거는 몇 가지 중요한 변화가 있었음을 보여주고 있다. 그런 모습은 『승정원일기』의 이곳저곳에 기록되어 있다.

가장 큰 변화는 시험(특히 부정기 시험)이 자주 실시되어 합격자가 급증했다는 것이다. 그런 현상은 무과에서 더욱 확연했는데, 임진왜란을 분기점으로 조선 전기에는 전체 합격자가 7천 745명(5.9퍼센트)에 불과했던 것이 후기에는 12만 2천 717명(94.1퍼센트)으로 폭증한 것이다. 문과도 이와 비슷해서, 영조대(1724~76)에 치러진 129회의 과거에서는 별시別試가 112회(86.8퍼센트)나 됐다.

이런 현상이 나타난 근본적인 까닭은 사회가 발전하고 인구가 증가함에 따라 과거에 응시할 자격을 가진 사람들도 그만큼 늘어

「북새선은도北塞宣恩圖」 1664년(현종 5) 함경도 길주에서 실시한 문무과 시험 장면을 그린 것으로 함흥 관아에서 합격자를 발표하고 있다. 당시의 시험감독관 최종 책임자는 김수항이었다. 국립중앙박물관 소장.

났기 때문이었다. 국가로서는 그런 응시생들을 계속 적체시킬 경우 상당한 사회적 불만세력이 될 수 있기 때문에 시험을 너무 엄격하게 관리하기보다는 합격 후 실제 관직을 보장하는 데는 다소 어려움이 있더라도 일단 급제시키는 것으로 정책을 추진했다.

그 결과 정기시험 외에 특별시험인 별시를 자주 치르게 됐고, 선발 인원도 대폭 늘렸던 것이다. 그러나 실제 내용을 들여다보면 그

허와 실이 분명하게 드러나기도 한다. 3년마다 보게 되는 정기시험 식년시式年試는 예정된 시험이기에 시골 선비들의 응시 기회가 많았고, 합격률도 상대적으로 높았다. 이에 비해 왕자가 태어났다거나 경사스런 일들이 갑자기 생겨 치르게 되는 별시는 도성 근처에 사는 고관 자제들에게 유리한 시험일 수밖에 없었다. 요즘에야 인터넷이 발달하고 위성 TV가 있어 도시와 농촌 간의 격차가 크게 줄었다지만, 그럼에도 불구하고 신림동 고시촌이 불야성을 이루고 강남 8학군이 여전히 뜨고 있는 것을 보면, 교통과 통신이 발달하

「소과응시」 과거시험의 한 장면으로, 일산日傘(햇볕가리개)마다 한 접接을 이루어 시험을 치르는 것이 이채롭다. 한 접을 이루는 구성원으로는 응시자를 위해 자리를 잡아주는 힘센 선접군先接軍, 답안을 지어주는 거벽巨擘, 글씨를 써주는 사수寫手, 심부름하는 노비 등인데, 어수선한 시험장의 모습을 생생히 보여주고 있다. 국립중앙박물관 소장.

지 못한 당시 조선시대 시골 선비에게는 정보에 큰 제한이 있어 그림의 떡이나 다름없던 것이 별시였던 셈이다.

아울러 조선 후기로 갈수록 만과萬科라 불릴 정도로 무과 합격자 수가 급증했고, 또 문과보다 비중이 낮다는 사정상 편법이 개재할 가능성도 컸다. 이는 임진왜란 이후 국방력을 강화하기 위해 숙련된 군인들을 좀 더 많이 선발하고자 한 국가의 시책도 중요한 요인으로 작용했지만, 응시자 수가 너무 몰려 과거장을 난장판으로 만들었다고 『승정원일기』는 기록하고 있다.

조선 후기에 나타난 이런 변화는 과거제도의 운영에 상당한 혼란과 어려움을 초래했다. 어느 시기를 막론하고 시험에는 부정 행위가 있게 마련이다. 그러므로 『승정원일기』에 실려 있는 과거의 문란상 또한 어느 정도는 이해할 수 있는 측면이 있지만, 그 혼란의 정도가 이전보다 좀 더 심각해졌던 것 같다.

『승정원일기』에 실린 과거의 문제점은 다양했는데, 문·무과 모두 대리시험이 가장 심각했던 것 같다. 예컨대 문과에서는 1754년(영조 30) 4월 글 잘 하는 사람 네댓 명을 과거시험장에 데리고 들어가서 답안을 함께 작성했다가 발각된 일이 있었다. 무과에서는 1668년(현종 9) 12월 우석규가 박명징 대신 활을 쏘아주었다가 엄벌에 처해졌다. 당시는 이런 사람들을 원병援兵이라고 불렀다.

이런 부정 행위에는 명문·고관의 자제들도 합세했다. 그들의 신분 성향상 그런 양상은 문과에 집중됐다. 영조대 좌의정까지 오른 유봉휘(1659~1727)는 1677년(숙종 23) 10월 변려문駢儷文(주로 4자 및 6자의 대구對句를 많이 써서 읽는 이에게 미감美感을 주게 하는 문장)에 대구를 맞추지 못했지만 합격됐다. 아버지가 시험관이었던 것이다. 그러나 이는 6일 만에 밝혀져 급제가 취소됐다. 1710년(숙종 36) 6월에도 전 판서 강현의 아들인 진사 강세윤의 부정 행위가 적발됐다. 강세윤은 답안지를 제출한 뒤에 다시 받아 내용을 정서했을 뿐 아니라 제출자를 알아볼 수 있게 표시를 했다. 이 죄로 그는 변방에 충군充軍(죄를 지은 자를 억지로 군역軍役에 복무시키는 형벌)되고 영구히 응시할 수 없는 무거운 처벌을 받았다.

2년 뒤인 1712년(숙종 38) 2월에는 좀 더 색다른 사건이 발생했다. 서울의 명문·고관 자제가 지방 출신이라고 속여 과거를 치른 것이었다. 송인명과 이중인은 각각 장원과 차석을 차지했는데, 송인명은 고인이 된 참판 송광연의 손자였으며, 이중인은 제주목사 이익한의 종손從孫이었다. 이 사건에 대해 『승정원일기』는 "모두 서울에 사는 이름이 알려진 선비였는데, 향적鄕籍을 모칭冒稱해 급제하니 사람들이 모두 놀랐다"라고 적었다.

단편적이지만 이런 사례들은 몇 가지 흥미로운 측면을 보여준다. 우선 과거가 문란해진 것은 사실이었지만 그래도 상당히 엄격하게 관리됐다는 것이다. 즉각적인 합격 취소와 충군 등은 그런 면모를 잘 보여준다. 둘째, 일정한 문란상에도 불구하고 과거의 영향력은 꾸준히 유지됐던 것 같다. 그 뒤 정승에 오르는 인물까지 포함된 명문·고관의 자제들이 편법을 동원해 급제하려고 했다는 사실은 과거의 중요성이 거의 줄어들지 않았다는 것을 반증해준다. 끝으로 서울과 지방의 학력 격차가 점차 커졌다는 점을 들 수 있다. 맨 마지막의 송인명 사건이 보여주듯이 지방 출신이라고 속여 과거를 보면 그만큼 합격하기 쉬웠던 것이다.

특히 세 번째 현상은 지금의 상황과도 맞물리면서 흥미와 씁쓸함을 동시에 자아낸다. 『승정원일기』는 서울과 지방의 이런 학력 격차를 여러 곳에서 전하고 있다. 1684년(숙종 10) 9월에는 "지방에서 수천 명이 응시했지만 배운 바가 서울과 지방의 차이가 있어서 백지를 낸 사람이 절반을 넘었다." 1766년(영조 42) 10월에는 김홍철이 절일제節日製(절기마다 치르는 특별시험)에서 의주 출신으로는 3백 년 만에 처음으로 수석을 차지했다.

이런 여러 가지 문제점들을 해결하기 위해 국가에서는 다양한 대책을 강구했다. 우선 시험을 엄정하게 관리하는 데 많은 노력을

「기축사마동방록己丑司馬同榜錄」 중 부분도 1589년(선조 22) 사마시에 합격했던 용천군수 유시회 등 5명이 1602년(선조 35)에 함경도 의주에서 계회를 가지면서 제작한 도첩이다. 함께 합격한 자들은 동방급제라 하여 매우 돈독한 관계를 유지해갔다고 하는데, 이 그림을 통해 그런 사실들을 엿볼 수가 있다. 진주 유씨 모산종택 소장.

기울였다. 당시는 넓은 마당에 응시자들을 한꺼번에 모아놓고 시험을 치렀기 때문에 서로 의견을 교환하거나 답안을 훔쳐보기가 쉬웠다.

이런 폐단을 근절하는 가장 효과적인 방안으로 제시된 것이 바로 '면시面試'였다. 말 그대로 '얼굴을 맞대고 시험을 치르는' 이

방식은 시험장 안에 여러 칸막이를 만들어 응시생을 1명씩 들여보내고 군졸이 각각 감독케 하는 중국 명나라의 제도였다. 이 제도는 답안지도 군졸을 통해 제출케 했으며, 그 군졸을 다시 감독하는 금란관禁亂官을 둠으로써 상당히 엄격하게 관리했다.

그러나 이 면시법은 1742년(영조 18) 11월 장령 민정이 건의한 이후 오랫동안 논란을 거듭하다가 1763년(영조 39) 10월에야 시행됐다. 그러나 1764년(영조 40) 7월 정언 구상이 "면시법이 가장 좋지만 한두 번 시행되고 흐지부지됐다"라고 지적한 것에서 알 수 있듯이, 이 제도는 좋은 효과와 취지에도 불구하고 실효를 거두지 못했다. 그 가장 큰 원인은 국왕이 탐탁치 않게 생각했기 때문이었다. 앞서도 말했듯이 과거를 너무 엄격하게 관리할 경우 상당한 사회적 혼란이 야기될 수 있었다. 그래서 1765년(영조 41) 3월이나 1770년(영조 46) 7월과 1771년(영조 47) 9월에도 각각, "요즘에는 각종 명칭의 과거가 없는 달이 거의 없어 문·무과의 급제자 수가 예전보다 몇 갑절이나 되어 온갖 폐단의 원인이 됐다"라는 지적이 있다. 그럼에도 불구하고, 국정의 최고 책임자인 국왕으로서는 과거를 자주 치르는 쪽으로 정책을 추진했던 것이다.

그리고 조선의 조정은 서울과 지방의 학력 격차를 해소하기 위해 많은 노력을 기울였다. 예컨대 1725년(영조 1) 10월에는 과거에 응시하기 어려운 제주의 지리적 여건을 감안해 초시에 합격한 이반근 등 3명을 최종 시험인 전시殿試(과거에서 최종적으로 임금 앞에서 치르는 3차 시험)에 곧바로 응시할 수 있는 특전을 주었다. 1764년(영조 40) 7월에 치른 과거에서는 서울 선비들만 급제하자, 이튿날 지방 선비들을 위한 과거를 다시 실시해 조명업 등 3명을 선발하기도 했다. 이는 당시의 세손(뒷날의 정조)을 정치적 후계자로 낙점한 후 이를 공고히 하기 위한 사전 포석이기도 했다. 실질적 후계자였던 사도세자를 뒤주 속에 넣어 처참한 죽음으로 몰고 갔던 영조는 다음 후계자 문제가 고민거리였다. 그리하여 사도세자의 죽음에 대해 함구령을 내린 채 그의 아들을 후계자로 낙점하여 세손으로 삼았다. 그러나 세손을 사도세자의 아들로 인정해서는 명분상 후계자가 될 수 없었다. 이리하여 생각해낸 방안이 세손을 영조의 첫 번째 아들이었던 효장세자에게 입양시키는 것이었고, 이를 기념하여 바로 1764년(영조 40) 7월에 과거시험을 치른 것이다.

지역적 균형 발전을 위한 이런 시책에도 불구하고 그 문제점은 쉽게 해소되지 않았던 것 같다. 『조선왕조실록』에서는 조선 후기에 실시된 과거에서는 서울의 세력 있는 집안의 자제들이 많이 합격했으며, 그 까닭은 주로 그 가문에서 시험관이 나왔기 때문이라고 지적하고 있다. 이런 한탄들은 조선 후기 선각자였던 실학자들의 입에서도 꾸준하게 지적됐던 문제점이기도 하다. 오늘날 대학입시에서도 농어촌 학생들을 일정 비율로 할당하는 제도가 실시되고 있고, 정치권에서도 지역 안배를 하고 있지만, 이에 대한 유래는 매우 오래 됐다. 전근대사회에서 중국과 조선에서의 인재 등용 역시 지역할당제가 실시되어 유구한 역사를 자랑하고 있는데, 영조 임금 역시 지역 간 학력 격차를 줄이기 위해 노력하고 있었다.

그밖에 과거와 관련된 흥미로운 사실로는 일종의 모범답안집이나 부정 행위 자료집도 있었다는 것이다. 『승정원일기』 숙종 7년(1681) 8월 갑오조에 보이는 『동인초집東人抄集』이나 『천수표千首

表』가 그것인데, 앞의 책은 우리나라 사람들의 유명한 글들을 초록한 책으로 생각되며, 뒤의 책은 수운音韻이나 주제에 따라 시나 문장을 배열해놓은 자료로 여겨진다.

'인사人事가 만사萬事'라는 말처럼 공정한 시험을 통해 뛰어난 인재를 선발하는 것은 예나 지금이나 참으로 중요한 일이다. 더구나 조선시대에는 과거가 인재 선발의 거의 유일한 경로였고, 그런 비중이 큰 만큼 거기에는 다양한 명암이 교차했다. 단편적으로 살펴보았을 뿐이지만, 조선 후기의 과거 또한 당시 사회의 역동적 움직임과 함께 바뀌고 있었다. 그리고 과거를 변화시킨 가장 중요한 원동력은 출세를 향한 당시 사람들의 노력과 욕망이었을 것이다.

제2장

호된 신고식에 간 큰 신참도 기가 꺾이고

현종대의 『승정원일기』 기사에는 신참 관료가 고참들에게 당하는 해괴망측한 신고식이 소개되어 있다. 사간원 대신들이 당시 유행하던 신고식 폐단을 없애야 한다고 목소리를 높였던 것이다.

선비가 새로 대·소과에 합격하면 4관四館 고참들은 그들을 신래新來라고 지목합니다. 그리하여 합격발표 전부터 4관에서 일정별로 신고하는 관례를 두고, 네 관청에 합격자를 나누어 소속시킨 뒤에는 회자回刺와 면신免新을 행하게 하는데, 갓을 찌그러뜨리고 옷을 찢는 등 온갖 수모를 주면서 갖가지로 골탕을 먹입니다. 이런 일이 언제부터 시작됐는지는 알 수 없으나 정말로 근거가 없는 일입니다. 그래서 예로부터 금지시키라는 명령까지 있었지만, 지금껏 폐단이 없어지지 않고 있습니다.

『승정원일기』 현종 3년(1662) 2월 19일

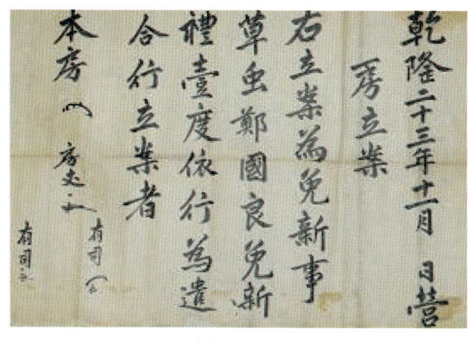

정국량 입안문서 "풀벌레 같은 정국량鄭國良에게 관례대로 면신례를 한 차례 시행하니, 이에 의거해 입안을 발급해준다"고 씌어 있다. 토지박물관 소장.

전통적 유교사회에서 근엄한 선비들이 새내기 관료들에게 이렇듯 괴상망측한 신고식을 시켰다면 모두들 의아해할 것이다. 그러나 조선시대 새내기 관료들은 하늘같은 고참들이 시키는 신고식을 그 누구도 피해갈 수 없었다. 그것도 상상을 초월할 정도로 가혹하고 기상천외한 방법들이 동원됐으니, 조선시대 신참례新參禮였던 면신례免新禮가 바로 그것이다.

조선시대에는 문과 급제자들을 4관에 나누어 배속시켰다. 4관이란 예문관, 성균관, 승문원, 교서관을 말한다. 최고 엘리트 코스를 밟는 이들이 거치게 되는 관청이었다. 이곳에서 정식 발령을 받기 전에 임시 대기직 같은 시절을 보내야 하고, 또 정식 발령을 받더라도 처음에 배속된 관청에서 일정 기간 근무해야 한다. 그러니 이때부터 지루하고도 지긋지긋한 면신례 의식이 시작되는 것이다.

당시 신참은 '신래新來'라고 불리는데, 신래 딱지를 떼는 최종 의식이 면신례였던 것이다. 50일이 지나도록 면신을 시켜주지 않으면 그 관직에 앉을 수 없는 것이 관례였다. 율곡 이이도 면신이 이루어지지 않아 낙향했을 정도로 고생을 했다는 이야기는 이미 잘 알려진 사실이다.

일단 신래가 조직에 들어오면 면신이 허락될 때까지 말석에도 끼워주지 않는다. 아예 동료로 취급하지 않는다는 뜻이다. 사람으로 취급하지 않으니, 그는 '새 귀신新鬼'이라고 불린다. 그러니 면신이 끝날 때까지 얼굴에 흰 분칠을 한 채 다 떨어진 옷을 입고 선배들을 찾아다니며 온갖 수모를 당해야만 했다. 새 귀신이 찾아오면 선배는 돌아앉아 맞았다. 사람으로 취급하지 않는다는 것이다. 연회를 열어 선배들을 초청해도 밉보이면 보이콧을 당하기 일쑤다. 오늘날은 상차림을 선배들이 베풀지만 그 당시에는 어림도 없었다. 그러니 육체적 고통은 고사하고 경제적 피해까지 엄청나 좋은 관청을 기피하는 경우까지 있을 정도였다.

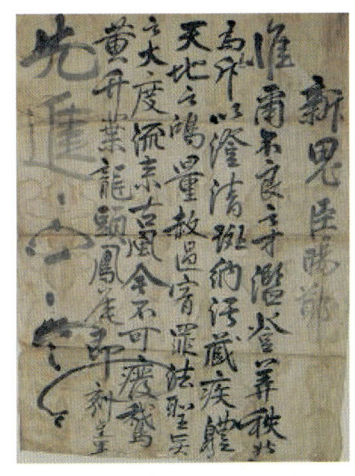

정양신 면신첩 "새로 온 귀신 양정신楊鄭旽은 듣거라! 생각건대 넌 별 볼일 없는 재주로써 외람되게도 귀한 벼슬길에 올랐겠다. ……거위, 담배, 돼지고기, 닭고기 등을 즉각 내와 우리에게 바치도록 하라"고 씌어 있다. 토지박물관 소장.

면신례는 일종의 통과의례다. 인간이 일생을 살아가는 동안 그가 놓인 상태에서 다른 상태로, 혹은 어떤 사회적 세계에서 다른 세계로 통과하거나 전이하는 고비에서 행해지는 의례체계를 통과의례라 한다. 거기에는 통상적으로 분리, 전이, 통합의 세 단계를 설정하고 있다. 즉 새로운 환경에 적응하기 위해서는 이전의 상태에서 분리되어야 하며, 과도기적인 전이 단계를 거쳐 새로 거듭나는 통합의 단계에 이르게 되는데, 통합의 단계가 돼서야 새로운 환경에 잘 적응할 수 있다는 것이다. 그리하여 전이 단계에서는 죽음을 상징하는 의식들이 포함되어, 육체적 가학이나 술이 동원되는 경우가 많았다. 조선시대 면신례에서도 예외는 아니어서 죽음까지 부르는 경우가 생길 정도였다.

도대체 면신례가 어떻게 진행됐는지, 그 절차와 방법들을 자세히 들여다보기로 하자. 급제자들이 근무 부서에 배치되면 우선 고참 집으로 인사를 다녀야 한다. 이때 자신의 신상을 적은 자지刺紙(일종의 명함 종이)를 가지고 간다. 이는 한 번만 가는 것도 아니고 한 사람한테만 가는 것도 아니니 매우 고역이다. 자지가 두껍고 넓이가 큰 것이 아니면 안 되는데, 대개 무명 한 필로 겨우 3장을 바꾸니, 그 비용 또한 만만찮다. 이를 투자投刺 혹은 회자回刺라 한다. 밉보인 선배 집에서는 자칫 문전박대를 당하니 종들에게 뇌물을 준 후에 명함을 들이기도 한다. 회자가 한없이 늘어져 50일 넘게 지속된 사람도 있었다. 이때 선배들은 신래들에게 따로 몫을 요구하여, 그것으로 소속 관청의 잔치 밑천으로 삼는다. 복숭아 꽃 만발한 봄에 교서관에서 열리는 홍도연紅桃宴, 초여름 장미가 만발할 때 예문관에서 붉게 취하는 장미연薔薇宴, 한여름 성균관에서 열리는 벽송연碧松宴 등이 바로 그것이다.

이와 동시에 신참들은 허참례 의식으로 분주해진다. 허참이란 참여를 허락한다는, 즉 동석에 끼워주는 자리다. 이때 잔칫상 준비 또한 재미가 있다. 3의 수에서 시작한다. 이를테면 청주가 3병이면 무슨 물고기가 3마리, 무슨 고기가 3마리, 무슨 과일이나 나물이 3접시 등으로 장만해야 한다. 이같이 하기를 다섯 차례 지난 뒤에 다시 5의 수로 음식을 준비하여 세 차례 잔치를 벌이고, 다시 7

의 수로 시작하여 9의 수에 이른 뒤에야 그만둔다. 이를 징구徵求라고 한다.

사초를 담당하고 나라의 역사를 기록하는 붓을 쥐고 있는 예문관 면신례는 힘들기로 악명이 높았다. 그만큼 엘리트 집단이기 때문이다. 연회를 주재하는 상관장上官長이 정해지면 그는 다리를 비스듬히 꼬고 앉고, 봉교 이하는 선생들과 함께 그 사이사이에 자리 잡는다. 상관장이 양쪽에 2명의 기녀를 끼고 앉는데, 이름하여 좌우보처左右補處라 한다. 아래에서부터 윗자리로 술잔을 돌리고 차례로 일어나 춤을 추되 혼자서 추면 벌주를 먹인다. 새벽이 되어 상관장이 일어서면 여러 사람들이 다 손뼉을 치고 허리를 흔들며 「한림별곡翰林別曲」(한림은 예문관의 별칭)을 부른 후 날이 밝아야 흩어진다. 만약 사헌부 감찰들의 잔치였다면 「상대별곡霜臺別曲」(상대는 사헌부의 별칭)을 부르고 헤어진다. 각기 관청을 상징하는 노래가 따로 있었던 것이다. 예문관 잔치에서는 독특한 술잔이 있었다. 앵무조개로 만든 앵무배鸚鵡杯가 그것인데, 그 의미까지는 알 수 없다. 사간원의 아란배鵝卵杯, 승정원의 갈호배蝎虎杯 등 대개 엘리트 관청에는 자신들만의 독특한 잔을 따로 갖고 있었다. 아란배란 거위 알로 만든 잔이며, 술만 보면 바로 죽어버린다는 갈호 이름을 딴 승정원의 술잔은 임금 바로 옆에서 보필해야 하는 비서 업무의 특성에서 온 것이었다.

허참례 잔치는 해당 관서의 관원 중에 상관장이라는 우두머리를 선발하여 관장하게 한다. 말관末官이 왼손으로 기생을 잡고 오른손으로 큰 술잔을 잡은 채 먼저 상관장을 3번 부르고 또 작은 소리로 3번 부르면 상관은 작은 소리로 대답하고 다음 차례의 아관亞

官을 부르는 식이다. 이런 절차의 유희에서 하관이 잘못하면 벌을 내리지만 상관에게는 벌칙이 없다. 연회자리에는 현직 관원을 비롯하여 그곳을 거쳐간 대신들도 선생 자격으로 초청을 받는다. 하늘같은 대신이라도 상관장 윗자리에 앉지 못하고, 아랫 관원들 사이사이에 끼어 앉는 것이 관례다. 정1품은 대大자를 5개 붙여 부르고, 종1품은 4개, 2품은 3개, 3품 당상관은 2개, 당하관은 그냥 하나를 붙여 '대선생', 4품 이하는 그냥 선생이라 부르는데, 각기 성을 붙여 부른다. 이렇게 부르기를 마친 후 신래자를 3번 부르고, 또 흑신래자黑新來者를 3번 부르는데, 흑이라는 것은 옆에 파트너로 있는 기생을 가리킨다.

그러고는 신래를 데리고 놀기 시작한다. 신래가 사모紗帽를 거꾸로 쓰고 두 손을 뒷짐 진 채 머리를 낮게 숙여 선생들 앞에 나아가 두 손으로 사모를 받들어 올렸다내렸다 하는데, 이를 예수禮數라 하고, 벼슬이름을 외우는데 위에서 글자 순서대로 내리 읽는 것을 순함順銜, 아래에서 위로 거꾸로 읽는 것을 역함逆銜이라 한다. 즐거운 형상을 지어라 하는 것을 희색喜色, 성낸 형상을 짓게 하는 것을 패색悖色이라 하며, 그의 별명을 말하면 형상을 흉내 내어야 하는데, 이를 삼천삼백三千三百이라 한다. 이런 방법으로 신래를 괴롭히고 모욕하는 방법이 이루 말할 수 없을 정도다.

벌칙에는 벌주와 함께 온몸에 진흙을 바르고 얼굴에는 오물칠을 하여 광대처럼 만들어 즐기거나, 겨울철이면 물에다 집어넣고 여름에는 볕에 쪼이게 하는 육체적 가학은 물론이요, 심지어는 뜻에 맞지 않다고 매질까지 하기도 했다. 시커먼 부엌에서 거미잡이 흉내를 내게 해 손 씻은 물을 강제로 먹이거나, 사모관대 정장 차림으로 진흙뻘 연못에 집어넣어 고기잡이를 시키기도 한다. 때로는 미친년 오줌을 받아와 강제로 마시게도 한다. 그보다도 더 가혹한 것은 자기 부모 이름을 적은 종이를 태워 먹이는 일이다. 전통적인 가부장사회에서 가장 치욕으로 통하는 것이 부모를 욕보이는 것이기 때문이다.

한편으로는 관청마다 특색 있는 통과의례를 요구하기도 했다. 세조 때의 명신 어세겸이 신래로 승문원에 배속됐을 때 「김자정선생찬金自貞先生讚」을 지어 장서각 대들보 위에 붙여놓았다. 직속상관이었던 김자정이 서경의 기생을 몹시 그리워하여 글씨가 엉망이란 내용의 희롱하는 글이었다. 단종 때 문과에 급제하여 승문원에 배속된 김자정은 중국의 외교문서 작성에 두각을 나타냈고, 관찰사와 한성판윤을 지낸 사람이다. 그런데도 신참이었던 어세겸이 하늘같은 고참 김자정을 글로 놀려줄 수 있다는 것은 재미있는 역희학逆戱謔의 하나다. 그런데 더 재미난 것은 승문원에 새로 분관되어오는 신래들에게 대들보 앞을 한번 지나가게 하여 그 내용을 다 외우게 했는데, 더듬거리거나 잘 외우지 못하면 벌을 주었다는 사실이다. 그래서 승문원에 배속된 신래들은 이를 몰래 베껴다가 외우곤 하여 이것이 승문원의 고사가 됐다.

선전관청에도 유사한 신참 길들이기 방법이 동원됐는데, 숨을 쉬지 않고 한번에 궁궐 지붕 위의 십신十神을 소리 내어 외우게 한 것이 그것이다. 이는 호흡을 참는 양생법을 익힌 선전관 유조생이 배가 파산되어 강물에 빠졌는데도 호흡을 멈추고 걸어서 나왔다는 데서 유래된 풍속이었다. 서반 승지로 불렸고, 무반 청요직의 하나였던 선전관다운 테스트 방법이 아닐 수 없다.

이런 식으로 전래되는 면신례의 희학담은 매우 다양하다. 실상 면신례의 시작은 급제한 순간부터였다. 신래 부르기가 그것으로, 급제자들이 3일유가三日遊街(과거에 급제한 뒤 사흘 동안 시험관과 선배 급제자와 친척을 방문하던 일)를 한답시고 어사화를 꽂고 길에 나타나면 고참들이 굶려줄 양으로 신래를 부르는 것이다. 고참들 끼리 신래를 먼저 부르기 위해 쫓고 쫓기는 일도 비일비재했던 모양이다.

성격이 매우 엄격하기로 유명한 지돈령부사 정광성은 아들이 셋 있었다. 큰아들 정태화가 영의정, 둘째 아들 정치화가 경기감사로 있을 때 셋째 아들 정만화가 급제했다. 이들 셋이 나란히 잠화簪花를 꽂고 수원에 있는 아버지를 찾아뵙는데, 지돈령공이 엄한지라 아무도 신래를 부르지 못했다. 이때 일가친척 중에 재치 있는 측실이 비록 영의정이 있다고 해도 예외를 둘 수 없다고 큰 소리로 신래를 불렀다. 그러자 하늘같은 영의정 정태화가 머리를 숙이고 달음질쳐 나왔다는 것이다. 정태화는 6조 판서를 모두 역임했으며, 사직 상소를 37번이나 올린 기록을 가지고 있는 인물이었다. 이 고사에서 비록 영의정이라도 흔쾌히 면신례 의식에 동참했음을 알 수 있다. 막내 동생의 신래였지만, 삼형제가 모두 신래로 취급되어 신고식을 치르는 장면이 우리들의 눈에 선하다.

이 모두가 신래들의 뻣뻣하고 날카로운 기세를 꺾어버리기 위한 것이었다. 혼란했던 고려 말에 권문세가의 어린 자제들이 마구 급제한 후 관직에 오르자 이들의 기를 꺾기 위해 생겨났다는 것이 이해될 듯도 하다. 그러나 조선 후기에 이르면 동급 정도의 문벌이 아니면 신래를 부를 수도 없었고, 무과 출신이 문과 급제자를 신래

「호조낭관계회도戶曹郎官契會圖」 호조의 전·현직 관리들이 모임과 연회를 가지면서 그린 그림이다. 7명의 호조 낭관 이름이 씌어 있으나 그림에는 8명이 나온다. 그중 가운데 윗자리에 앉은 이의 차림새가 달라 호조낭관을 역임한 최고 고참일 것이라 짐작된다. 국립중앙박물관 소장.

로 부를 수도 없는 사회로 변모해갔다. 그러면서도 신래로 불러주지 않으면 스스로 부끄러이 여기는 분위기였다.

  고통과 함께 수없이 반복되는 허참연許參宴(동참을 허락한다는 의미의 잔치)을 거친 후 최종적인 면신연이 이어진다. 일종의 최종 관문인 셈이다. 면신례 날에는 동료 관원들의 친목을 다지는 모임인 계가 결성된다. 그러고는 환쟁이를 불러 그날 잔치의 모습을 그리게 한 후 참석자 명단인 좌목座目이나 서문과 발문을 포함한 내용들을 기입하여 1장씩 나눠 갖는다. 오늘날 기념촬영이나 영상 기록물을 남기듯이 당시에는 계회도契會圖를 그려 1장씩 나눠가졌던 것이다.

  경비를 신참들이 부담하는 것은 당연지사다. 조선시대 계회를 보면, 관청의 동료로 결성된 동관계회同官契會, 국가적 대사에 참여한 관원들끼리 조직한 도감계회都監契會, 과거합격 동기끼리 결성하는 동방계회同榜契會, 나이가 같은 관료들끼리의 모임인 동경계회同庚契會, 퇴직한 원로 관료들이 참여하는 기로회耆老會와 기영회耆英會 등 실로 다양하다. 이중에서도 동관계회가 가장 흔한 것이었고, 따라서 현존하는 계회도 중에서도 면신례 장면을 그린 내용이 많이 남아 있는 것도 그 때문이다.

  동서고금을 막론하고 엘리트 집단일수록 보다 가혹한 통과의례를 거친다는 것이 통설이다. 조선시대 면신례 역시 문과를 급제한 당대 최고 엘리트 집단에서 시작된 통과의례였다. 따라서 특권층이 되기 위한 좁은 문을 통과했다는 것과 장차 국가를 짊어지고 갈 엘리트 집단들이 결속을 다진다는 의미가 동시에 내포되어 있다. 가혹한 통과의례를 통하여 위계질서를 다잡고 이를 통해 다시 동료의식을 강화하여 업무의 효율성을 높이는 것이다.

디지털시대 신고식은 단순한 의식이 아니라 자신이 속한 집단의 전문성을 받아들이고 전문지식이 풍부한 선배를 탐색하는 경쟁의식의 성격으로 변했다. 집단의 일체감이 중시되던 사고에서 벗어나 개성이 강조되는 시대인 탓이다. 입사하자마자 책상 위의 컴퓨터를 통해 짤막한 환영인사를 받고 업무지시를 받는 요즘 세태는 뭔가 좀 허전하다는 느낌이다.

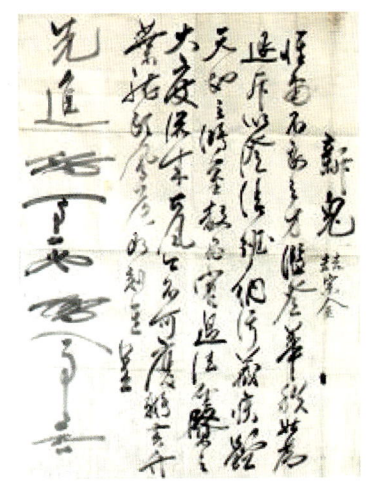

김종철 면신첩 해풍 김씨 문중 소장.

● **김종철 면신첩의 원문과 해석**

新鬼신귀 喆宗金철종김*
惟爾不良之才유이불량지재 濫登華秩남등화질 姑爲退斥고위퇴척 以登淸班이등청반 納汚藏疾납오장질 體天地之鴻重체천지지홍중 赦罪宥過有사죄유과 法聖賢之大度법성현지대도 流來古風유래고풍 今不可廢금불가폐 鵝黃아황 · 升葉승엽 · 龍頭용두 · 鳳尾봉미 卽刻進呈즉각진정
先進선진 手決수결

* 新鬼: 새 귀신, 즉 신참이란 뜻. 면신례 치르기 전까지는 동료로 받아들이지 않기에 신귀라 칭함.
* 喆宗金: '김종철'이란 이름을 뒤집어서 쓴 것. 면신이 되어야 이름을 바로 불러줌.

● 해석

너는 불량한 재주로 외람되이 화질華秩(좋은 관직)에 올랐으니, 우선 물리쳐 청반淸班을 깨끗이 해야 하나, 더러운 너를 받아들이고 허물을 감싸주는 것은 천지의 크고 무거움을 본받음이요, 죄와 허물을 용서하는 것은 성현의 큰 도량을 본받았기 때문이다. 그래도 내려오는 고풍古風을 지금 폐지할 수가 없으니 아황鵝黃(거위)·승엽升葉(담배)·용두龍頭(돼지고기)·봉미鳳尾(닭고기)를 즉시 바쳐 올려라.

선배 수결

제3장

수백 년간 엎치락뒤치락하던 양반동네 시비들

　조선 후기 양반사회를 제대로 이해하기 위해 놓쳐서는 안 될 문화코드가 바로 향전鄕戰이다. 이 시기에 이르면 각 지역을 기반으로 토착하고 있던 씨족들이 자신들의 족적 기반을 더욱 굳건하게 하기 위해 문중 조직을 결성하기 시작했는데, 이를 적절히 활용하기 위해서는 조상 가운데 뛰어난 인물을 찾아 추숭하는 작업들이 필요했다. 그리하여 거의 모든 씨족들이 동원되어 독자적인 족보를 만들기 시작했고, 문중에서 건립한 서원과 재사齋舍들이 우후죽순처럼 생겨났다. 그런 과정 속에서 내 조상이 남의 조상보다 잘나야 한다는 강박관념에 못 이겨 여기저기에서 시비가 끊이질 않았던 것이다.

　이는 문중 간의 도토리 키 재기 식 경쟁의식에서 출발한 것인데, 더 멀리서 이유를 찾아보면 안으로는 신분제가 동요되고, 밖으로는 서세동점의 위기가 닥치자 양반사회에서 내부적으로 단단한 결속이 필요했기 때문이다. 이리하여 다른 문중보다 우월해야 한다는 의식이 작용하여 오직 조상 추숭작업에만 몰두하게 되고, 이 과정에서 크고 작은 시비가 전국적으로 전개됐는데, 이를 역사학자들은 향전이라 부른다.

이런 역사적 맥락에서 전개됐던 향전에서 빠질 수 없는 것이 바로 묘지 다툼인 산송山訟이었다. 2006년 봄 즈음으로 기억된다. 각 일간지와 방송사들이 앞다투어 산송에 관한 흥미로운 뉴스를 보도했다. 조선시대 대표적 명문가였던 파평 윤씨와 청송 심씨 간에 벌어졌던 몇 백 년 동안의 묘지 다툼이 극적으로 타결됐다는 것이었다. 21세기를 살아가는 대명천지에 이게 도대체 무슨 소리란 말인가.

사건의 발단은 고려의 명장 윤관 장군의 묘를 잃어버린 데 있었다. 『승정원일기』 영조 39년(1763) 9월 3일 기사 중 소두疏頭 윤면교의 상소문에 그 전모가 자세하게 소개되어 있다. 내용인즉, 윤관 장군의 묘가 파주 분수원 북쪽에 있었다는 것은 『동국여지승람東國輿地勝覽』과 옛 문헌에도 기록되어 있었던 것이지만, 잦은 병화로 묘지를 잃어버려 파평 윤씨 후손들이 안타까이 여기고 있던 중 겨우 묘를 찾았는데, 그곳은 윤씨 문중의 땅이 아니라 청송 심씨들이 대대로 가꾸어온 문중묘역이었다. 이리하여 급기야는 두 문중 간에 서로의 권리를 주장하며 시비가 일기 시작했고, 결국 한성부우윤을 역임한 팔순 노구의 윤면교가 파평 윤씨 문중을 대표하여 상소를 올렸다.

사건의 발단은 이렇게 시작됐지만 그 유명한 윤관 장관 같은 분의 묘지를 어떻게 이토록 까맣게 잊고 살아갈 수 있었단 말인가.

이를 이해하기 위해서는 약간의 보충설명이 필요하다. 실상은 조선 후기에 와서 족보가 만들어지고 문중들이 조직되면서 조상들을 찾았던 것이지, 그전까지는 먼 조상에 대해 관심을 둔 경우가 별로 없었다. 오늘날 각 문중마다 질서정연하게 계보를 연결한 족보들을 갖고 있지만, 대개 고려시대 인물들은 겨우 이름만 찾아 단선으로 연결하고 있기도 했다. 그런데 단선으로 연결된 계보조차 명확한 근거에 의한 것이 아니었음은 물론이다. 솔직히 말하자면 혈연적으로 아무 연관이 없는 다른 인물들의 이름을 빌려와 자기 계보에 연결한 경우도 많았을 것이다.

이는 필자가 직접 확인한 경우를 염두에 두고 한 말인데, 이런 상황이었으니 묘지를 잃어버린 일쯤이야 다반사가 아니겠는가. 이는 한두 문중의 특별한 경우가 아니라 거의 모든 문중에서 예외가 없었다고 본다. 따라서 조선 전기까지의 사람들이 살아가는 모습은 결국 조선 후기 양반사회의 풍속과는 완전히 달랐음을 먼저 알아야 이해될 수 있는 부분이기도 하다. 이렇듯 조선 후기에 와서야 비로소 각 문중마다 조상 추숭작업에 매달리느라 정신들이 없었기 때문에 시비 아닌 시비가 벌어질 수밖에 없었던 것이다.

파평 윤씨 문중에서도 조상 추숭작업에 신경을 쓰다보니, 고려시대에 크게 활약했던 명조名祖 윤관 장군을 부각시키지 않을 수 없었고, 이리하여 묘지를 찾기 위해 문중이 대대적인 노력을 기울였을 것이다. 이럴 즈음 당시 윤동규란 사람이 분수원 일대에서 큼직한 분묘 하나를 발견했다. 그런데 그곳에는 이호문의 묘라는 비석이 세워져 있었다. 지나치려다 자세히 알아본 결과, 그곳은 당대 명문 중에 명문이었던 청송 심씨의 문중묘역이었다.

명문가의 문중묘역 안에 다른 사람의 묘가 있다는 사실을 수상하게 여긴 파평 윤씨 쪽에서는 보다 세밀하게 다시 조사했다. 이리하여 결국 이호문의 묘가 허묘虛墓라는 단정을 내렸다. 원래가 윤관 묘역이었던 것을 심씨 쪽에서 암장하여 눈가림하기 위해 조성한 허묘로 간주한 것이다. 파평 윤씨 쪽에서 청송 심씨 문중으로 공격의 화살을 날린 것은 이때부터였다.

　시끌벅적한 기운이 몇 차례 돈 다음 윤면교가 상소를 올렸고, 이어 며칠 뒤 어전회의가 열리자 좌의정 윤동도 역시 그곳이 윤관 묘역임을 강력하게 주장했다. 영조가 진위를 조사하게 했지만, 윤관 묘라는 확증을 잡을 수도 없었다. 영의정을 역임했고 한때 최고의 세도를 누린 심의겸의 묘가 세워진 지 한 세기가 더 흘렀기 때문이다. 윤씨 쪽에서는 새로이 골짜기를 수색하여 흙 속에서 파손된 비석을 찾아내 윤관 묘역임을 어렴풋이 확인했다고 한다.

　이리하여 1764년(영조 40) 5월 16일 윤씨 쪽에서는 다시 상소를 올렸다. 윤면교를 비롯하여 내로라하는 파평 윤씨 집안 291명이 연명하여 올린 상소였다. 연명자의 명단은 물론이고 상소 내용까지『승정원일기』에는 빠짐없이 기록되어 있는데,『조선왕조실록』에는 상소의 내용뿐 아니라 연명한 명단이 누락되어 있어 기록에 차이를 보이고 있다.『조선왕조실록』은 사관들이나 편집자의 의도에 따라 축약시킨 것이 많기 때문이다.

　결국 임금 스스로 제문을 지어 두 문중 조상에게 제사를 지내주는 식으로 결말을 낼 수밖에 없었는데, 그 이후 양가의 지루한 공방전은 240년 이상을 이어갔다. 그 과정에서 집단 난투극이 벌어진 것도 한두 번이 아니었다. 심지어는 분노한 영조가 두 문중 대

윤관 장군의 묘 묘는 원형 봉분이며 묘비, 상돌, 문인석, 무인석, 돌말石馬, 돌호랑이石虎, 장명등長明燈 등이 갖추어졌다. 경기도 파주시 광탄면 분수리 소재.

표자인 심정최와 윤희복을 귀양까지 보냈고, 윤희복은 결국 귀양 중에 숨지고 말았다. 이후에도 크고 작은 사건으로 얼룩졌다. 파평 윤씨 집안에서 급제자가 나오면, 정승 판서도 다 싫고 청송 군수나 하는 게 소원이란 말이 헛말이 아닐 정도로 공방전은 치열하게 전개됐다. 수백 년 동안 사패지賜牌地(공을 세워 임금으로부터 받은 땅)로 내려온 문중묘역을 빼앗길 수 없었던 청송 심씨의 방어전도 만만찮았기 때문이다. 이런 다툼은 해방 이후에도 계속됐다. 그러다가 2006년에 와서야 드디어 양쪽이 화해를 한 것이다.

지금 경기도 파주시 광탄면 분수리에 가면, 고려시대 여진 정벌 당시의 위용을 보는 듯한 기분으로 윤관 장군의 묘를 볼 수 있다. 지름 5.5미터, 높이 1.5미터의 봉분 앞에는 상석과 묘비가 있고, 좌우에는 망주석과 석양石羊 한 쌍이 당당한 모습으로 묘를 지키고 있다. 묘역 밖에는 장군의 행적을 기록한 신도비가 서 있고, 영정을 모신 여충사麗忠祠는 최근 새롭게 단장하기도 했다. 이는 사적 제323호로 지적되어 있는데, 개인의 묘역을 사적으로 지정한 경우는 매우 이례적이다.

파주 분수리에 있는 윤관 장군의 묘역을 상세하게 설명한 것은 다름 아니다. 조선 영조 때 흔적조차 찾기 힘들었던 묘역을 이렇듯 어마어마한 규모로 탈바꿈시킨 것은 그동안 파평 윤씨 문중의 지대한 노력이 있었던 덕이기도 하지만, 그 이면에는 청송 심씨 문중이 수세에 몰려 있었던 탓도 있다. 영의정을 지낸 심지원 묘와 후에 조성된 윤관 묘는 5미터도 채 안 되게 붙어 있다. 지척의 거리에 누워 있으니 화해도 쉽게 했으면 좋으련만, 몇 백 년이 흘러 오늘날에야 타결점을 찾았다는 뉴스가 전파를 탄 것이다.

이렇듯 240여 년 동안 지속되어온 다툼이 타결되나 싶더니, 몇 달 후 사건은 새로운 국면으로 접어들었다. 해묵은 논란을 풀 수 있는 새로운 자료가 공개된 것이다. 고려시대 묘지명에 관심을 기울였던 김우림 전 서울역사박물관장이 윤관의 아들 윤언이(1091~1150) 묘지석에서 단서를 찾아낸 것이었다. 윤언이의 묘지석을 판독한 결과 윤관과 윤언이 부자의 무덤이 파주가 아니라 임진강 북쪽 개성 부근의 임강현에 있었다는 것이다. 임강현은 임진강 북쪽에 있었던 고을 이름인데, 조선시대에 들어와 장단군으로 바뀐 곳이다.

윤씨 문중 소유의 근처 임야 2,500평을 심씨 문중에 제공하여 이장하는 조건으로 타협점을 찾았던 것이 허사로 돌아갈 판이었다. 윤관 묘가 임강현에 조성됐다가 나중에 이장된 것인지, 아니면 허묘나 가묘인 것인지는 확인이 안 되고 있다. 그러나 필자의 입장에서는 그 점이 매우 궁금하다. 시대적 상황과 풍속을 보다 냉철하게 판단할 근거가 되기 때문이다.

아무튼 조선 후기에는 오로지 자신들의 조상들을 위해 명분과 실리를 좇아 도처에서 시비들이 벌어졌고, 급기야는 하나의 시비문화를 형성했다 할 정도로 유행처럼 번졌다. 이런 시비문화는 문중 내부의 각 파별로 빚어진 갈등은 물론이고, 문중과 이웃한 다른 문중 간의 위세 싸움으로 전개되어 한 치 앞을 가늠하기 힘든 공방전이 지루하게 벌어지기도 했다.

퇴계의 양대 산맥을 잇는 학봉 김성일 후손과 서애 류성룡 후손들이 공방을 벌인 '병호시비屛虎是非'는 영남 선비 전체를 시비장으로 끌어들였고, 퇴계와 그의 제자 김부필의 동일한 시호를 놓고 후손들이 벌인 공방전, 회재 이언적과 그의 외숙 손중돈 후손들의 '손이시비孫李是非' 등 굵직굵직한 향전들만 해도 이루 다 말할 수 없을 정도다. 그런데 여기에서 우리가 유의할 점은 이런 시비들도 예외 없이 오늘날까지 지속되어왔다는 사실이다.

하지만, 다시금 말하건대 회재 이언적이나 퇴계 이황, 학봉 김성일이나 서애 류성룡이 살아 있었을 당시에는 이런 시비들이 없었다. 모두가 후손들의 경쟁의식 때문에 생겨난 시대적 산물이었다. 예를 들어 서원에 위패를 모실 때 퇴계를 가운데 놓고 좌우에 누구를 앉히는가 하는 문제 따위인데, 왼쪽에 학봉이면 어떻고, 서애면 무슨 상관이 있겠는가. 또한 회재 이언적이 외숙부에게 학문을 전수받아 군자의 반열에 올랐으면 어떻고, 홀로 학문을 닦아 성인의 반열에 올랐으면 어떠한가. 오로지 명분에만 집착한 이런 문제로 시간을 허비하고 있었으니, 참으로 부질없는 일이 아닐 수가 없었다.

덧붙임

　탈고 후 원고를 넘긴 지 시간이 꽤 흘러 필자는 낭보 하나를 접했다. '병호시비'로 얼룩진 양 문중이 화해를 했다는 것이 2009년 4월 1일자 각 일간지 문화면을 장식했던 것이다. 장장 400년 동안 엎치락뒤치락하던 풍산 류씨와 의성 김씨 가문의 자존심 대결이 일단락됐으니, 큰 사회적 이슈임에는 틀림없었다. 당초 앞의 본문에서처럼 간략하게 언급하고 넘어가려던 참이었는데, 양 문중의 화해 소식을 듣는 순간 보충 설명을 해야겠다는 생각이 들었다.

　발단은 1620년(광해군 12)으로 거슬러 올라간다. 퇴계를 모셨던 안동의 여강서원(숙종 2년(1676)에 호계서원으로 사액됨)에서는 선생의 양대 제자라 할 수 있는 서애 류성룡과 학봉 김성일 양위를 함께 배향할 계획을 세웠다. 이때 퇴계를 가운데에 두고 왼쪽인 상석에 누구를 앉히느냐가 논란의 핵심인데, 좌의정이 우의정보다 한 수 위이듯이 왼쪽을 높이 쳤기 때문이었다. 학봉 쪽은 나이순, 서애 쪽은 벼슬순이어야 한다는 주장이 팽팽하게 맞섰으나, 당시 영남학파의 좌장 격으로 있던 정경세가 서애 쪽의 손을 들어주어 일단락이 됐다.

　그런데 1805년(순조 5)에 문제가 다시 불거졌다. 서애와 학봉, 그리고 한강 정구, 여헌 장현광 등 네 사람의 신주를 문묘에 모시게 해달라고 영남 유림들이 청원키로 하면서였다. 네 사람의 후손과 제자들이 모여 상소문을 쓰던 중 나이순으로 표기하자는 데로 의견이 모아지자, 서애 쪽에서 발끈하고 나섰다. 그리하여 결국 서애 쪽에서는 따로 준비한 상소를 임금께 올렸고, 이에 조정에서는 이를 둘 다 기각해버렸다.

잘 되리라 기대했던 한강과 여헌 쪽에서는 억울하기 짝이 없었다. 결국 한강과 여헌 쪽 선비들은 자기들끼리 다시 상소를 올리기로 하고, 이를 영남 유림에 통보했다. 이를 알아차린 안동 유림 쪽도 서운하기는 마찬가지였다. 이에 서애와 학봉 사이의 다툼은 일단 휴전에 들어간 동시에 한강·여헌파를 규탄하는 것으로 통문을 돌릴 참이었다. 그 통문을 맡았던 이가 안동지역 명문가 전주 류씨 가문의 류회문이었는데, 여기에서 학봉을 서애보다 앞에 내세웠던 것이 돌이킬 수 없는 상황이 되어버렸다. 이를 보고 격분한 서애쪽 류형춘은 통문을 찢어버렸고, 이에 학봉파들은 그에게 문벌文罰(선비의 죄상을 기록하여 서원의 벽에 붙여두는 것)을 가했다.

사태가 이 지경에 이르자 서애파는 호계서원과 결별한 후 서애를 모시던 병산서원屛山書院에 따로 모여 만사를 의논했다. 그리하여 안동 유림들만이 두 파로 갈라섰던 것이 아니라, 영남 전역에서 호론虎論 병론屛論, 호유虎儒 병유屛儒라는 말이 나오게 됐다. 이를 세칭 '병호시비'라 부르는데, 조선 후기 문중 간의 대표적인 시비였다.

이후에도 호계서원에 모셔진 서애의 위패를 호유 쪽이 몰래 북벽 쪽으로 옮겼으니 원래 자리로 환원해야 한다 아니다라는 시비가 일었고, 급기야 경상도 관찰사에게 고소하는 사건으로 비화됐다. 이를 대수롭지 않게 판단한 관찰사 김경로(추사 김정희의 아버지)는 옮겨진 위패를 원래의 위치로 환원하라는 판결을 내렸다가 사안의 심각성을 나중에야 깨닫고 "사림 간의 분쟁은 관에서 개입하는 게 아니다"라고 번복하고 말았을 정도다.

사실 이는 양반 가문 간의 무의미한 체면 싸움만은 아니었다. 다시 말한다면 조선 성리학을 대표하는 퇴계 학문의 정통을 누가 계승했는가 하는 문제와 결부되어 있었기 때문이다. 1694년(숙종 20) 갑술환국甲戌換局으로 중앙 정계에서 밀려난 영남 남인 입장에서는 각자의 세력 확대를 위해 서원과 향교를 통해 역량을 축적해나갈 수밖에 없었던 면도 있다.

그 후 200년 동안 이 문제가 수면 아래로 가라앉아 있다가, 2009년 2월 말경 두 문중의 종손과 퇴계 주손이 함께 안동시청에서 마주앉았다 한다. 복원될 호계서원의 위패 봉안 문제 때문이었다. 수백 년 묵혀진 양반동네의 숙제가 쉽게 풀릴 수 있도록 합의를 했다는 신문기사를 보고는 무릎을 쳤다. 퇴계에게서 갈라져나온 두 선생을 영남학파의 양대 산맥으로 누가 인정하지 않겠는가. 윤관 묘역 입구에 양 문중의 합의내용을 담은 기념비가 서 있듯, 이곳에도 기념비가 세워지길 기대하면서 큰 결정을 내린 문중 관계자께 역사학도의 한 사람으로 박수를 보낸다.

제4장

술주정도 때론 큰 죄가 되더이다

 낮이 있으면 밤이 있는 자연 현상처럼 사회에도 선한 일이 있으면 악한 일도 있게 마련이다. 조선시대에도 각종 범죄사건이 일어났고, 그런 일들은 『승정원일기』에도 많이 기록되어 있다.

 조선 후기의 범죄 양상은 폭행, 난입, 절도 등이 많았는데, 특히 흥미로운 부분은 술주정으로 인한 사고가 상당히 많았다는 것이다. 범죄라고까지는 할 수 없지만 지금도 흔한 일 중에 하나인 술주정에 관련된 기사는 『승정원일기』에 200여 건이 넘게 나온다.

 1651년(효종 2) 2월에는 전라좌수사 민인량이 술에 만취해 부하들을 마구 폭행하여 파직됐으며, 같은 해 10월에는 경상좌병사 김시성이 대취해 경상감사와 수령들을 모욕한 사건이 문제됐다. 1688년(숙종 14) 10월에는 문의현령 이만준이, 1710년(숙종 36) 5월에는 전라우수사 이석관 등이 이같은 물의를 일으켰다. 이처럼 술주정은 중앙의 통제가 소홀한 지방관들에게서 상당한 문제로 대

「기방풍정」『사계풍속도』중의 하나로, 기방에서 얼큰하게 취한 조선 후기 선비들의 일탈된 모습들이 잘 나타나 있다. 작자 미상으로, 19세기 작품이다. 국립중앙박물관 소장.

「취중판결」 『사계풍속도』 중의 하나로, 술에 취한 원님 행차 앞에서 원고와 피고가 꿇어앉아 판결을 기다리고 있는 모습이 해학적이다. 작자 미상으로, 19세기 작품이다. 국립중앙박물관 소장.

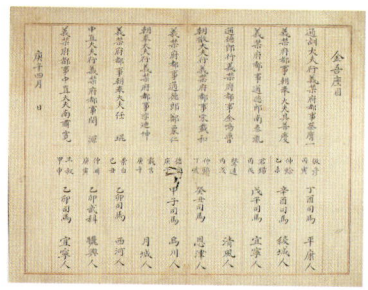

「금오좌목金吾座目」 금오는 조선시대 특별 사법관청이던 의금부의 별칭이다. 1750년 (영조 26)에 의금부에 재직했던 의금부도사 채응일을 비롯한 의금부 관원들 10명의 명단이 붙어 있다. 서울대 규장각 소장.

두됐다.

    1778년(정조 2) 11월 23일 형조정랑 신광헌과 정조의 대화는 술주정과 관련된 문제를 흥미롭게 보여준다. 정조가 신하들과 대화하던 중 신광헌에게 아뢸 일이 있느냐고 물었다. 신광헌은 요즘 소송이 많은데, 술주정에 관련된 사람이 10 중 7, 8이나 된다고 대답했다. 그중에는 풍속을 해칠 뿐만 아니라 상해를 입히거나 심지어는 사람을 죽이는 사건도 적지 않다는 것이었다. 신광헌은 이런 일은 아뢰기 송구스러운 것이지만 길거리에서 벌어져 노출된 사건이 이러하니 민간에서 일어나 숨겨진 일들도 추정할 수 있을 것이라면서 문제의 심각성을 지적했다. 그는 군인이나 시정의 공장工匠들은 소속된 아문에서 엄히 경계하면 일정한 효과가 있을 것이라고 대책을 내놓았고, 정조는 그 말이 옳다면서 우선 관아에 소속된 사람들의 술주정으로 인한 범죄를 엄히 예방하라고 지시했다.

이처럼 『승정원일기』에는 지방의 관원들과 서울 지역의 하급 관리 및 백성들의 술주정과 관련된 사례가 많이 나온다. 특히 순조대 이후 서울 지역 하급 관리들의 범죄 양상은 다양했다. 공직의 말단에 있던 그들은 주로 폭행이나 술주정, 난입, 절도 등의 범죄를 저질렀다. 술주정을 살펴보면 순조대에는 액예掖隷 김응한이나 별감 최성유, 별감 안처의 등이 술주정을 하다가 금리禁吏에 발각됐고, 철종 때에도 무예별감 김진갑, 수복守僕 조춘기 등이 같은 죄로 처벌됐다.

흥미로운 점은 이들이 매우 엄한 처벌을 받았다는 사실이다. 그들은 대부분 모래밭에서 조리 돌리고 곤장을 맞은 뒤 먼 섬으로 유배됐다. 얼마나 심하게 술주정을 했는지는 구체적으로 나와 있지 않지만, 지금 같으면 경범죄 정도로 다스릴 일을 이렇게 엄하게 처벌했다는 것은 조선 후기 사회의 흥미로운 측면으로 생각된다. 그들의 직급이나 신분이 그리 높지 않았기 때문일 수도 있겠고, 당시의 사회가 술주정에 대해서 특히 엄격했기 때문일 수도 있을 것이다.

왕정체제에서 가장 무거운 범죄는 당연히 국왕과 관련된 것이었다. 기록에 많이 나오는 범죄는 궁궐을 침입한다는 의미의 '범궐犯闕'이었다. 예컨대 1858년(철종 9) 7월에는 원예院隷 장완길 등 11명이 300명을 거느리고 경복궁 앞에서 별감 장인환을 마구 구타해 죽을 지경에 이르게 한 뒤 궐 안으로 돌입한 사건이 일어났다. 즉시 진압됐지만, 궁궐 앞에서 폭행을 하고 더구나 궁궐 안으로 침입까지 했으니 무거운 처벌을 받았다. 주모자 11명은 형조로 압송되어 엄형을 가한 뒤 먼 섬으로 유배 보냈으며, 나머지도 엄형을 내린 뒤 죄의 경중에 따라 처벌했다.

이런 범궐은 우발적이거나 일시적인 사건이었겠지만, 가장 중요한 범궐 사건은 아마도 모반과 관련된 일이었을 것이다. 모반의 궁극적인 목표는 국왕을 시해하거나 사로잡는 것이었으므로, 당연히 그 사건의 지리적인 목표지점은 궁궐이 될 수밖에 없었다. 『승정원일기』에 나와 있는 그런 사건들 중에 흥미로운 기사는 1644년(인조 22) 4월에 일어난 심기원(?~1644)의 옥사다.

심기원은 이귀 등과 함께 인조반정에 참여해 정사靖社 1등 공신에 책봉되어 청원부원군에 봉해졌고, 그 뒤 1624년(인조 2) 이괄의 난이 일어나자 한남도원수漢南都元帥가 되어 활약했으며, 1627년 정묘호란 때는 경기·충청·전라·경상도의 도검찰사로 세자를 모시고 피란했다. 1636년(인조 14) 병자호란 때에 유도대장留都大將으로 서울의 방어 책임을 맡았고, 1642년(인조 20) 우의정을 거쳐 좌의정에 오른 인조대의 대표적인 중신이었다. 그는 1644년(인조 22) 좌의정으로 남한산성 수어사를 겸임했는데, 그 병력을 이용해 회은군懷恩君 덕인德仁을 추대하려는 반역을 꾀했다는 혐의로 처형됐다.

1644년(인조 22) 4월 15일 심기원을 추국推鞫한 『승정원일기』의 기사는 그들이 어떤 경로와 방법으로 창경궁으로 침입하려 했는지를 상세히 보여준다. 심기원 등은 그해 3월 19일 호우에 서울 외곽의 군관 수백 명을 모아 산기슭의 정자에 올라 활을 쏘고 술을 마시면서 날이 저물기를 기다렸다.

우선 그들은 초관哨官 김응현에게 포수 100명, 힘센 장사 20명을 거느리고 창경궁의 정문인 홍화문으로 가서 자물쇠를 쇠몽둥이로 부순 뒤 바깥에 대기하고 있던 병사들을 이끌고 궁궐로 난입하려고 했다. 그밖의 동조자들 역시 포수들을 이끌고 수구문水口門에 기다리고 있다가 궁궐로 침입하려고 했다.

이처럼 비교적 사소한 범죄인 술주정 같은 문제부터 모반을 일으켜 궁궐을 장악하려는 중대한 범죄까지 『승정원일기』에는 다양한 내용들이 자세하게 소개되어 있다. 이런 자료는 조선 후기의 사회사를 좀 더 풍성하게 할 수 있는 보고임에 틀림없을 것이다.

제5장

억울한 이는 꽹과리를 쳐라

　암행어사로 이름을 날렸던 박문수, 소론계열이었던 그는 한때 정적 홍계희의 탄핵으로 위기에 직면한 적이 있었다. 박문수의 아들 박구영은 아버지의 억울함을 호소하기 위해 궁궐 금호문 경비를 뚫고 임금님이 계신 차비문 밖에까지 들어가 꽹과리를 쳐댔다. 그러자 궁문이 뚫렸다는 이유로 금호문 수문장 윤동구와 함께 박구영을 하옥하여 치죄케 했는데,『승정원일기』영조 19년(1743) 2월 19일 기사에 그 내용이 소상히 소개되어 있다.

　금호문은 창덕궁 서쪽 출입문으로, 궁궐 법식에 따르면 서쪽에 궐내 각사各司를 두는지라 신하들이 항상 드나들어 복작거린다. 그러니 자연히 임금 가까이서 자신의 뜻을 알리려는 사람들로 시끌벅적한 곳이 금호문이기도 하다. 오늘날은 입구가 아니라 출구로 사용되고 있어 오히려 조용한 편이다.

　1743년(영조 19) 2월 5일 기사에는 홍계희가 박문수를 탄핵한 상소 전문이 실려 있는데, 함경감사로 있던 박문수의 여러 가지 실정을 지적한 것이었다. 경신년庚申年(1740, 영조 16)에 일어난 대흉년 상황을 부풀려 곡식을 타내 관내 백성들에게 인심을 썼고, 수만 냥을 따로 서울로 보내 횡령했으며, 감영 소속 기생 이매二梅에 빠져 관곡을 낭비하고 아이를 갖고자 명산에 기도를 다니면서 수백 꾸러미나 되는 돈을 썼다는 내용 등이었다. 그러나 곧 박문수의 혐의는 풀렸고, 탄핵을 했던 홍계희가 역풍을 맞아 오히려 삭직당하고 말았다.

조선시대 백성들이 억울한 일을 당하면 신문고를 두드리거나 임금이 들릴 만한 곳에서 꽹과리를 치는 격쟁이 자주 이용되곤 했다. 오늘날 국민고충처리위원회가 하는 역할을 수행했던 것이다. 신문고가 태종 때 설치됐다고는 하지만 얼마 후 그 기능을 상실했고, 그 대체 수단으로 허용되던 것이 격쟁이었다. 이는 영조 때 편찬된 『속대전續大典』에서 정식으로 법제화됐다. 형벌이 자기 신상에 미칠 경우, 부자 형제 간의 분간分揀, 처첩 분간, 양천 분간 등 신문고가 4가지 사건에 허용됐던 데 비해, 격쟁은 자손이 조상을 위해, 처가 남편을 위해, 동생이 형을 위해, 종이 주인을 위한 것 등 4가지였다. 조선이 가족윤리를 최우선으로 하는 사회로 진전했음을 보여준다. 국가에서는 함부로 격쟁하는 것을 금지하긴 했으나, 민폐에 관계된 것이라면 웬만해서는 죄를 묻지 않았다. 당시 민폐를 그만큼 중요하게 생각했음을 보여주는 대목이 아닐 수 없다.

격쟁하는 자들이 대개는 억울한 일 때문이긴 했지만, 그렇지 않은 경우도 허다했다. 사리에 맞지 않는 일로 송사하기만을 좋아하여 격쟁하는 사람이나 수령을 유임시키고자 하여 격쟁하는 자는 형벌로 다스렸다. 수령과 지방민의 결탁을 방지하는 차원이었다. 중앙집권화를 위한 노력으로 수령의 권한을 대폭 강화한 시기가 조선이었다. 읍민들이 함부로 수령을 고소할 경우 비교적 엄격하게 죄를 물었던 것도 그 때문이다. 읍민이 수령에게 매를 맞아 죽었다고 격쟁하는 자는 일단 먼저 조사해본 뒤 수령에게 죄가 있으면 처벌하되, 만약 혐의가 없다면 격쟁한 자를 부민고소율部民告訴律(하급 서리나 백성들이 상급 관리들에 대해 고소를 금지하던 법을 어겼을 때 적용되던 형률) 죄로 다스렸다. 사소한 일로 해당 도의 관찰사나 수령에게 고하지 않고 외람되게 왕에게 아뢴 자는 월소율越訴律(규정된 단계를 무시한 죄를 다스리는 형률)로 다스렸다. 관리들의 오판 방지와 사소한 일로 격쟁을 남발하는 폐단을 막기 위한 조치였다.

조선 명종 때에는 격쟁이 큰 유행처럼 번져 문제가 불거졌다. 사노私奴 김유현이 군사복장을 하고 칼을 찬 채 임금 앞으로 돌진하여 큰 물의를 일으켰고, 반상을 막론하고 궐 안에까지 쳐들어와 격쟁을 해대는 통에 이들을 엄벌에 처하기도 했다. 그리고 1777년(정조 1)에는 함부로 궁궐로 들어와 격쟁하는 것을 금지하는 위외격쟁추문법衛外擊錚推問法을, 1858년(철종 9)에는 왕이 도성 밖으로 거둥할 때에만 격쟁, 소원訴願할 수 있는 법을 정하기도 했다. 이처럼 격쟁은 신문고가 제 역할을 다하지 못하는 사이 유일한 소원제도로서의 기능을 했지만, 부정적인 기능 또한 어쩔 수 없었던 모양이다.

조선 역사상 가장 유명했던 격쟁 사건을 하나 들라고 하면 단연 1791년(정조 15) 박필관朴弼寬의 격쟁을 꼽을 수 있다. 국가에서는 가급적 격쟁을 통제하는 쪽으로 가닥을 잡았지만, 조선 후기에 들어오면 사회적 모순이 점차 심해졌다. 또 일반 백성들도 의식이 성장하면서 자기 주장을 강하게 드러냈다. 그런 사회 분위기 속에서 일어난 것이 박필관의 격쟁 사건이었다. 이 격쟁에서 주목되는 것은 아전과 백성들이 함부로 계를 결성하는 것結契, 상민이나 천민들이 족보를 위조하는 것僞譜, 소를 함부로 잡는 것屠牛, 산에 소나무를 남벌하는 것斫松 등인데, 이는 국가에서 당연히 금하는 것인데도 불구하고 지켜지지 않았다는 점이다.

이외에도 토호들의 토지와 노비 겸병 폐단을 언급한 것도 주목된다. 노비는 30구, 토지는 30결을 소유 상한액으로 하자는 내용이다. 군역에 대한 수포收布가 20척이 넘지 않도록 제한한 것도 포함되어 있다. 이처럼 제도 개선을 통한 민생 해결을 요구했다는 점에서 본다면 민의 의식이 매우 성숙해가고 있음을 보여주는 사례가 아닐 수 없다. 이 시기의 격쟁이 단순히 양적으로만 늘었던 것이 아니었음을 충분히 증명하고도 남는다. 이렇듯 사회의식을 표출하는 방법으로까지 발전됐던 것이 당시의 격쟁이었다.

이 사건이 있자 형조가 발칵 뒤집어졌다. 노비와 토지, 그리고 군포 문제까지 거론한 것은 시속을 거스르는 위험한 수준이었기 때문이다. 당연히 죄를 물어야 했다. 그러나 정조의 생각은 달랐다. 몇 가지 문제는 뜻도 좋고 당장 시행할 수도 있다는 판단이었다. 결국 결계·위보·도우·작송 등 4개 조목은 마땅히 금해야 할 일로 받아들여졌고, 이를 각 도에 널리 알려 엄금하도록 교를 내렸다. 가히 정조의 치세였기에 가능한 조치였는지도 모른다.

인조부터 영조까지 153년의 치세 동안 '격쟁'이란 단어를 온라인으로 검색해보면, 『승정원일기』에서는 무려 3,535개가 나타난

다. 그런 것에 비해 『조선왕조실록』에서는 128개만이 보일 뿐이다. 그만큼 『승정원일기』의 내용이 자세하고 풍부하다. 이렇듯 방대한 양의 『승정원일기』조차 웹으로 검색 가능한 정보화사회에 우리는 살고 있는 것이다.

그런데도 언로言路만은 예전보다 못하다는 생각이 가끔 들기도 한다. 우리 전통시대 사간원 간원들은 군주의 잘못을 지적하는 간쟁이 주된 임무였다. 나라에서 임금의 잘못을 지적하라고 녹봉까지 지급하며 전담 공무원을 배치한 것이다. 임금의 면전에서 직간하다 화를 당한 인물 또한 부지기수였지만, 대간臺諫들이 간하다가 문제가 발생한다 해도 좌천하지 않는 게 불문율이었다. 그만큼 간쟁 임무를 국가 차원에서 보장했던 것이다. 이렇듯 고려 이래 대간의 기능이 잘 유지되어왔기에 보다 건강한 사회를 만들 수 있었던 것이다.

대간을 구성하는 사헌부 대신은 풍교風敎를 규찰하고, 사간원 간신은 임금의 과실을 바로잡는다. 사헌부의 위계질서가 엄격했다면, 사간원의 분위기는 자유분방하다. 오늘날 검찰 계통과 언론사 분위기를 연상하면 된다. 이렇듯 직무와 연관된 분위기는 하루아침에 이루어진 것이 아니다.

사간원 소속 간신들은 정3품 대사간을 비롯하여 정6품 정언까지 모두 6명이다. 사헌부와는 달리 출근길 입청 순서가 정해진 것도 아니요, 선배들에게 깍듯이 허리를 굽혀야 하는 것도 아니다. 공무 중에 술을 마셔도 누구 하나 제지하지 않는다. 그러니 술 좋아하는 선비들이 부러워하는 곳이 바로 사간원이었다. 또한 근무 중에 후원 정자에 가 옷을 벗고 드러눕기도 하고, 집무실 바닥이

싸늘하여 깔고 앉을 것이 없으면 선생안先生案을 방석으로 사용하기도 한다. 선생안이란 대사간을 비롯해 사간원을 거쳐간 관료들의 이력 명부이니, 그 자유분방한 근무 태도에 입이 다물어지지 않을 뿐이다. 이 당시 방석은 표범이나 사슴 가죽으로 된 표피·녹피를 이용하여 만들었는데, 때로는 다른 관서에 빌려주고 그 대가를 모았다가 술값으로 충당하기도 했다. 평상시 사간원의 수용비는 전적으로 사헌부에서 타다가 쓰지만, 관청 뜰에서 수확한 배나 대추를 각 관서에다 강매한 돈으로 술값을 마련하기도 했다. 매년 2월과 8월 문묘에서 공자에게 지내는 성균관 석전제釋奠祭가 있는 날이면, 음복은 으레 사간원의 간신諫臣들 차지였으며, 그 아래 아전이나 종들도 실컷 취할 수 있었다.

이렇듯 대간을 구성하는 것이 사헌부와 사간원이었고, 큰 의미에서 언론을 담당하는 기능은 같았지만, 탄핵과 간쟁이라는 고유 업무가 다르듯이 근무 환경 또한 크게 달랐다. 규찰과 감찰 활동이 주 임무였던 사헌부는 오늘날 검찰청이나 감사원과 같은 역할을 수행하기 때문에 자연히 위계질서가 엄격할 수밖에 없었다.

그러나 임금을 상대로 간쟁을 펴야 하는 사간원 간신들은 자유분방한 근무 태도를 보였고 이를 보고 있노라면 이게 어느 나라 공무원인가 싶을 정도다. 사간원의 이러한 자유분방함이 관료제도의 미성숙에서 왔던 것은 결코 아니다. 간쟁이란 본연의 임무를 충실히 하기 위해서는 오히려 자유분방함이 더 보태져야 할 부분이다. 상명하복의 엄격한 위계질서를 따진다면 군주 얼굴색이나 살피며, 할 말이 있어도 이 눈치 저 눈치 보면서 피하게 될 것이 뻔하기 때문이다. 조선시대에 간신의 선발을 신중에 신중을 기했던 이유도 여기에 있으며, 올곧은 선비정신도 여기에서 비롯됐음은 물론이다.

　관직을 그만둔 자나 지방 유생들은 상소를 통해 의견을 진달했다. 왕의 일과표에서 빼놓을 수 없는 것이 잠자리에 들기 전에 상소문을 읽는 것이었다. 상소라면 먼저 떠오르는 것이 지부상소持斧上疏다. 지부상소는 도끼를 짊어지고 대궐 밖에 꿇어앉아 상소를 올리는 것을 말한다. 받아들여지지 않으면, 차라리 도끼로 목을 쳐달라는 극약처방이었다. 병자수호조약 체결을 앞두고 올린 면암 최익현의 병자지부상소, 도요토미 히데요시가 '정명가도征明假道(명나라를 치러가니 길을 비켜달라)'를 요구하자 대궐 밖에서 사흘 동안 일본 사신의 목을 베라고 청했던 조헌의 지부상소가 대표적이다. 그들은 결국 목숨마저 기꺼이 국가를 위해 바쳤다. 대마도로 끌려간 최익현은 왜놈이 주는 음식이라며 거절하고 절개를 지키다 순국했고, 왜란이 일어나자 조헌은 700의병과 함께 금산에서 전사했다. 유생 1만여 명이 동원된 만인소萬人疏, 을사사화乙巳士禍 때 화를 입은 사림의 신원을 위해 41차례나 올려 선조의 동의를 얻어낸 율곡 이이의 상소 등도 인구에 자주 회자되는 것들이다. 옛 시절로 회귀하고픈 생각이 든다.

제6장

절름발이 혼인

「시집가는 날」 혹은 「맹진사댁 경사」로 우리에게 잘 알려진 연극은 언제 봐도 재미있다. 맞선은커녕 신랑·신부감을 보지도 않은 채 집안 어른들끼리 결정해버리는 구식 결혼제도의 모순을 고발한 것이지만, 여기에는 인간의 탐욕과 허세에 대한 풍자가 깃들어져 있어, 보는 이로 하여금 카타르시스를 느끼게 한다. 욕심 많은 맹진사에게 혼담을 끝낸 사윗감이 절름발이라는 소문이 들려오고, 이에 딸 갑분이 대신 몸종 입분이를 신부로 꾸며 혼례를 치르도록 잔꾀를 부렸는데, 신랑이 일부러 절름발이로 꾸몄음을 혼례청에서 뒤늦게 알고는 땅을 치고 후회한다는 내용이다.

이 희곡은 중학교 교과서에도 실려 학생들을 골탕 먹이는 시험문제로 자주 출제되니, 선생님은 이를 전래 민담인 「뱀신랑」에서 소재를 취한 권선징악의 대표적 작품이라 설명하곤 한다. 어찌 보면, 뱀 신랑이 그 허물로 배우자감을 시험하는 사이 두 언니는 뱀

허물이 징그럽다는 이유로 거절했으나, 셋째 딸이 아버지의 뜻에 따라 시집가게 된다는 '뱀신랑'의 설화 구조와 흡사하여, 그것이 모티브였다는 설명도 그럴 듯하긴 하다.

그러나 유사한 설화 구조라는 사실만으로 원용해왔다는 것은 지나친 비약이 아닐까 하는 생각이 든다. 『승정원일기』에 실려 있는 기사 하나를 발췌해보면, 더더욱 그런 생각이 든다.

목안木雁 옛날 아들을 둔 집에서는 기러기를 기르다가 장가가는 날 기럭아범이 등에 지고 신랑 앞에 서서 갔으나, 나중에는 조각하여 채색한 나무기러기를 대신했다. 기러기는 사랑을 상징하기에, 신랑이 신부의 양친과 친척 앞에서 백년해로 서약을 할 때 전달하는데, 이를 전안典雁이라 한다.

사헌부에서 아뢰었다. 홍주에 사는 박지朴贄는 본래 비루하고 천박한 사람으로 아첨으로 관직에 올라 외람되이 청현淸顯(학식과 문벌이 높은 사람에게 시키던 규장각, 홍문관 따위의 벼슬. 지위와 봉록은 높지 않으나 뒷날에 좋은 자리로 옮겨갈 자리였다)의 관직을 차지하여 물의를 일으켰으며, 여러 차례 지방관에 제수됐음에도 뚜렷한 치적이 하나도 없어, 뭇사람들로부터 손가락질을 받은 지 오래됐습니다. 그가 처리한 집안일을 예로 말한다면, 박지에게는 고질병에 걸린 아들이 있었는데 사람 구실도 못한다고 합니다. 그런데 수사水使를 지낸 정후량과 혼사를 논할 때에 정후량이 그 아들을 보고자 하니, 박지는 다른 아들을 보여주어 정후량으로 하여금 믿게 하고는 결혼식을 올릴 때에 병든 아들을 보냈으니, 이 어찌 대부가 차마 할 짓이겠습니까? 혼인이 얼마나 중요한 일인데 간교한 계책으로 사람을 속였으니, 그 간사하고 바르지 못한 모양이 진실로 극악합니다. 이 같은 사람은 관직의 반열에 둘 수 없으니, 홍주목사 박지를 삭거사판削去仕版할 것을 청합니다.

『승정원일기』 숙종 원년(1675) 6월 8일

사헌부에서 홍주목사 박지를 탄핵하는 장면으로, 박지가 불구였던 아들을 정후량의 딸에게 장가 보내기 위해 꾸미는 것이 우리에게 잘 알려진 「맹진사댁 경사」의 서사 구조와 거의 흡사하다. 인간들이 사는 세상에서 갖가지 희한한 일들이 벌어지는 동안에 맹진사와 같은 마음을 먹는 자들이 왜 없었겠는가. 이리하여 박지는 사판에서 이름을 영원히 삭제해야 한다는 사헌부의 탄핵을 받게 됐다. 이는 죄를 지은 관리를 처벌하는 규정의 하나인데, 초임 관직 이후의 모든 임관을 말소하는 당시 양반사회에서는 매우 엄한 형벌이었다. 이와 관련해서는 더 이상의 기록이 없기 때문에, 당시 처리 결과가 어떠했는가에 대해서는 구체적으로 알 수가 없다.

박지는 문과에 합격하여 20년 가까이 언관으로 재직하면서 강직한 면모를 보였고, 지방관으로 파견되어서는 사리에 밝은 일처리로 1687년(숙종 13) 승지에 부름을 받았던 인물이다. 그럼에도 못난 아들의 앞길만을 생각하다가 그만 이성을 잃어버린 것이다. 족보 자료에 의하면, 박지의 둘째 아들이 정후량의 딸과 혼인한 것으로 기록되어 있는 것으로 보아 정후량이 끝내 딸을 시집보낸 모양이다. 이 역시 양반 체면을 중시한 그 사회의 한 단면이 아니었나 싶다. 이 대목에서는 문득 최명희의 대하소설 『혼불』의 주인공 청암부인이 떠오른다. 매안 이씨 낙남파 3대 종부였던 그녀는 혼담이 이루어졌다는 이유만으로 저 세상으로 가버린 남편의 얼굴도

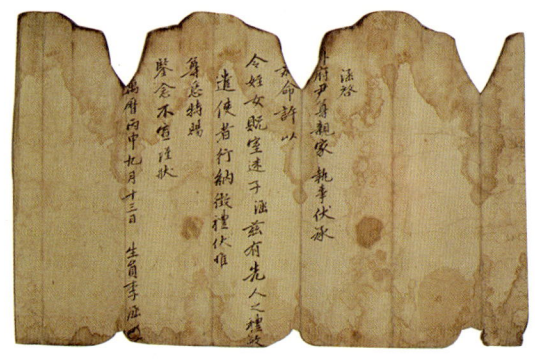

예장지禮狀紙 예장지는 남녀가 혼인할 때까지 양가에서 주고 받는 편지글이다. 재령 이씨 영해파 종손가의 것으로 한국국학진흥원이 위탁 관리하고 있다. 한국국학진흥원 소장.

보지 못한 채 상주가 타는 가마로 시집 와서, 무너져가는 종가를 다시 일으켜 세우려 안간힘을 썼다. 이런 모습들이 아마 우리 전통시대 혼속의 참모습이 아니었을까 한다.

영조 즉위년(1724)에 사헌부 집의 윤회가 금천군수 한일운의 죄상을 열거하면서 탄핵하는 장면도 당시 혼속과 연관하여 보면 재미가 쏠쏠하다.

"금천군수 한일운은 부임한 이래 침학侵虐만을 일삼아, 칙사를 대접한다고 핑계대어 관가의 곡식을 팔아 사복을 채웠습니다. 그리고 고을백성 김유형이 조금 넉넉한데다 손녀가 있었는데, 한일운이 그 재물을 탐내 자신의 서질庶姪(서조카)과 혼인시키고자 위협하니, 유형이 죽기로 저항하여 도망해버려 피해가 인족隣族에게 미쳤으므로 한 마을 사람들이 농사를 폐하고 흩어져버렸습니다.……"

하니, 임금이 말하길,

"풍문을 다 믿을 수가 없으니, 자세히 살펴서 조처하도록 하라"

라고 했다.

『승정원일기』 영조 즉위년(1724) 9월 26일

혼인을 사전적 의미로 보면, 당사자의 성적·심리적·경제적인 결합을 뜻하는 중요한 행위이지만, 사회의 기초적 구성단위인 가정과 가족을 형성하는 단초가 되며, 나아가 종족보존의 중요 기능을 가진다. 따라서 모든 사회가 어떤 형태로든지 혼인을 승인하고 이에 법적 규제를 하고 있는데, 그 구체적인 모습들은 그 사회의 사회경제적·민족적 요소 등에 따라 달리 나타날 수밖에 없다.

우리 전통시대에는 국가에서 혼인을 엄격하게 관장했고, 이혼도 통제 대상이었다. 사회 구성을 가족 단위로 파악했기 때문이었다. 일단 가족이 있고 나서야 국가가 있는 것이니, 가족질서와 국가질서가 무엇보다 강조됐다. 그것이 바로 효와 충이었고, 이를 벗어나면 사람이 지켜야 할 도리인 강상綱常을 범하는 것이라 하여 가혹하리만큼 엄격하게 다스렸다. 그러니 수령이 지방민을 통치할 때도 노총각과 노처녀가 없어야만 우수한 성적으로 인정받을 정도였다. 또한 나이 30이 넘어도 시집가지 못하는 이가 있으면, 가장이 처벌 대상이었다. 영조 때 남자나이 30세, 여자나이 23세를 넘겨서도 결혼하지 못하는 자에게 지원할 대책을 정비하는 모습을 잠시 보자.

영 조 나이가 차도 결혼하지 못한 사람의 기준을 몇 살로 정함이 좋겠는가?

선혜청 당상 민백상 남자는 30세로 하고, 여자는 25세로 해야 합니다.

좌의정 김상로 남자는 30세가 좋을 듯하나, 여자를 25세로 하는 것은 너무 늦어 23세로 함이 좋겠습니다.

영 조 그러면 남자는 30세로, 여자는 23세로 하는 것이 좋겠다.

영 조 나이가 차도 결혼하지 못한 사람에게 얼마를 지원하면 되겠는가?

민백상 쌀 1석과 돈 3냥을 지급하시지오.

우의정 신만 진휼청(헐벗고 굶주린 사람의 구휼을 담당했던 관청)으로부터 내려주신 뒤 그 성혼成婚 여부를 해당 부서에서 상세히 조사하고 즉시 진휼청에 보고하게 하여 허와 실이 덮어지는 폐가 없게 함이 어떻겠습니까?

영 조 그렇게 하라.

「승정원일기」 영조 33년(1757) 2월 5일

오늘날은 당사자끼리 혼인 의사가 합치되면 성립하는 쌍방 행위적 혼인이 일반적으로, 이런 공낙혼共諾婚은 남녀가 대등한 입장에서 결합되는 방식이다. 그런 것에 비해 조선시대 혼인은 개인의 의사가 존중된 것이 아니라 가家의 계승을 위한 것이어서, 당사자보다는 주혼자의 의견이 중요했다. 호주나 부모가 동의권자의 지위로 물러난 것은 한참 후인 일제강점기부터였다.

이렇듯 개인과 개인의 결합이 아닌, 가문과 가문의 결합이었던 조선시대 혼인은 그 자체가 양반을 구분하는 척도가 되기도 했다. 조선 후기로 갈수록 반촌과 상촌의 구분이 엄격해지면서 반촌에 사는 사람들은 상촌 거주자와 혼인을 꺼려했다. 그러나 가끔 지체가 떨어지지만 돈 많은 가문과 혼인하는 경우도 있어 이럴 때는 문중원들에게 손가락질 받는 정도가 아니라 아예 파문을 당할 수도 있었고, 격이 떨어지는 혼인을 할 경우 '턱걸이 혼사'라고 놀림을

「신행」 김홍도의 「풍속화첩」 중의 하나로, 신부집으로 향하는 신랑 행렬을 그렸다. 백마 탄 신랑 앞에 청사초롱과 기럭아비가 걸어가고 있다. 신랑 뒤에 따라오는 인물은 매파로 보인다. 국립중앙박물관 소장.

받곤 했던 것이 오랜 전통사회의 관습이었다.

앞의 예에서 보듯이, 금천군수 한일운이란 자가 관내에서 부유한 김유형의 손녀를 탐내 그의 서조카와 혼인시키려 하니, 김유형이 야반도주해버린 것이다. 조선시대 엄격했던 적서의 차별 문제 때문에 발생했던 것이라 여겨지는데, 아마 손녀를 도저히 서자에게는 시집보낼 수 없었던 모양이다. 지체 높은 양반집 핏줄이라 할지라도 서자는 엄연한 서자였기 때문이다. 처와 첩을 엄격하게 구분했던 조선조 혼인 풍속에서 기인한 슬픈 우리의 자화상이 아닐 수가 없다. 중국에서도 찾아볼 수 없는 적서 차별은 조선시대 태종대 이래로 수많은 다툼과 쟁송들을 낳았고, 급기야 조선 후기 양반 내부의 엄청난 알력과 파문의 주범이 되어 세상을 시끄럽게 했다. 지금까지도 문중 내부의 알력관계는 대개 여기에서 기인한다고 보면 틀림없을 정도다.

아무튼 귀여운 손녀를 서자에게 시집보내기 싫어 김유형이 도망해버리자, 그 후유증은 이웃들에게 돌아갔다. 우리 전통사회에서의 수취제도는 개인과 가족, 그리고 마을 단위별로 세분되어 있었다. 조선 후기 3정 문란의 폐해 중에서도 세금 부담을 친족에게 넘겨 징수하는 족징族徵, 이웃에게 넘겨 징수하는 인징隣徵 등의 폐해가 매우 컸다는 사실은 중학교 교과서에도 실려 있으니, 대부분이 알고 있는 내용일 것이다. 한 사람이 도망가버리면 그 사람이 부담할 몫을 마을 사람들이 공동으로 나누어야 했으니, 김유형이 도망감에 따라 이웃 주민들에게까지 그 영향을 미쳐 한 마을 전체가 절단이 났다. 이는 더 이상 개인의 혼사 문제로만 끝나는 것이 아니었다.

우리 전통사회에서의 혼인제도를 보면, 노역혼·매매혼이나 예부혼預婦婚(민며느리제)과 예서혼豫壻婚(데릴사위제) 등과 같은 다양한 혼인 형태를 볼 수 있다. 발해에서 약탈혼 풍습이 있었다고는 하지만, 혼인 과정에서 여자를 훔쳐가는 형식을 취한 것이기에 엄격하게 보면 약탈혼이라 보기는 어렵다. 동옥저에서는 매매혼의 혼속이 엿보이며, 노역과 물질로 보상해준다는 의미에서 보면 예부혼과 예서혼도 일종의 매매혼이라 볼 수 있다. 동옥저에서 유래한 예부혼은 주로 빈민층에서, 고구려에서 유래한 예서혼은 주로 상류층 혼속으로 조선시대에까지 전승되어왔다.

본래 예서혼은 봉사혼奉仕婚(노역혼勞役婚)의 유풍이며, 예부혼은 매매혼의 유풍으로 정의되곤 한다. 예부혼은 사위를 맞이하여 같이 산다는 의미에서 솔서혼率壻婚이라 할 수도 있는데, 이는 고구려 서옥제도에서 그 원형을 찾을 수 있으며, 조선 후기까지도 보편적인 우리의 혼인 형태였다.

좀 더 설명을 덧붙이자면, 고구려 서옥제는 남자가 구혼을 하면 신부의 집 뒤편에 조그만 서옥壻屋(사위집)을 만들어 살게 했다가 아이들이 장성하면 본가로 돌려보냈던 혼인제도다. 이는 고대의 모권사회가 부권사회로 넘어가는 과정에서 나온 제도일 것인데, 본가로 되돌아오기 때문에 데릴사위제도와는 경우가 다르다. 따라서 예서혼이 부권사회가 정착된 후 일종의 봉사혼(노역혼)으로 전환되어 가난한 남편이 여자 집에서 평생 동안 노역에 종사하는 경우도 있지만, 대개는 일정 기간이 지난 후 본가로 이주하는 서류귀가혼壻留歸家婚의 형태로 발전하기도 했다. 우리의 전통 혼속은 대개 후자의 형태, 즉 여자가 남자 집으로 시집을 오는 것이 아니라, 남자가 여자 집으로 장가를 가는 형태였다.

남귀여가혼男歸女家婚이라고도 불리는 이 솔서혼은 고려시대를 거쳐 조선 후기까지 우리 혼속으로 자리 잡고 있었다. 우리 속담에 '겉보리 서 말만 있어도 처가살이는 안 한다'라든가, '처가와 측간은 멀리 있을수록 좋다'라는 것이 있는데, 이는 그리 오래된 속담들이 아니다. 왜냐하면 조선 후기까지도 장가를 가서 애들이 장성할 때까지 처가에서 사는 남귀여가혼이라 불리는 솔서혼이 일반적이었기 때문이다. 유교적 질서에 어긋나고 중국에도 없는 이런 혼속을 바꾸기 위해 조선의 역대 임금들이 무척이나 힘을 쏟았지만, 결국 민간 혼속까지 바꾸는 데는 실패하고 말았다.

특히나 태종 임금은 중국의 친영제親迎制 도입을 위해 신하들을 다그치며 노력했지만, 결국 허사로 돌아갔다. 친영제란, 우리가 일반적으로 결혼이라 생각하는, 남자 집으로 신부를 데리고 와서 사는 형태의 혼속이었다. 태종에게 왕위를 물려받은 세종 역시 친영제의 정착을 위해 무척이나 애썼고, 그 이후 역대 임금들 역시 친영제를 위한 노력을 적잖이 기울였다. 그럼에도 불구하고 민간 혼속은 쉽게 무너지지 않았다. 조선 후기에도 영조까지 나서서 사대부들이 친영제에 앞장서야 한다는 명령을 내렸고, 영부사 김치인이 친영한다는 것을 듣고는 친히 축하의 글을 내릴 정도였다.

紅線宜定홍선의정 홍선(남녀간에 혼인 관계가 성립함)이 정해져
卿今親迎경금친영 경이 이제 친영한다고 하니
效宋高宗효송고종 송나라 고종을 본받아
手書祝卿수서축경 수서手書로서 경을 축하하노라

『승정원일기』 영조 45년(1769) 12월 23일

친영제는 왜 이토록 확립되기가 어려웠을까. 그 배경에는 전통 시대 가족제도 및 상속제도와도 관련이 있다. 고려시대 이래로 조

선시대는 양측적兩側的 친족제親族制에 의해 움직이는 사회였다. 즉 모계와 부계가 동일시되는, 다시 말하면 친손과 외손이 똑같이 취급되는 사회였다. 대체로 동고조同高祖 8촌 이내의 가족들이 중심이 되지만, 아들과 딸을 구분하지 않는 균분상속제에 의해 모든 재산과 관직이 양쪽에 고르게 상속됐다. 따라서 그들의 의무 또한 나눠지는 것이니, 가령 조상에 대한 제사를 아들과 딸들이 돌아가면서 윤회봉사輪回奉祀하는 식이었다. 따라서 이 시기에 편찬된 족보에서도 외손과 친손이 동일한 대접을 받았다. 이런 풍속이 쉽게 없어지지 않으니, 여자 집으로 장가를 가는 혼속 또한 끈질기게 지속됐던 것이다. 신사임당이 결혼한 후 바로 시댁으로 가지 않고 율곡을 낳고도 내내 친정인 강릉에서 살았다는 것은 잘 알려진 사실이다. 결혼한 지 거의 20년이 지나 친정인 강릉을 떠나기 위해 대관령을 넘었으니, 이것은 당시의 일반적인 관행이었다.

그러다가 조선 후기에 와서 가부장제도가 확립되어가면서 친영제 역시 서서히 정착할 기미를 보이기는 했지만, 지속적으로 존속해온 솔서혼은 그냥 물러서지 않았다. 1960년대까지도 신식 예식이 아닌 구식 결혼식을 보면, 처가 마당에서 혼례식을 올린 후 그곳에서 잔 다음날이나 3일째에 신부를 신랑 집으로 데려가는 것이 상례였으니, 이를 반친영제半親迎制라 할 수 있다. 필자가 어릴 때 시골에서 많이 봐왔던 혼속의 하나인데, 조선 초기 성리학을 통치이념으로 하면서 중국에서 도입된 친영제가 끈질긴 전통 혼속과 절충되어 나타난 절름발이 혼인제도임에 틀림없다. 오늘날 신혼여행에서 돌아와 반드시 신부 집부터 찾아가는 것도 우리 전통문화의 한 단면이 아닌가 한다.

제7장

족보 팔아 때돈 버는 세상

 가짜가 판을 치는 세상. 한때 어린 중·고등학생들이 펜으로 조잡하게 그린 버스 회수권으로 장난치다가 운전기사에게 들켜 혼이 나던 때가 있었는데, 이는 청소년기의 치기나 애교쯤으로 봐줄 수 있을 것이다. 그런데 현재 통용되고 있는 화폐나 값비싼 물건들은 물론이고, 신분증이나 족보에 이르기까지 대한민국은 가히 '위조공화국'이라 불릴 만큼 그 기술과 이력들이 화려하다. 인쇄술과 IT 기술의 발달이 위조 범죄를 더 극성으로 몰아가고 있는 것이다.

 족보와 호적을 위조해 거액의 토지개발보상금을 가로챘다는 의혹이 제기돼 경찰이 수사에 나섰다. 서울 강남경찰서는 5일 호적상 성씨를 길씨에서 정씨로 바꾸고 족보를 위조해 지난 1995년 토지개발보상금을 챙긴 혐의(사기 등)로 정모(81) 씨를 붙잡아 조사 중이다. 고소인 장모(58. 여) 씨는 "천안시가 조상 묘가 있는 선산의

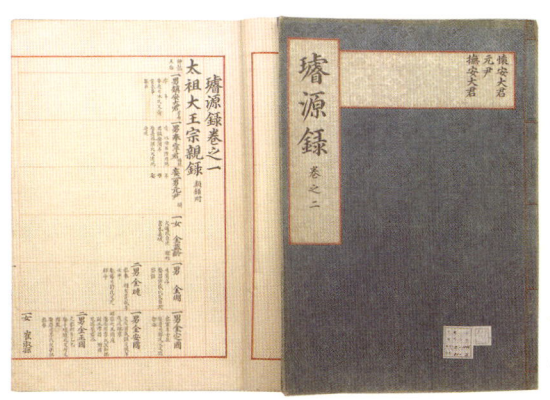

『선원록璿源錄』 『선원록』은 왕실의 내력을 기록한 왕실 족보이지만, 왕실 그 자체가 국가를 대표하는 공적인 성격을 띠고 있기에 왕실 족보를 넘어 '국가의 족보'로 인식하여 제작과 보존에 많은 노력을 기울였다. 국립고궁박물관 소장.

토지개발보상금 140억 원을 위조된 족보만 믿고 정씨 등 다른 파에게 지급했다"며 "정씨는 토지개발보상금을 반환해야 한다"고 주장했다. 경찰은 "한국정신문화원에 족보감정을 의뢰한 결과 족보가 위조됐다는 1차 의견이 나왔다"며 "호적상 성씨를 바꾼 과정에서 관련 공무원들이 개입했는지 여부도 수사할 방침"이라고 말했다. 이에 대해 정씨는 "집안 어른들이 적법한 절차에 의해 토지보상금을 수령한 것"이라며 혐의를 부인했다.

『연합뉴스』 2004년 1월 5일자

길씨가 정씨로 성을 바꾸고 족보를 위조하여 토지보상금을 가로챘다니, 참으로 재미있는 세상이다. 우주를 오가는 최첨단 21세기에 버젓이 족보를 위조해 거액의 돈을 챙기는 무리들이 있었다는 사실에 흥미가 간다. 그런데 조선시대 사회사에서 큰 부분을 차지하는 것이 족보이고 보면, 이는 단순한 가십 거리의 흥미를 넘어서 더욱 진지해져야 함을 느끼지 않을 수 없다.

어떻게 이런 일들이 일어날 수 있었던 것일까. 이는 족보가 특정

철활자 작은 자 순조 초기 민간에서 주조하여 상업적으로 사용해오던 활자로, 족보나 문집 등 일상에 필요한 서적 간행에 사용됐다. 국립중앙박물관 소장.

한 개인을 대변하고, 또 그 가문을 상징하는 하나의 표식으로 자리매김했기 때문에 벌어진 해프닝인데, 그렇다면 조선시대라고 족보를 위조하는 사람들이 없었겠는가. 엄격했던 신분제도로 일관했던 우리 전통사회에서는 그 신분을 상징하는 것들이 더러 있는데, 그중에 대표적인 것이 바로 족보였다. 즉 족보를 가진 자와 갖지 못한 자들 간에는 양반과 상놈이라는 하늘과 땅만큼이나 큰 벽이 가로막고 있었던 것이다. 족보에 등재가 되면 아무런 제한 없이 과거에 응시할 수 있고 군역이 면제되기도 했으니, 족보가 곧 양반의 상징이었다. 그러니 기를 쓰고 남의 족보에라도 이름을 올리고 싶었던 것이 당시를 살아가는 수많은 민초들의 고달픈 삶이었을 것이다.

요즘 인심이 옛날 같지 않아 교묘한 속임수들이 속출하고 있습니다. 역관 김경희란 자는 전해오는 여러 족보들을 긁어모으고 사사로이 활자를 주조하여, 경외에 신역身役 면하기를 도모하는 자들을 유인해 사대부가의 족보에 마음대로 올리는데, 혹 책장을 칼로 오려낸 후 인쇄한 것을 갈아 끼우거나, 아니면 아들이 없어 가계가 단절된 파를 모았다가 작명作名으로 빈칸에 채워넣고, 신역 면하기를 도모하는 자로 하여금 손을 빌려 간사한 술책으로 가만히 앉아 떼

돈을 벌어들여 살림밑천으로 삼으니, 남을 속여 이익을 도모하고 윤리와 풍속을 어지럽히는 모양새가 예사 문서를 교묘하게 속여 이용하는 정도에 비할 바가 아닙니다. 이런 자들은 엄하게 다스리지 않을 수 없으니, 역관 김경희를 엄한 법으로 다스려 전과 같은 간사한 폐단을 근절하게 하소서.

『승정원일기』 영조 40년(1764) 10월 19일

앞의 『승정원일기』 기사를 보면, 영조 때 역관 김경희란 자가 몰래 족보 공장을 차려놓고, 손님들을 유인하여 남의 족보에 끼워넣어주는 장사를 하여 엄청난 돈을 벌었다는 것으로, 이는 족보에 대한 수요가 매우 컸음을 간접적으로 말해준다. 남의 족보에라도 얹혀야 사람 구실을 할 수 있는 사회가 바로 조선 후기였던 것이다.

혹자는 우리 전통사회에서의 인간관계를 '역사적 대면관계'로 파악한다. 우리 전통사회에서 한 개인의 정체성을 파악함에 있어서, 그 정체성은 특정 시기의 사회적 공간에서 개인의 지적·신체적 능력이나 모습이 현재 주어진 것에 따라 결정되는 것이 아니라, 어느 씨족 어느 가계의 '누구'와 연관된다는 역사적·사회적 관계망 속에서 이미 결정되어버리는데, 이런 현상을 '역사적 대면관계'라고 풀이했던 것이다.

그리하여 누구의 손자, 누구의 몇 대손 등으로 통했던 한국의 전통문화에서는 개인의 능력과는 상관없이 '조상과의 일체화를 통한 역사적·사회적 인격구성'이 선재적先在的으로 결정되어버리곤 했다. 따라서 우리는 조상을 욕먹게 하는 것이 가장 큰 죄악이요, 자신의 명예가 지켜지지 않거나 강한 신념을 남에게 내보일 때는

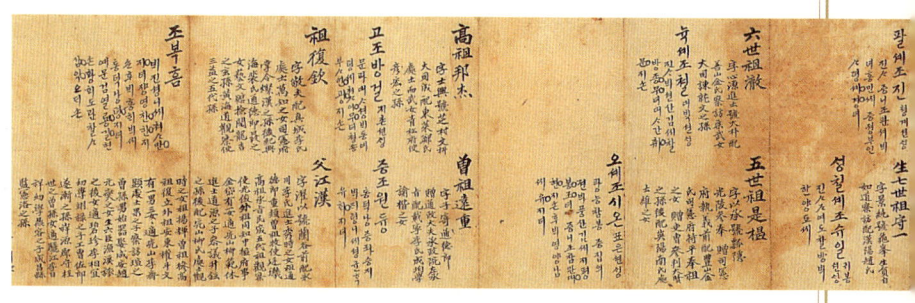

의성 김씨 집안의 족보 족보는 형태나 내용에 따라 대동보大同譜, 파보派譜, 가장家狀, 세계世系 등으로 불린다. 이 자료는 의성 김씨 집안으로 시집온 여자들을 위해 한글로 적은 족보로, 조상의 간단한 이력을 적은 뒷부분에는 제삿날이 기록되어 있다.

서슴없이 "내 성을 갈겠다"라고 말한다. 실제로 아버지와 할아버지를 팔아 성을 갈고 본관을 바꾸는 일들이 비일비재하게 벌어졌다면, 이 사회는 어떻게 굴러갔겠는가.

수많은 우리 족보의 서문들에서 보이는 공통적인 것은 중국 송나라 소순蘇洵과 구양수歐陽修의 족보를 모범으로 삼는다는 것이었다. 그러나 『소씨족보蘇氏族譜』처럼 고조 후손의 유복친有服親 중에서도 부계혈통(부계 8촌 이내)만을 수록하는 소종보법小宗譜法이 아니라, 내·외손을 동일한 수준에서 함께 싣거나 백세불천百世不遷의 대종大宗을 지향하는 족보로 편찬됐다. 뿐만 아니라 거주지를 옮기면 본관도 따라 변경되는 중국과는 달리 우리의 경우는 한번 정해진 본관은 바뀌지 않았다. 그리고 첩과 서자를 차별하는 제도는 중국에도 없는 한국만의 독특한 제도이기도 하다. 각 문중에서 편간된 족보의 역사를 상고해보면, 적손과 서손 사이에서 헤게모니를 놓고 치열한 공방전이 다양하게 벌어졌던 것도 그런 이유 때문이었다. 다 같은 자손으로 대접을 해주었다면, 그렇게 지루한 싸움은 필요 없었을 것이다.

17세기 이후가 되면 족보의 기재 내용에 있어 아들을 먼저 딸을 나중에 적는 선남후녀先男後女, 항렬 적용, 적서 준별, 외손기재 제한 등과 함께 양자 관행과 사승연원師承淵源을 강조하는 새로운 요소들이 추가되어 큰 변화가 있었다. 이는 조선 후기에 가부장제도가 확립되어가면서 장자상속 관행이 정착되자 가계 단절은 조상에게 죄를 짓고 명분을 잃는 일이었고, 한편으로는 퇴계 문인이다 남명 문인이다 하듯이 점차 정치적 당색과 연결되면서 학연의 명분이 혈연을 넘어서는 사회적 현상과 맞닿아 있다. 이는 혈연의 친화성과 일체화 관념 위에 있던 정적情的 유대사회가 17세기 이후 부계 중심의 명분적 유대사회로 변화했음을 의미한다.

아무튼 우리는 15세기 중엽부터 족보를 편찬하기 시작했지만, 대개의 가문은 17세기 이후 족보를 비로소 간행했다. 그러다 보니 조상의 세계世系를 억지로 끌어올리다가 중간에 공백이 생기거나 대수가 맞지 않은 경우도 허다했다. 조선 전기까지 성씨조차 가지지 못한 인구가 전체의 절반이 넘었을 것이란 사실은 알 만한 사람들은 다 알고 있는데, 지금까지도 우리는 일상생활에서 '역사적 대면관계'를 지속하고 있고, 족보 위조까지 서슴지 않고 있었다.

　대개 30년마다 족보를 편찬하여 새로 태어난 사람들을 올리지만, 이들뿐만 아니라 연결할 계보 자료가 없었던 사람들까지 등재시키고 있어 오늘날 합법적으로 진행되고 있는 각 문중의 족보 장사도 남는 장사임에는 틀림없을 것이다. 가짜가 판을 치는 세상은 어제나 오늘 일만은 아닌 듯하다.

제 5 부

잘 먹고
잘사는
세상을 위하여

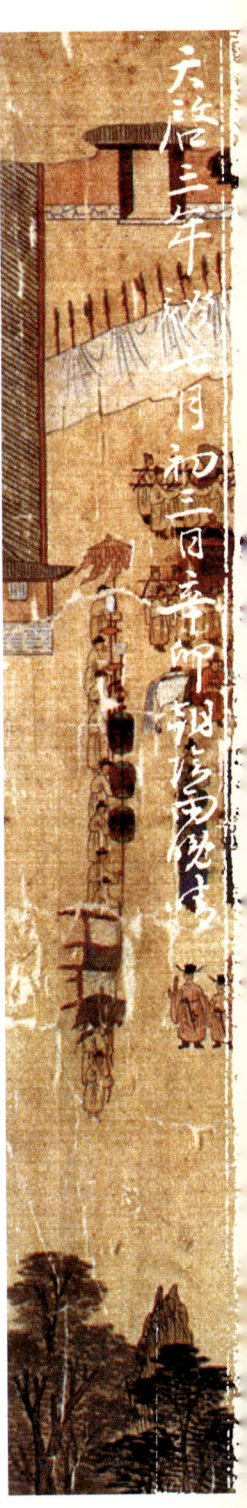

제1장

국왕의 건강관리

　국왕이 국가와 거의 동일시되는 왕정체제에서 국왕의 건강은 국가의 안위에 직결되는 중대한 사안이었다. 따라서 국왕의 건강은 날마다 꼼꼼하게 확인됐고, 국왕의 건강을 유지시키거나 병환을 치료하기 위한 다양한 처방이 지속적으로 강구됐다. 국정의 거의 모든 부분을 상세히 담고 있는 『승정원일기』에서도 국왕의 건강 상태는 중요한 관심사였으며, 자연히 그와 관련된 기록도 풍부하게 실려 있다. 그러므로 『승정원일기』는 조선시대 최고 수준의 한의학 시술이 적용되는 과정을 보여주는 상세한 임상 보고서이기도 해서, 최근 관련 연구자들의 큰 관심을 끌고 있다.

　국왕의 진찰과 치료는 약방藥房이라고도 하는 내의원內醫院에서 맡았다. 내의원은 상하의 이중적 체계로 구성됐다. 상부에는 영의정 등 주요 대신이 도제조와 제조로 배치되고 국왕의 비서인 승지가 부제조를 맡아 실제적인 의료 행위보다는 상징적이고 포괄적인 차원의 감독을 책임졌다. 내의원의 실무적인 운영과 관리는 그 하부에서 맡았는데, 실제의 최고 책임자인 정正(정3품 당하관)부터 각 진료 분야를 맡은 여러 의원, 그리고 행정 실무에 관련된 이서吏胥(아전)와 경비 및 숙직을 담당하는 군사 등이 다양하게 배치됐다.

국왕에 대한 진료는, 승정원의 업무 지침서라고 할 수 있는 『은대조례』에 따르면, 닷새마다 1번씩, 그러니까 1달에 모두 6번을 입진入診했다. 탄생일이나 그밖의 경사 같은 특별한 일이 있으면 하루를 앞당겼다(『예고禮攷』「약방藥房」). 물론 이것은 공식적인 규정이고, 『승정원일기』의 거의 모든 기사가 국왕의 소재와 신하들의 문안인사로 시작되는 것에서도 알 수 있듯이, 실제로는 거의 매일 국왕의 안부가 확인됐다.

내의원에서는 국왕의 건강에 조금이라도 이상한 징후가 발견되면 도제조 이하가 숙직하는 비상 근무에 들어갔다. 그러다가 조금 차도가 보이면 돌아가면서 숙직했고, 완쾌한 뒤에는 숙직을 해제했다. 예컨대 숙종 9년(1683) 10월 20일에는 국왕의 몸에 반점이 나타나자 도제조 이하 모든 관원들이 숙직했으며, 1달이 조금 넘은 뒤인 11월 24일에야 차도를 보이자 숙직을 중지했다. 상식적인 말이지만, 환후가 회복되면 말馬이나 가자加資(공을 세운 자에게 품계를 올려주던 일) 등의 상을 받았지만, 반대의 경우는 상당히 엄중한 처벌이 뒤따랐다.

1700년(숙종 26)에 있었던 대표적인 사례를 하나 보기로 하자.

국왕이 비망기를 내렸다. "약방은 국왕을 보호하는 중요한 곳이지 한가한 곳이 아니다. 지금 내가 가슴막이 당기는 통증이 7달 동안 3번이나 있었다. 그러니 보호해야 할 직책을 가진 사람은 일찍 아뢰어 적당한 약재를 준비해야 마땅한데도 처음부터 끝까지 입을 다물고 있다가 하교가 있은 뒤에야 입진해 처방을 의논해야겠다는 소청을 올렸다. 아, 신하와 임금의 관계는 자식과 아버지의 관계와 같다. 아버지가 병이 있다면 아들은 아버지의 명령이 있은 뒤에야 약을 써야 하는가. 이미 참으로 느리고 소홀하다. 최성임은 수석 의관으로 지난해 10월 대조전大造殿에 입진했을 때 하교를 통해 이미 이 증세의 본말을 자세히 알았는데도 오늘은 진찰만 하고 물러갔다. 가래 때문에 평소에도 현기증이 나고 때때로 발작이 일어나는데도 한번도 우러러 묻지 않았으니 더욱 문제가 크다. 최성임을 우선 잡아와 심문해 죄를 정하고, 정시제와 한준홍은 모두 파직하라."

『승정원일기』 숙종 26년(1700) 10월 24일

이 기사는 숙종이 평소에도 가래가 끼는 병환을 앓았으며, 자신의 건강과 치료에 큰 관심을 가지고 적극적이었음을 잘 보여준다.

조선 국왕 중에서 가장 오랜 수명과 치세를 누린 영조도 자신의 건강에 각별한 관심을 갖고 있었다. 그가 승하하기 바로 1년 전인 81세 노왕老王이 의관과 나눈 대화는 매우 흥미롭다.

국왕이 진찰하라고 명령하자 의관 방태여가 나아와 진찰하고 물러가 "진맥해보니 옥체의 좌우 3곳 모두 맥박이 고르고 혈맥도 원활합니다" 하고 아뢰었다. 의관 오도형도 같은 의견으로 아뢰었다. 주상이 "왼쪽의 맥이 조금 크게 뛰지 않는가?" 하고 묻자 오도형은 "크긴 하지만 좋습니다" 하고 대답했고 다른 의관도 같은 의견이었다. "맥박이 너무 지나치지 않은가?" 하고 주상이 묻자 서명위가 아뢰었다. "맥박이 부드러우면서도 힘차 쉽게 알 수 있습니다." 강명휘는 "비위脾胃의 상태가 오늘은 더욱 좋습니다. 대체로 비위는 흙의 기운에 속하며 흙은 중앙입니다. 그러므로 비위의 맥박이 원활하니 옥체가 모두 좋은 것입니다." "일반적인 80세 노인의 맥박은 어떤가?" 강명휘가 대답했다. "그들은 진맥해도 진액津液이 없습니다만 주상께서는 아주 좋으십니다." "이것은 건공탕建功湯과 인삼 덕분인가?" "그렇습니다. 비위가 좋은 것은 그것들을 넣은 탕제의 효능입니다."

『승정원일기』 영조 51년(1775) 2월 29일

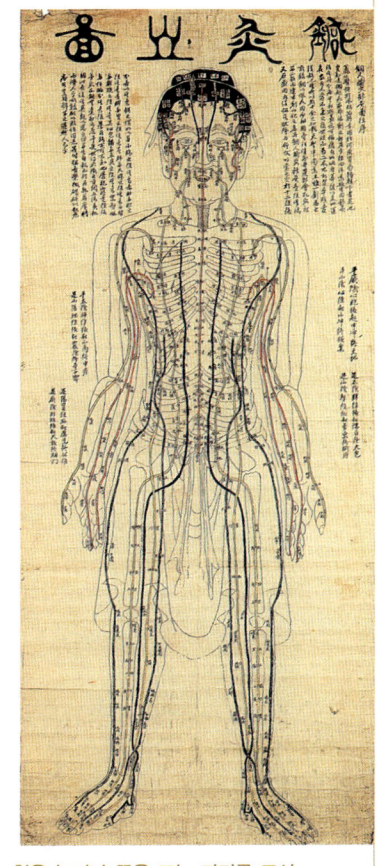

침을 놓거나 뜸을 뜨는 자리를 표시한 그림 조선 후기, 국립중앙박물관 소장.

조선의 국왕 가운데 숙종과 영조가 긴 치세를 누릴 수 있었던 것은 국왕 개인의 건강에 대한 관심과 노력도 크게 작용했을 것이다.

이런 치료를 위해 다양한 약재가 동원되는 것은 당연했다. 『승정원일기』에는 열거하기 어려울 정도로 수많은 약재가 등장한다. 그 이름들을 통해 효능을 대강이나마 짐작할 수 있는 것만 몇 개

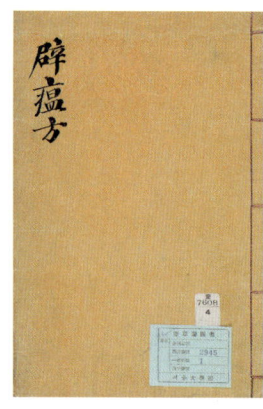
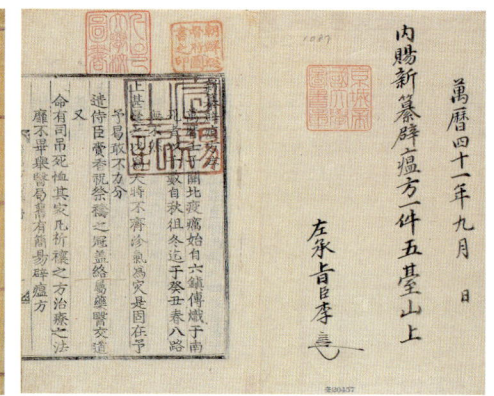

「벽온방辟瘟方」 온역 즉 전염병 치료에 관한 의학책이다. 1612년(광해군 4) 관북지방에 전염병이 발생해 전국에 번지자 어의 허준(1546~1615)에게 명해 새로 편찬케 한 뒤 배포했다. 전염병의 원인, 증세, 약방, 치료법 등을 기록하고 있으며, 만력 41년(1613, 광해군 5) 9월에 홍문관, 오대산사고, 교서관에 각각 내사內賜(임금이 비공식적으로 신하들에게 물품을 하사하는 일)했다. 서울대 규장각 소장.

들어보면, 탕약으로는 현재도 널리 알려진 십전대보탕을 비롯해 가감보중익기탕加減補中益氣湯, 건비탕健脾湯, 인삼양위탕人蔘養胃湯 등이 있다. 고약으로는 경옥고瓊玉膏, 계고鷄膏, 대황고大黃膏, 사즙고四汁膏 등이, 환약으로는 청심환淸心丸, 곤담환滾痰丸(가래를 뚫어주는 환약), 안신환安神丸 등이, 가루약으로는 생맥산生脈散, 소서패독산消暑敗毒散(더위와 독기를 제거하는 가루약), 통순산通順散 등이 자주 나온다. 그밖에 교감단交感丹, 금단金丹, 우황해독단牛黃解毒丹, 구미청심원九味淸心元 등도 자주 처방된 약재들이었다.

2006년 현재에는 인조 원년(1623)부터 영조 52년(1776)까지 153년 동안의 『승정원일기』(전체의 절반 가량)가 전산화되어 있는데, 거기서 내의원이 입진했다는 의미의 '약방입진藥房入診' 기사를 검색해보면 각 국왕의 건강관리와 관련된 흥미로운 사실을 유추할

							효종~영조대 약방입진 기사													
효종	재위년	1		2		3		4		5		6		7		8		9		10
	입진기사	0		0		0		0		0		0		0		1		26		6
현종	재위년	1	2	3	4	5	6	7	8	9	10	11		12	13		14		15	
	입진기사	14	1	1	2	0	9	0	0	2	8	2		0	6		0		5	
숙종	재위년	1	2	3	4	5	6	7	8	9	10	11	12	13	14	15	16	17	18	19	20
	입진기사	3	5	0	12	6	2	3	5	6	22	1	0	0	3	0	4	0	0	0	0
	재위년	21	22	23	24	25	26	27	28	29	30	31	32	33	34	35	36	37	38	39	40
	입진기사	0	1	2	0	0	3	1	2	9	1	17	21	7	3	41	55	43	34	35	93
	재위년	41	42	43	44	45	46														
	입진기사	79	106	86	66	73	19														
경종	재위년	1					2					3					4				
	입진기사	9					17					107					48				
영조	재위년	1	2	3	4	5	6	7	8	9	10	11	12	13	14	15	16	17	18	19	20
	입진기사	46	37	18	13	17	28	32	85	82	62	61	20	68	25	15	24	27	29	20	47
	재위년	21	22	23	24	25	26	27	28	29	30	31	32	33	34	35	36	37	38	39	40
	입진기사	14	98	51	49	77	46	140	89	43	96	49	58	45	51	64	29	198	111	26	36
	재위년	41	42	43	44	45	46	47	48	49	50	51	52								
	입진기사	82	524	314	241	293	314	281	174	481	704	551	82								

* 현종·경종·영조 1년 수치는 즉위년과 합산한 것이다.

수 있다(위의 표 참조).

현종은 재위 15년 동안 50회밖에 내의원의 입진을 받지 않았고, 숙종은 46년의 재위 기간 동안 869회, 경종은 재위 4년 동안 181회를 기록한 데 견주어 영조는 재위 52년 동안 무려 6,167회(연평균 119회)의 입진 기사가 나온다. 특히 영조 49년(1773)부터 승하하는 52년(1776)까지 4년 동안은 무려 1,818회(연평균 454회)의 입진을 받았다(하루에 1.2회).

본격적인 연구를 위해서는 좀 더 엄밀한 조사가 필요하겠지만, 이런 자료는 각 국왕이 자신의 건강에 쏟은 관심의 크기를 계량적으로 보여준다. 경종의 경우는 그의 병약함을 나타내는 방증이겠지만, 숙종이나 영조가 조선 국왕 중에서 오랜 재위와 수명을 누릴 수 있었던 데는 건강에 대한 이런 특별한 관심과 관리도 크게 작용했을 것이다. 특히 재위 52년(1776) 3월 5일 경희궁에서 승하한 영조는 마지막 열흘 동안 모두 21회의 입진을 받았는데, 앞에서 영조가 효능을 칭찬했던 건공탕이라는 탕약은 29회나 처방됐다. 이런 사실 또한 해당 국왕의 사망 원인과 관련해서 눈여겨볼 만한 측면이 있을 것이다.

이처럼 『승정원일기』는 국왕의 건강관리와 관련해 다양하게 접근하고 해석할 수 있는 풍부한 자료를 제공해준다. 전산화와 번역을 계기로 『승정원일기』를 이용한 다각적인 연구가 활발히 진행되어 조선시대의 실상이 입체적으로 밝혀지기를 기대해본다.

제2장

궁하면 개똥도 약이더라

'개똥도 약에 쓰려면 없다'는 말이 있다. 아무 곳이고 널브러져 있는 흔하디흔한 것이지만, 정작 필요해서 찾을 때에는 구하기 힘들 경우에 이런 말을 하곤 한다. 지금에야 주변에서 개똥을 찾을래야 찾기 힘든 환경이니, 이 말의 참뜻을 선뜻 이해하기 어려울지 모른다. 개를 애완용이나 반려용으로만 기르는 시대이기 때문이다. 그러나 우리 전통사회에서 개는 인간과 함께 마당에서 뒹구는 가족이자 식용이었으니, 개똥이야말로 지겹도록 눈에 들어오고 온 천지 사방에 널려 있는 하찮은 것이었다. 이런 개똥을 정말 약으로 사용했다면, 믿을 사람들이 있을까.

먼저 『동의보감』의 제수육독諸獸肉毒에 대한 처방을 한번 보자.

개똥 태운 재 1전을 술에 타 먹이고, 생부추즙 1~2되를 마시게 한다.

『동의보감』 어의 허준이 선조의 명으로 중국과 우리나라의 의학서적을 하나로 모아 1613년(광해군 5)에 간행한 것으로 금속활자로 발행했다. 2009년 유네스코 세계기록유산으로 지정됐다. 국립고궁박물관 소장.

개똥을 태워 술에 타서 먹인다니, 놀라운 일이다. 『동의보감』으로 한의학을 전공한 이들에게는 낯설지 않겠지만, 일반인들이 생각하기엔 의외로 충격적인 자료가 아닐 수 없다. 이는 들짐승의 고기를 먹고 탈이 났을 경우의 처방전으로, 현대 의학상식으로 보면 『동의보감』 처방을 선뜻 받아들이기는 어려울 것 같다. 그러나 '개똥도 약에 쓰려면 없다'라는 속담이 그냥 나온 소리이겠는가. 조선시대에는 개똥에 관한 효험을 굳게 믿고 있었기에 약으로 사용했을 것이다.

그 해답을 찾아 『승정원일기』로 떠나가보자.

숙 종 흰 개白狗 똥즙은 경기를 일으킬 때에 형세를 살펴가며 조금씩 사용하니, 이러한 구급의 방책은 모두 그만둘 수는 없을 듯하다.

목래선 백회혈 및 흰 개 똥즙은 여염의 사람들이 많이 효험을 보았다고 하나, 지극히 중대하고 공경한 지위는 만약 대단히 위급한 지경이 아니라면 모두 가벼이 시험할 수는 없습니다.

이현기 흰 개 똥즙은 불결하기는 하지만, 마음이 불안하기 때문에 불결하다는 것이 크게 꺼려지는 바가 없습니다. 신이 지난해 병을 앓았을 때에 이 약을 복용하여 자못 효과가 있었습니다. 대개 이 약은 간의 열을 다스리는 까닭에 그 효과가 문득 나오게 됩니다. 이 방법이 비록 의술에는 없지만 소소하게 진용하면 아마도 꺼리는 바가 없을 것입니다.

숙 종 위급할 때라면 소소하게 시험해보겠다.

정유악 흰 개 똥즙이라면 소소하게 복용함이 또한 무방할 듯합니다.

유명현 의원의 말이 옳습니다. 신이 비록 의학 지식에는 어둡지만 집에서 어린아이들을 많이 키웠기 때문에 흰 개 똥즙과 같은 것은 매우 위독해진 뒤에야 비로소 사용했습니다. 사대부집 또한 한때 구급하려는 방편으로 과도하게 냉약을 사용하여 끝내 해를 입는 자가 많이 있었습니다. 신의 생각으로는 흰 개 똥즙 또한 가벼이 사용할 수는 없습니다.

목래선 여염집의 아이들에게 이러한 증세가 많이 있습니다. 신의 일가 중에서도 또한 이와 같은 증세를 자주 일으키는 아이가 있었지만, 진정되고 10살이 된 뒤로는 스스로 그쳤습니다.

정유악 흰 개 똥즙은 비록 꺼려지는 바가 없으나 또한 가벼이 사용할 수 없으므로 반드시 신중해야 하며 조금씩 복용하는 것이 좋을 듯합니다.

『승정원일기』 숙종 15년(1689) 11월 19일

이 기사는 1689년(숙종 15)에 왕이 약방 도제조 이하 신하들과 만난 자리에서 오고간 대화다. 당시 희빈 장씨 소생의 경종은 2살이었는데, 자주 경기를 일으켰다. 약방은 경종의 증세와 그에 대한 처방을 의논하여 올렸고, 이에 대해 왕과 약방의 관원 및 의원들이 동석하여 적절한 처방을 내리기 위해 함께 의논했던 내용이 바로 위의 기사다. 대궐 안에서 장차 왕위를 이을 원자에게 이러한 처방을 하고 있다면, 당시에 유용하게 애용됐던 민간요법을 뛰어넘은 치료법이었음이 분명하다. 즉 부스럼 난 곳에 된장을 바르는 식의 싸구려 민간요법이 아닌 고급 처방이었음이 분명하다.

이 자리에서는 흰 개 똥즙을 비롯하여 백회혈에 뜸을 놓는 방법, 이전에 처방한 약을 계속 유모를 통해 복용시키는 방법 등 여러 가지 방책이 논의됐다. 대체로 그 처방의 핵심은 열을 내리는 데 있었다. 아이가 경기를 일으키는 것 자체가 열이 많기 때문에 나타나는 증세이므로 열을 떨어뜨림으로써 아이의 경기를 치료하려는 처방이었다.

결국 자세한 조제의 방법은 모르지만 흰 개 똥즙의 효능은 열을 낮추는 데 있었음을 알 수 있다. 비록 개똥이 불결하기는 하지만 아이의 병세가 심각한 지경에 이르면 불결 여부를 돌아볼 겨를이 없을 것이다. 또한 일반인들 사이에서 효험을 본 방법이라면 왕통을 이을 고귀한 신분의 원자가 위독한 지경에 이르렀는데 어찌 그 사용을 주저할 수 있겠는가.

하지만 이 약은 비상시에만 사용되어야 할 응급 처방이었다. 신하들이 이 약의 사용에 대해 신중해야 할 것을 주장하는 이유도 여기에 있었다. 여염집에서의 사용을 통해 약의 효험은 충분히 입증

됐지만, 과도하게 냉약을 사용하여 끝내 해를 입는 자가 많았던 탓이다. 그래서 신하들은 신중하게 병세를 살펴 어찌할 수 없는 위독한 지경에만 사용할 것을 권했다.

그런데 하필이면 왜 흰 개일까. 아쉽게도 『승정원일기』에서는 다른 개에 대한 흰 개의 차별성에 대해서는 더 이상 찾아볼 수가 없다. 다만 1748년(영조 24) 11월 11일의 기사를 통해 흰 개가 특별히 관리되고 있었음은 알 수 있다.

「모견도母犬圖」 정중靜仲 이암李巖(1499~?)의 그림이다. 이암은 승정원에 의해 중종의 초상을 그릴 화가로 추천됐을 정도로 그 실력을 인정받았으며, 그의 동물 그림들은 한국적인 정취를 잘 보여주고 있다. 국립중앙박물관 소장.

박문수 내의원에서 흰 개를 기르고 있는데, 대개 흰 개의 똥을 사용하기 위해서이나 내의원에서 흰 개를 공납받을 때 공인의 폐단이 없을 수가 없습니다. 또한 사분산四糞散(열을 다스리기 위해 처방되는 약)을 만들 목적으로 검은 개를 기르고 있는데 똥을 사용할 때에는 흰 개, 검은 개의 똥을 섞어서 사용하니 똥에 좋고 나쁨의 구별이 있겠습니까?

영 조 숙종께서 개를 싫어하셨기 때문에 사분산을 만금산萬金散이라는 이름으로 바꾸었다. 내가 마마에 걸려 혼절했을 때에도 의관 유상柳瑺의 말을 들으니, 마땅히 만금산을 사용해야 한다고 했으나 사용하지 않았다고 들었다. 그 후 만금산의 재료를 유상에게 물으니 백출白朮(삽주의 덩이줄기를 말린 약재) 등으로 제조한다고 답했으나 내가 웃으면서 나무가 똥을 쌀 수가 있겠는가라고 말했다. 그때 이미 내의원이 사분산을 대령했음을 알고 있었다.

이주진 흰 개는 일년 내내 내의원에서 기르지만, 검은 개는 사분산을 만드는 데 사용하므로 9월로부터 대령하여 12월이 지나면 도로 내보낸다 합니다.

영 조 전에 흰 개가 대궐 뜨락에서 돌아다니고 있기에 물어보니 내의원에서 대령한 개라고 했다. 흰 개는 사분산을 만드는 개와 다르니 대궐 밖으로 내보내는 것이 좋겠다.

이주진 사분산의 재료로 대령한 검은 개는 12월이 지나면 마땅히 내보내겠습니다.

영 조 알았다.

이어 전교하기를 이외에 혹 궐 안에서 개를 기르는 일이 있다면 일절 금하도록 하라.

『승정원일기』 영조 24년(1748) 11월 11일

이 기사는 조선시대 내의원에서 특별한 용도로 사용하기 위해 흰 개를 공납받아 기르고 있었음을 말해주고 있다. 또한 사분산을 만드는 데 필요한 검은 개를 9월부터 12월까지만 기르는 데 비해, 흰 개는 일년 내내 내의원에서 기르는 특별대우를 받고 있었음을 알 수 있다. 그 용도는 다름 아니라 비상시에 대비하기 위해서다. 마치 오늘날 각 가정에서 소화제, 연고 등과 같은 가정 상비약을 준비해놓듯이, 대궐에서도 흰 개를 상비약으로 비치해두는 센스를 보여주고 있는 셈이다.

우리가 현재 알고 있는 민간요법들 중에는 의학적인 실험을 통해 효능이 입증되지 않은 것들이 꽤 있다. 흰 개의 똥을 이용한 처방 또한 그중에 하나일지 모른다. 하지만 약을 처방하는 데 약의 효능과 함께 중요한 것은 그로 인한 심리적 안정이다. 식물조차도 좋은 말을 지속적으로 해줄 경우 더 잘 자란다고 하지 않는가.

조선시대 왕실의 원자에게 처방할 정도였다면, 당시 사람들이 이 약의 효과에 거는 기대는 우리가 상상하는 그 이상이었음이 분명하다. '개똥도 약에 쓰려면 없다'는 말이 그냥 나온 헛말이 아니었음을 엿볼 수 있는 대목이 아닐 수 없다. 더구나 비상시를 대비하여 내의원에서 특별히 흰 개를 기르고 있었다는 점을 상기해보라. 아무튼 현대 의학의 모자라는 부분을 개똥이 시원하게 대체해줄 날이 올지도 모를 일이다.

제3장

경로잔치, 늙은이들을 위한 세상

　　조선시대를 지배한 이데올로기는 성리학이었다. 조선이 건국되기 이전 백성들의 의식과 생활 풍속은 토속 신앙에다 불교문화에 흠뻑 젖어 있어, 이를 바꾸는 데에 적지 않은 시간이 필요했다. 성리학적 질서와 윤리인 소학小學과 가례家禮 보급을 위해 대대적인 캠페인을 벌렸건만, 사림 세력들이 정권을 장악한 후에도 한동안 백성들의 의식은 바뀔 줄을 몰랐다. 그런데도 충과 효를 강조하던 유교의 기본적인 덕목은 애초부터 확립되어 있었다.

　　그러하니 국초부터 원로에 대한 대접을 국가적 차원에서 마련했던 것도 하등 이상할 것이 없다. 조선시대에는 국가 원로를 기로耆老라 하여 우대해왔는데, 대개 70세 이상을 기耆, 80세 이상을 노老라 하여 우대하는 법을 시행하고 있었다. 『경국대전』 「이전吏典」 '기로耆老' 항목을 보면, 전·현직 1·2품의 고관들 중 70세를 넘은 사람들은 기로소耆老所에 들어가 여러 경제적 대우와 의전상의

「남지기로회도南池耆老會圖」 1629년 숭례문 밖 홍사효의 집 앞 남지南池에서 베풀어진 기로연을 그린 것이다. 서울대 규장각 소장.

우대를 받았다. 따라서 기로소는 일종의 퇴직 관료를 우대하기 위한 기구였던 것이다. 기로소는 태종 즉위 초에 전함 재추소前銜宰樞所라는 이름으로 출범한 뒤 세종 10년(1428) 치사 기로소致仕耆老所로 변경됐다.

조선시대에는 나이가 많도록 과거에 급제하지 못한 유생을 위해 기로과라는 제도를 운영하기도 했다. 기로과는 임금의 특명에 따라 유생들을 서울에 모아서 초시初試 없이 전시殿試만으로 합격자를 가렸다. 시험의 성격상 당일에 합격자가 발표되기도 했다. 또한 일반 백성들을 위한 양로연養老宴도 자주 열었는데, 대대적으로 치를 경우는 사나흘씩 계속됐다.

「영조41년기로연도英祖四一年耆老宴圖」 모두 8폭으로 그려진 것으로 끝에 유척기俞拓基 (1691~1767), 이철보李喆輔(1691~1770) 등 참석자의 좌목이 붙어 있다. 1765년에 제작된 작자 미상의 작품이다. 서울역사박물관 소장.

영조 역시 양로연을 자주 열어 기로에 접어든 신하들의 안부를 묻거나 그들에게 자문을 구하곤 했다. 이에 대한 문제를 논의하다가 문득 영조는 입시한 신하들에게 물었다.

양로연이란 것은 위로는 동조東朝(여기서는 영조의 어머니 숙빈 최씨를 말함)를 받들고, 아래로는 기로에게 잔치를 베푸는 것이다. 경들은 이수장이라는 사람을 아는가? 나이를 물어보니 신축생辛丑生이란다. 내가 그 말을 듣고 뜻하지 않게 눈물이 나와서, 그를 앉혀놓고 술을 하사했다.

『승정원일기』 영조 19년(1743) 7월 9일

이수장이 태어난 해가 신축년이니까, 서력으로 따진다면 1661년(현종 2) 생이다. 그리고 영조가 관심을 표명한 때는 이미 82세가 된 노인이었다. 이수장은 문반이나 무반으로 관직 생활을 한 양반계급이 아니라 중인 신분이었다. 즉 그는 외교 등의 중요한 문서를 관장하는 승문원에 소속된 사자관寫字官이었으니, 아전으로 불리는 서리직 출신이다.

이수장은 사자관으로 뛰어난 능력을 발휘했던 것으로 보인다. 『승정원일기』에서 찾아본 그의 관력을 보면, 숙종 7년(1681) 12월 13일(임진) 승문원 사자관으로 입격한 뒤 와서별제瓦署別提, 남부주부南部主簿, 귀후별제歸厚別提를 거쳤다. 주부와 별제란 관직은 대개 문반직이기는 하지만 문과 급제자가 차지하는 자리는 아니었고, 조상의 음덕으로 출사한 자들이나 수령들이 고과 성적에 밀리면 진출하게 되는 그렇고 그런 관직이었다. 그렇다 할지라도 엄연히 양반들이 앉는 관직이어서 중인들에겐 큰 공을 세운 자들이나 가끔 오를 수 있었으니, 이수장의 사자관 활동 시절에 공이 컸음을 알 수 있다. 그리고 1723년(경종 3) 중국 사신이 왔을 때에는 부채에 당시唐詩를 써서 호평을 받았으며, 그 공로로 수원의 감목관監牧官에 임명됐다. 이때부터 20여 년이 흐른 뒤까지도 그는 여전히 사자관으로 활동했으며, 늙은이의 모습이 역력한 그의 모습을 기이하게 여긴 영조가 나이를 물은 뒤 그의 경력과 능력을 소상하게 듣고는 눈물까지 글썽인 것이다. 뛰어난 실무 능력을 발휘했다고는 하지만, 노년의 하잘것없는 신하에 대한 영조의 배려가 깊은 울림을 준다.

영조는 기로 신하들에게 국정과 학문을 자문했다. 대표적인 기사는 영조 34년(1758) 11월 10일(계사)의 기사다. 그날 미시未時(오후 1~3시)에 영조는 창경궁 함인정涵仁亭에 행차했다. 기로당상耆老堂上 홍중휘·어유룡·유복명·정형복·유최기·박치원·송창명 등이 입시했다. 그러자 영조는 "세자가 연로한 사람에게 공부하고 인군人君이 노인들을 보살피는 것은 모두 노인을 존경하는 뜻에서다. 내가 걸상에 걸터앉아서 노인들을 볼 수가 없다"면서 기립했다.

나이를 물으니 어유룡이 가장 연로했다. 영조는 박치원을 돌아보고 물었다. "경이 오래도록 사는 것은 땔감을 지는 힘든 노동을 한 결과인데, 지금도 능히 땔감을 질 수가 있겠는가." 박치원이 대답했다. "신이 지금 부모가 모두 돌아가신 형편에 있지만, 만약 부모가 살아 계신다면, 비록 오늘이라도 땔감을 질 수가 있습니다." 약간의 농담기도 느껴지지만 신하와의 격의 없는 대화가 흥미롭다.

영조는 정복명에게는 지금 내가 금주하는 까닭은 경의 충고 때문이라고 치하했으며, 유최기에게는 『시전詩傳』을 배운 시절을 생각하며 감회가 깊다고 말했다. 다시 "기로 재상들 중에 근력은 누가 제일 좋은가"라고 묻자 유최기는 모두 좋다고 대답했다. 영조의 관심과 기억력은 조정 바깥에 있는 신하들에게도 미쳤다. 시골로

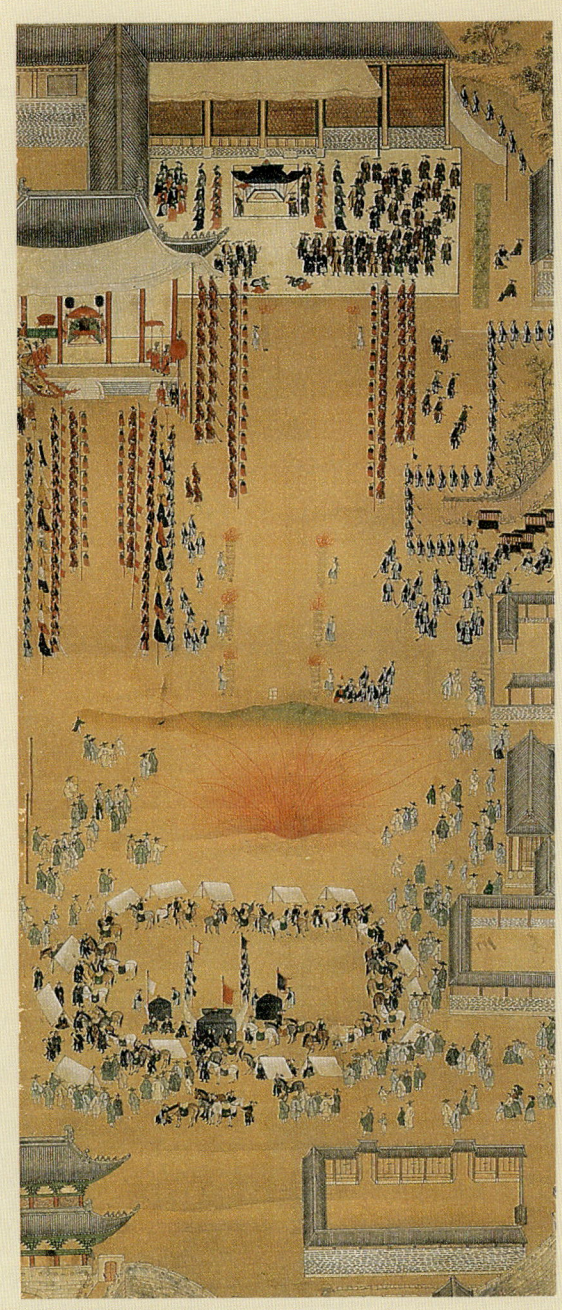

「득중정어사도得中亭御射圖」
『화성능행도』 중의 한 부분으로, 양로연을 마친 정조가 화성행궁 득중정에서 활쏘기와 불꽃놀이하는 것을 그린 것이다. 땅속에 묻은 화약을 터뜨리는 불꽃놀이를 즐기고 있다. 호암미술관 소장.

제3장 경로잔치, 늙은이들을 위한 세상

내려간 한사득의 건강을 묻자 송창명은 괜찮다고 말했다. 그런 대답을 들은 영조는 재미있게 회답했다. "시골에 있으면 힘들긴 하지만 쉬이 늙지 않고, 서울에 있으면 너무 편해서 쉽게 늙는다."

영조의 관심은 기로소의 재정 상태로 향했다. 그는 기로소에 들어가는 물품이 얼마나 되는지 물었고, 쌀 200여 석과 돈 1천여 냥이라는 대답을 들었다. 그러나 기로당상이 많아 규정에는 쌀 10말과 돈 수냥을 주게 되어 있으나 지금은 매달 5냥 정도이며, 전에는 어염세가 기로소에 들어갔으나 지금은 모두 균역청으로 들어간다는 보고를 들었다. 그러자 영조는 배석한 승지에게 노인을 잘 모신 서백西伯(주나라 문왕)의 고사를 상기하며 균역청에 들어가는 물품을 원래대로 돌리라고 했다.

기로소의 재정 상태를 고친 영조는 학문적 관심사를 노신들에게 물었다. 그는 옛 생각을 떠올리며 유최기에게 『대학』을 강講하게 했다. 신하들은 『대학』과 관련해 선정을 베푸는 문제에 대해 자신의 생각을 국왕에게 아뢰었다. 어유룡은 "명덕은 사람이 하늘에서 얻은 것이니 이것을 밝힌 뒤에야 물욕의 허물을 없애 본연의 본성을 밝힐 수 있을 것입니다"라고 아뢰며, 홍중휘는 "대학의 도는 본래 밝은 덕이니 다시 밝혀서 인욕에 가리지 말게 해야 합니다"라고 건의했다. 정형복은 "중용의 핵심은 성誠이고 대학의 요체는 경敬입니다" 하면서 『대학』과 『중용』의 핵심을 짚었다. 영조는 "성과 경 두 글자가 좋다"면서 만족스러워했다.

그밖에도 박치원과 유최기, 송창명 등은 밝은 덕에 관해 자신들의 식견을 밝혔다. 이런 문답이 끝난 뒤 영조는 "아뢴 바가 매우 좋다"면서 큰 만족을 표했다. 그는 승지에게 "무인년戊寅年(1758,

영조 34) 11월 상순에 기로소의 여러 신하들을 특별히 소견하고 공묵합恭默閤에서 기로들과 강론을 행한 사실을 목판에 새겨 기영관耆英館에 걸고 여러 당상들이 각기 이를 찍어서 가지도록 하라"고 지시했다. 『승정원일기』에 실린 이 기사는 국왕이 노신들을 얼마나 잘 배려했는지를 알 수 있게 하며, 그들의 자문이 국왕의 학문과 국정에 상당한 도움이 됐다는 것을 잘 보여준다.

    그밖에도 영조는 재위 4년(1728) 9월 19일(병인) 80세 이상의 사대부와 90세 이상의 서민에게 술과 쌀과 어류·육류를 하사케 했으며, 영조 42년(1766) 9월 3일에는 쌀을 내려주고 죄수들을 석방했다. 영조 49년(1773) 윤3월 3일에 베푼 양로연에서는 문·무반, 종실, 사서士庶 등 수백 명의 노인이 궁궐 정원에 모여 천세를 외쳤다. 그날 103세의 가장 연장자가 되는 이에게는 특별히 지중추知中樞란 벼슬을 하사했다. 『승정원일기』의 이런 기사들은 조선시대의 노인복지 정책에 국왕이 매우 적극적이었음을 보여주고 있다.

제4장

소 잡아먹는 사회, 금지하는 사회

『승정원일기』 현종 9년(1668) 3월 3일조에 의하면, 한성부에서는 중부 장통교에서 있었던 끔찍한 살인사건 하나를 보고하고 있었다.

한성부에서 아뢰었다. 중부中部에서 보고한 것을 보니 정월 29일 밤 사이 장통교長通橋 아래에 큰 항아리 하나가 버려져 있었습니다. 항아리 안에는 발가벗겨진 남자 아이가 목에 칼이 찔린 채 죽어 있었고, 피가 항아리에 가득 찼다고 합니다. 마을 사람들이 함께 보았으나 아이가 어디서 왔는지는 아무도 몰랐습니다. 다음날 아침 광주에 사는 이명길이라는 자가 와서 말하기를 "동생 이명원은 15살로 어제 소에 땔나무를 싣고 서울로 들어갔는데 저녁 무렵까지 돌아오지 않아 걱정이 되어 사방을 찾아보았지만 찾지 못했습니다. 동생이 누구에게 살해되어 장통교 아래에 버려졌는지, 동생이 데리고 갔던 소는 어디로 사라졌는지…… 모두 알지 못합니다"라고 했습니다. 도성 안의 대로변에서 이러한 살인사건이 일어났으니 놀라움을 금할 길이 없습니다. 포도청으로 하여금 각별히 기찰하여 범인을 신속하게 잡는 것이 어떠하겠습니까?

『승정원일기』 현종 9년(1668) 3월 3일

이는 소를 노린 살인사건이었다. 범인은 이명원이 데리고 있던 소를 가져갔을 뿐만 아니라 소년의 목숨마저도 빼앗아갔던 것이다. '눈감으면 코 베어간다'는 무서운 한양이지만 소 한 마리 때문에 소년의 목숨을 앗아가다니…….

이렇듯 조선시대에는 소를 노린 범행들이 자주 일어나 민심을 어지럽혔다. 숙종대 김구는 도둑들이 소를 노리는 이유로 "소는 말 등과 달라서 한번 잡아서 팔아버리고 나면 흔적을 찾을 수 없으므로 소 훔치는 것을 능사로 알고 있다"고 말하고 있다. 소는 버릴 것이 없다는 말이 헛된 말이 아닌 듯하다. 물론 돈벌이가 된다는 것도 주요한 범행 동기다.

본래 조선시대 소의 도축과 거래는 허가제였다. 한양과 지방은 국가가 정한 도축업자가 있었다. 하지만 수요가 늘어나고 거래가 활발해지면서 사사로이 소를 잡아 파는 경우도 빈번했다. 원칙적으로 관에서는 이를 단속해야 하지만 사거래가 궁방이나 권세가를 등에 업고 진행되는 경우가 많아 철저한 단속을 기대하기 어려웠다. 또한 거래가 적발될 경우 일정한 액수만 벌금으로 내면 되기 때문에, 업자 입장에서는 벌금을 물더라도 충분히 이문을 남기는 장사였다.

「소 등에 탄 여인」. 농경사회에서 소는 매우 소중해 거의 없어서는 안 될 존재였지만, 그림처럼 부녀자와 어린아이에게도 친근한 존재였다. 작자 미상의 작품이다. 국립중앙박물관 소장.

소에 대한 거래를 일정하게 허가하면서도 그것을 적절히 통제해야 하는 상황, 그것이 농업을 기반으로 하는 조선이 짊어지고 있는 모순이었다. '농자천하지대본農者天下之大本'이라는 말로 대변되는 조선의 농업 중시는 선택의 여지가 없는 당위였다. 국가의 중요 세입이 토지로부터 나오고 있는 상황에서, 군역을 담당해야 했던 양인이 바로 농민인 상황에서, 그리고 지배층인 양반이 바로 농지를 소유한 지주인 상황에서 농업이 아닌 그 무엇을 정책의 중심으로 삼을 것인가.

따라서 농업에 있어 중요한 역할을 하는 소는 보호되어야 했다. 소 1마리가 하루 동안 밭을 가는 만큼의 일을 하기 위해서는 사람 10명이 필요하다고 기록에서는 말한다. 일이 바쁜 농번기에 10사람을 한꺼번에 동원하는 것도 어렵지만 시기를 놓치는 것도 문제다. 논밭을 가는 시기, 못자리를 만드는 시기, 물 대는 시기, 모 내는 시기 등 모두 정해진 때가 있는데, 대단위 인력을 동원해서 농사를 짓다가 논밭을 가는 시기를 잃어버렸다가는 한 해 농사가 수포로 돌아갈 수밖에 없다.

상황이 이렇다보니 안정적인 한 해 농사를 보장하기 위해서는 일정한 숫자의 소를 확보하는 것이 필수였다. 그렇다고 제사의 제물로 사용되는 흑우黑牛를 잡을 수는 없는 노릇이며, 자연적으로 죽어가는 소는 처리하지 않을 수 없으며, 사람의 먹을거리는 제공하지 않을 수 없으니, 조선은 일정량의 도축을 허가하고 나머지는 통제를 하는 방향으로 소에 대한 정책을 시행했던 것이다.

그런데 이러한 허가 자체도 제한해야 할 때가 있었다. 그중의 대표적인 경우가 소의 전염병인 우역牛疫이 심하게 발생했을 때다.

우역이란 소의 홍역으로, 발병하면 치사율이 100퍼센트에 가깝다고 한다. 현대에는 우역 발생이 드물지만 조선시대에는 빈번하게 우역이 돌았다. 우역은 조선 조정을 골치 아프게 만들었던 전염병이다. 지금도 구제역과 같은 가축 전염병이 발생하면 신문과 뉴스에 오르내릴 정도로 세간의 이목이 집중되지 않는가. 어느 지역에서 발생했는지, 피해 정도가 어떠한지, 어떻게 방제를 하고 있는지, 물가에는 어떻게 영향을 미치는지 매일 매일 보도된다. 사람들이 이처럼 가축전염병에 관심을 가질 수밖에 없는 이유는 그것이 사회 혹은 개인에게 미치는 파장이 만만치 않기 때문일 것이다.

> 선대로부터 조정에서는 성균관의 종들이 생계를 유지하기 어려우므로 도사屠肆(소를 도축하여 파는 곳)를 업으로 삼도록 허락했으며, 이외에는 별다른 생계수단이 없었습니다. 그러나 지금 우역 때문에 도사를 혁파하고 흉년을 당하여 갑자기 업을 잃어버린 지 벌써 일곱 달째입니다. 성균관의 노비가 모두 340호로 남녀노소 2천여 명을 내려가지 않는데 그중에서 약간만이 생계수단을 가지고 유산流散하지 않는다고 합니다. 가난하고 천한 무리가 생계수단이 없으면 도망하는 자들이 즐비할 것입니다.
>
> 『승정원일기』 숙종 8년(1682) 12월 25일

성균관 대사성이었던 조지겸이 숙종에게 아뢴 말이다. 당시 한양에는 21곳의 도사가 있었으며 국가는 대대로 그 운영을 성균관의 노비에게 허락했다. 국가가 약 2천~3천 명 정도 되는 성균관의 노비에게 다른 특별한 재원을 만들어주지 못하고 있었으므로

「논갈이」 단원 김홍도의 『풍속화첩』 중의 한 장면으로, 한 쌍의 소가 쟁기를 끌고 있고, 2명의 농부가 쇠스랑으로 흙을 고르고 있다. 국립중앙박물관 소장.

소의 도축과 판매라는 일종의 특권을 주어 노비들의 생계수단을 보장해주려는 의도였다. 물론 노비들은 이러한 특권에 대한 대가로 성균관의 청소, 수리, 심부름 등 모든 잡일을 해야 했다.

그런데 그해 여름 우역이 발생하여 소의 도축을 금하는 우금牛禁 정책이 7개월째 이어지자 이들의 생계수단이 끊어져버렸다. 앞으로도 우역이 쉽게 가라앉을 것 같지도 않고, 그렇다고 우금정책을 중단할 수도 없으므로 성균관에서는 도사를 다시 시작할 수 있을 때까지 노비의 어물전 개설을 한시적으로 허가해줌으로써 생계수단을 확보해줄 것을 청했다. 하지만 이는 기존의 어물전과 이익을 다투게 되므로 이익을 공동분배하자는 안을 성균관 대사성 조지겸이 내놓은 것이다.

성균관이 어떤 곳인가. 나라의 기둥인 유생에 대한 교육을 담당하고 있지 않은가. 공자 이후로 조선조까지 이어지는 유학의 선현들을 모신 문묘가 있는 유학의 정신적인 메카가 아닌가. 그런데 이런 곳을 관리해야 될 노비들이 생계수단이 없어져서 도망가게 된다면 낭패를 당할 수도 있다. 다만 몇 군데의 도사만이라도 허용하면 문제가 해결될 수도 있을 텐데 그것조차 허락할 수 없었다.

단호한 듯 보이지만 농업의 측면에서 문제를 생각하면 당연한 조치였다. 당장 우역의 치사율이 높다보니 한번 시작되면 피해의 규모가 상당했다. 현종대에는 그 피해가 심각하여 전국의 소가 우역으로 씨가 말라 몽골 지역의 소를 수입하여 그 필요를 메웠다고 할 정도였다. 이처럼 우역으로 인해 죽어나가는 소의 숫자도 상당한데 도축까지 허용하면 내년의 농사는 어찌할 것인가.

더구나 우역으로 인해 소란스러운 와중에도 그 틈을 이용하여 소를 도축하여 이득을 취하려는 자들이 있었다. 이들은 주로 궁가나 권세 있는 자와 결탁하여 소를 도축했고, 이러한 일을 빗대어 『승정원일기』에서는 "우역에서 겨우 살아남은 소라고 할지라도 무뢰배들에 의해 도사되는 지경"이라고 표현했다. 그러니 소의 도축을 허용했을 경우 소의 부족은 불을 보듯 뻔한 일이었다.

만약 소가 부족할 경우 내년의 농사는 어찌할 것인가. 밭갈이 시기에 제대로 심경深耕을 하지 못하여 한 해의 농사를 망치면 어떻게 될 것인가.

전라감사가 서목을 올렸다. "강진에서 보고하기를 우역이 갑자기 발생하니 전염되어 죽은 소가 50여 마리에 이르렀다고 합니다. 또한 그 고기를 먹고 죽은 자도 거의 11명이나 된다고 하니 매우 참혹한 일입니다."

『승정원일기』 현종 원년(1660) 9월 20일

이처럼 조선의 백성들은 전염병으로 죽은 소고기조차도 제 죽을 줄 모르고 먹어버려 죽어나갈 정도로 궁핍한 삶을 살고 있는 지경이었다. 거기에 농사를 망쳐 기근이 든다면 유민은 얼마나 또 발생할 것인가. 소탐대실하느니 지금 피해를 조금 감수하는 것이 좋겠다는 것이 조선의 판단이었으리라.

제5장

굶주림에 버려진 아이들

전쟁과 기근. 예나 지금이나 인류가 숙명적으로 피할 수 없는 것이 바로 전쟁과 기근인 모양이다. 인류 역사상 오늘날처럼 풍족한 때가 없었던 금세기에서도 지구 건너편 저쪽에서 전쟁과 기근으로 허덕이고 있는 참혹한 실상을 보도나 사진 등을 통해 보고 있노라면, 옛날 우리 선조들이 전쟁과 기근으로 허덕였을 모습 또한 눈에 선하게 다가온다. 그런 참혹했던 상황들이 『승정원일기』에도 고스란히 담겨 있기 때문이다.

1687년(숙종 13) 기근이 들자 전라도 지역에서만 2천여 명의 유기아遺棄兒가 발생했다. 대기근이 들자 부모가 어린 자식들을 내다 버린 것이다. IMF 이후 경제가 파탄 나자 버려진 아이들이 많이 생겨났듯이, 가족을 최우선시했던 조선시대에도 예외는 아니었다. 특히 인조 때 병자호란으로 나라가 쑥대밭이 됐을 때도 숱한 유기아가 발생했다고 한다. 삼전도三田渡 굴욕으로 인조가 무릎을 꿇고 남한산성에서 궁궐로 돌아가는 길목에서도 여기저기에 버려진 아이들이 도로를 메웠다니, 위정자의 심정이 오죽했겠는가.

이리하여 결국 국가에서는 이 유기아들을 데려다 양육하는 대가로 자식으로 삼을 수 있는 것은 물론 노비로 부리는 것까지 허용하게 됐다. 병자호란이 일어난 이듬해인 1637년(인조 15)의 일이었다. 급증하는 유기아 발생에 대한 비상시국을 이렇게라도 해결하지 않으면 안 됐던 것이다. 고아원 같은 복지시설이 없었던 전근대 사회에서의 고육지책이 아닐 수가 없다.

그렇다고 의지할 데 없는 노인이나 부모 없는 아이들에 대한 복지정책이 옛날이라고 없었던 것은 아니었다. 일찍이 맹자는 "문왕文王이 정치를 펼칠 때에는 반드시 환과고독鰥寡孤獨을 먼저 하셨다"라고 말한 적이 있는데, 그 환과고독에 대한 배려가 바로 어진 정치의 출발이라고 믿고 있었다. 환과고독이란 홀아비鰥, 과부寡, 고아孤, 홀어미獨를 합친 말로, 모두가 의지할 데 없는 사람들이다. 동양 전통사회에서의 이상적인 정치를 인정仁政 혹은 왕도정치라고들 하는데, 그것은 바로 이같이 의지할 데 없는 사람들을 보살피는 것에서부터 출발해야 한다는 뜻을 담고 있기도 하다.

이리하여 조선 초기에 마련된 법전 『경국대전』에서도 맹자의 정신을 계승하여 "잃어버린 아이는 한성부와 본읍에서 양육하기를 원하는 사람에게 아이를 기르도록 하고, (관에서) 그에 대한 옷과 먹을 것을 지급한다"라고 규정함과 아울러 "10살이 지나도록 돌아갈 곳이 없으면 아이를 기른 사람으로 하여금 사역하는 것을 허락한다"라고 보충 설명하고 있다.

그러면 『승정원일기』로 돌아가서 관련 기사를 한번 보기로 하

자. 정조 11년(1787) 7월 7일에 승지 이민채가 진휼청에서 아뢴 내용을 임금께 요약 보고하고 있는데, 한양 중부 수문동에 사는 군졸 김중득이란 자가 어제 한성부에 숙직을 서다가 2달 된 여아가 버려진 것을 발견한 후, 데려다가 키우려니 먹일 것이 없어 진휼청에 양식 배급을 요청해왔고, 이에 절목節目(규정을 정한 조목)에 따라 옷가지와 먹을 것을 지급하여 키우게 했다는 것이다. 앞의 사례에서 보듯이, 국가가 버려진 아이를 직접 양육하지는 않지만, 자원자가 있으면 아이 양육에 대한 지원을 하고 있었음을 알 수 있다.

조선 후기에 와서 개정된 법전 『대전회통大典會通』에서는 『경국대전』의 조항 외에도 "사람들로 하여금 아이를 길러 자식으로 삼거나 노비로 삼는 것을 허락하되, 어린아이의 나이 연한 및 수양하는 기간 등에 대해서는 일을 당하여 작성되는 사목事目(공사公事에 관해 정한 규칙)에 따르도록 한다"는 조항들이 추가됐다. 여기에서 우리는 조선 후기로 접어들자 '주워온 아이는 노비로 삼을 수 있다'는 것으로까지 법으로 허용된 것을 확인할 수가 있다.

신분사회를 구성하는 요건들 중에는 반드시 천한 신분이 있어야 함을 전제로 한다. 그 천한 신분을 대표하는 것이 바로 종놈이다. 노비라 불리는 이들은 신체적으로 경제적으로 소유주에게 예속되어 있는 존재인지라, 죽으라면 죽는 시늉까지 해야 하는, 사람도 아닌 축들이다. 사내종을 노奴, 계집종을 비婢라 구분하는데, 숙종대의 기록에 따라 당시 노비를 값으로 따지자면 정포正布 100여 필 정도의 값을 쳐준다고 한다(숙종 6년(1680) 윤8월 19일 기사). 포 100필을 쌀로 계산한다면 대충 어림잡아 120가마 정도가 될 것이다. 자본주의 경제가 극도로 발달한 오늘날 쌀 120가마를 돈으로 환산한다면 별것 아닐 수 있지만, 농업 생산량이 매우 뒤떨어져 있던 당시의 화폐가치로 환산한다면 상상 이상으로 큰 액수일 것이다.

따라서 양반들은 기를 쓰고 노비 수를 늘리기 위해 안간힘을 쏟았을 것이고, 국가 입장에서는 이를 적정한 선에서 통제해야 할 사안이기도 했다. 양인들이 노비로 전락한다면, 그들이 부담하고 있던 각종 세금과 군역에 차질이 생기기 때문이다. 그래서 국가 혹은 관에서 버려진 아이의 양육하는 귀속처를 명확히 해주는 것이 무엇보다 중요하고 시급했다. "자식 없는 사람들이 미아를 데려다가 자식으로 삼고자 하나, 만약에 아이의 부모가 안다면 반드시 도로 데려가려고 할 것이기 때문에 데려다 키우지 않는다"는 효종대 민유중의 말처럼 이는 국가가 나서서 법으로 해결점을 제시해주어야 했다. 그렇지 않다면, 수양부모와 생부모 사이에 분쟁거리가 남아 있기 때문이었다.

그러니 조선시대 소송 중에서 재산 분쟁에 관한 것이 많았는데, 그중에서도 노비에 관한 쟁송 비율이 높았던 것도 다 이유가 있었던 것이다. 이렇듯 버려진 아이를 노비로 삼을 수 있다는 것은 엄청난 재산이 걸린 큰 문제여서, 말썽의 소지를 애초에 품고 있게 마련이었다. 숙종 즉위년(1675) 11월 22일 형조에서 임금께 보고한 내용을 잠시 살펴보면 자못 심각하다. 한양에 살았던 계집종 일향日香이 억울한 심정으로 소장을 올렸는데 "나이 사십이 넘도록 자식도 없이 있다가, 마침 신해년 기근 때에 버려진 10살짜리 아이를 데려다 키웠는데, 부모의 거처도 모른 채 자기 이름이 숙지淑只라는 것만 아는 아이였다. 그런 까닭에 바로 한성부에 알려 처결해준 대로 사목에 따라 입안立案을 받았으나 생각지도 않던 이양지 집에서 아이를 잡아가버렸다. 그리하여 형조에서는 이양지의 종을 잡아들여 문초하니, 숙지는 이양지의 아들 이지백이 데리고 있던 계집종이 낳은 자식이기 때문에 빼앗아갔다는 것이었다. 이리하여 사목에 따라 아이를 일향에게 돌려주도록 처결했는데도 불구하고 여러 날을 지체하며 보내주지 않았다"는 내용이었다. 그리하여 죄를 다스리고자 이지백의 종을 다시 잡아들이려 했으나, 이지백도 다시 소장을 올리겠다고 하면서 끝내 종을 관으로 보내지 않았다. 이에 관에서는 뜻을 거역하는 것이 괘씸하여 여러 차례 독촉하니, 이지백은 그 아이가 자기 소유가 될 수 없음을 알고는 몽둥이질로 반쯤 죽여놓은 채 일향에게 돌려주었다. 결국 이지백은 방자하게 법을 능멸했다는 이유로 벌을 받았다. 버려진 아이에 대한 소유권 쟁송은 조선 후기에 매우 잦았던 것 중에 하나였다.

아울러 유기아를 둘러싼 귀속처의 결정은 예민하고도 중요한 문제였다. 따라서 아이를 데려다 키우기를 원하면 반드시 아이의 나이와 용모를 관에 신고해야만 했다. 그러면 관에서는 아이의 생부모 및 이웃들에 대해 사실관계를 정확히 조사한 뒤에 이를 진휼청에 보고하여 입안을 발급하고, 또 아이의 옷에 도장을 찍어주었다. 여기서 입안이란 관이 발급해주는 문서로 이때는 일종의 입양 증명서인 셈이다.

이렇게 입안을 받으면 설사 생부모라 하더라도 아이를 돌려받을 수가 없었다. 생부모가 아이를 돌려받으려면 3개월 이내에 아이를 찾아야 하고, 그때에는 양부모에게 양육비를 배상해야만 돌려받을 수 있었다. 헐벗고 굶주림에 지쳐 아이를 버린 부모들이

3개월 이내에 양육비를 배상하고 아이를 찾아가기란 사실상 불가능했을 것이다.

조선시대 여성들에게 덧씌워진 올가미, 칠거지악. 그중에서도 아들을 낳지 못하여 가문의 대를 잇지 못한 여인네는 큰 멍에를 쓰고 살아야 했다. 그런데도 사내아이를 낳으면 갖다버려야 했다니, 이게 도대체 무슨 소리인가.

숙종 때 함경도 땅에 사는 현상규라는 유생이 올린 상소문 내용을 잠시 엿보기로 하자.

> 남자 아이를 낳은 백성들은 큰 불행이라 말하며, 아이를 버리지 않으면 출가시켜 승려가 되게 하고 있습니다.
>
> 『승정원일기』 숙종 6년(1680) 윤8월 19일

아들을 낳으면 내다버리거나 머리카락을 깎아 절로 보내야 했던 이유는 다름 아닌 세금 때문이었다. 조선 후기에 들어와 3정三政(전정田政, 군정軍政, 환곡還穀)의 문란이 극에 달했다는 것은 이미 잘 알려진 사실. 토지세, 군역의 의무 대신에 납부해야 하는 군포, 춘궁기에 곡식을 빌렸다가 가을에 갚는 환곡이 바로 3정이다. 실제 토지보다 더 많은 양을 장부에 올려 세금을 착복하는 백지징세白紙徵稅, 실세액보다 몇 갑절로 징수하는 도결都結과 방결防結(지방관과 아전들이 백성들의 세금을 감액해주고 기한 전에 받아서 사사로이 융통하여 쓰던 일) 등 전정의 문란도 가지가지였고, 모래를 섞어 빌려주는 등 별별 방법이 다 동원된 환곡도 그렇지만, 백성들을 더욱 못 견디게 한 것이 바로 군정이었다.

15세기 말부터 군역을 지는 대신 군포로 대납하던 관례가 나타나더니 임진왜란 이후에는 아예 직업군인이 생겨났다. 그러나 각종 편법이 동원되어 군포를 기피하는 자가 늘어나자 지방 관아에서는 이를 보충하는 수단으로 갖가지 방법을 다 동원했다. 가족이나 친족에게 강제 징수하는 족징族徵, 이웃에게 군포를 떠넘기는 인징隣徵, 마을 단위로 전체의 군포 액수를 부담케 하는 동징洞徵 등은 기본이요, 심지어는 어린아이에게 군포를 징수하는 황구첨정黃口簽丁, 죽은 자에게까지 군포를 징수하는 백골징포白骨徵布 등 갖은 불법이 모두 횡행됐다.

조선의 신분사회에서는 양인들만이 군역을 부담했다. 그러니 조선시대에는 아예 군에 가지 않아도 되는 신의 자식(양반)과 죽어라 국방의 의무를 져야 하는 어둠의 자식(양인)들이 분명 따로 있었던 것이다. 양민으로 태어난 것도 억울한데, 갓 태어난 어린아이들까지 아들이면 무조건 군정에 끼워넣어 세금으로 착취당했으니, 아이를 내다버릴 수밖에 없었던 것이다.

따지고 보면 전란이나 기근과 같은 비상시국도 문제이지만, 가난이 대물림되는 상황에서 유기아의 숫자는 늘어갈 수밖에 없었을 것이다. 이런 점에서 국가의 유기아에 대한 대책이 절실한 것이었으며, 『승정원일기』에서는 정조대에 가면 자신이 다스리고 있는 지역의 유기아 대응 실태를 보고하는 지방관들의 기록이 자주 보인다. 물론 조선시대 내내 지방 수령들의 근무 성적표에는 칠사라 하여, 굶어죽은 백성이나 유기아 상황에 대한 성적표가 큰 비중을 차지하고 있어서 소홀히 다룰 것이 아니었다. 수령들이 하직 인사를 할 때면 임금은 빠짐없이 이런 상황을 다시 환기하는 것도 모든 백성을 잘 먹고 잘살게 하겠다는 왕도정치의 이념 구현이었다.

한편 유기아를 양육하겠다는 자원자에게는 관에서 옷과 음식을 지급했는데, 이런 내용의 기사들 역시 『승정원일기』의 여기저기에 실려 있다. 특히 정조가 직접 선전관을 보내 임시 거처에 머물고 있는 걸식자와 자원에 의해 양육되고 있는 유기아들의 양육 실태를 점검하도록 했다는 사례가 『승정원일기』에 자주 나온다. 이를 통해 의지할 곳 없는 아이들을 직접 챙기려는 정조의 마음을 잘 읽을 수가 있다. 어쩌면 정조의 이러한 마음가짐이 조선시대의 르네상스를 가능케 했던 것은 아닐까.

제6장

궁궐과 8도에 측우기를 설치하라

　1770년(영조 46) 5월 1일 국왕 영조는 집경당에 나아가 춘추관 관원들과 승지들을 만났다. 이날의 만남은 특이하게도 일식에 관련된 내용이 서두를 장식하고 있다. 영조가 일식이 없던 시기를 묻자 그 자리에 동석했던 이인손이 경종조에 그러했다고 답했다. 대화는 강원도에서 구한 『황종척제도등록黃鐘尺制度謄錄』에 대한 이야기로부터 일영대日影臺에 관한 것으로 이어졌다. 일영대는 1434년(세종 16)에 경복궁 서운관에 설치된 해시계대로써, 영조는 철을 이용해 직각 삼각형으로 제작해 관상감에 두도록 지시했다.

　그리고 이 자리에서는 종전에 거의 거론되지 않던 측우기 문제가 논란이 됐다. 측우기는 국왕 영조가 『조선왕조실록』의 내용을 보고 먼저 거론했다. 영조는 어릴 때 그릇을 이용해 비의 양을 측정하는 것을 견문했다고 하면서, 측우기를 만들어 창덕궁과 경희궁에 설치하라고 명했다. 이렇게 명한 이유는 첫 번째, 옛날에 일

오목해시계(왼쪽) 오목해시계는 청동으로 만든 솥 모양의 해시계라는 뜻으로 앙부일구仰釜日晷라 불렀다. 이런 종류는 세종대에 처음 만들어졌다. 시각선 이외에도 13개의 가로 줄을 그려 24절기를 나타냈다. 국립고궁박물관 소장.
측우기(오른쪽) 정조 때 제작된 것으로 긴 명문이 새겨진 석대만 남아 있던 것을 청동 측우통을 새로 제작하여 끼운 모습이다. 명문에는 세종 때 측우기 제작 규정을 만들었고, 영조 때 창덕궁과 경희궁 및 전국에 설치했다는 내용이 담겨 있다. 국립고궁박물관 소장.

풍일우─風─雨를 살피라고 명한 선대의 성의聖意를 본받는 것이며, 둘째는 바람과 비를 통해서 정사에 소홀한 마음이 들지 않도록 하기 위한 것이라고 천명했다.

이날 모임이 있은 지 이틀 뒤인 5월 3일에는 보다 구체적으로 측우기 문제가 논의됐다.

영 조 측우기의 제도가 어떠한가?
서호수 둥글면서도 끝이 잘렸고, 길이가 1척尺 5촌寸입니다.
영 조 자尺는 가례도척家禮圖尺과 같은 것인가?
서호수 그렇습니다.

「승정원일기」 영조 46년(1770) 5월 3일

이어서 임금이 서호수에게 「측우기제도기測雨器制圖器」를 읽도록 하고는, 조정이란 자에게 다음과 같이 명했다.

> 이번 측우기는 다시 실록(『조선왕조실록』)을 잘 참고하여 돌로 대를 세우도록 하라. 이것이 흠경欽敬하는 성의聖意라. 이번에 만들어 두 궁궐과 두 관상감에 두는 측우기는 모두 석대를 만들고, 높이는 포백척으로 1척, 남북 넓이는 포백척 8촌으로 하라. 석대 위에 둥근 구멍을 만들어서 측우기를 안전하게 하라. 구멍의 깊이는 포백척으로 1촌으로 하여 측우기를 수시로 뽑을 수 있도록 하라.
> 『승정원일기』 영조 46년(1770) 5월 3일

이 기사에서는 측우기 전문가인 동시에 철저한 과학자로서 영조의 일면이 잘 드러난다고 천문학자 나일성은 말한다. 이같이 국왕이 적극적으로 추진한 결과 불과 5일 만에 측우기가 만들어졌고, 그것이 실제로 적용된 것은 같은 달 13일이었다. 이날의 『승정원일기』 기록을 보면 "밤 2경에 시작된 비가 14일에는 평명平明까지 내렸으며, 측우기로 수심이 1촌寸이었다"고 기록하고 있다. 이후 비가 내릴 때는 어김없이 측우기를 이용하여 수심을 쟀고, 그것이 『승정원일기』에 빠짐없이 기록됐다.

이렇게 복원되어 설치된 측우기는 과학사적으로 기념비적인 일임은 물론이거니와, 한편으로는 국왕의 덕정德政 또는 위민정치를 보여주는 상징이 됐다. 예를 들어 1771년(영조 47) 8월 11일에는 국왕이 직접 자정전에 나아가 형조의 당상관 등을 만났는데, 아마 이때 국왕은 가뭄을 걱정하며 수라까지도 물린 듯하다. 그런데 이날 국왕은 경상도의 보고를 인용하면서, 3일 동안 내린 비의 양이 측우기로 2촌寸 5푼分이 되어 비로소 땅을 촉촉하게 적셨다면서 다시 수라를 올리라고 명했다.

이처럼 기후는 국왕의 정치 행위에서 매우 중요한 준거가 됐다. 그래서 이 시기 국왕들은 가뭄이 들면 기우제를, 홍수가 들면 기청제를 지내는 등 날씨에 민감하게 반응했다. 따라서 국왕의 동정이 주된 기록인 『승정원일기』에도 당연히 중요하게 취급되어 항상 해당 일자 첫머리에 기후나 별자리의 변화 등이 기록됐다. 전근대 천문 관련 자료가 부족한 상태에서 『승정원일기』의 천문 관련 기록은 해당 관련 분야의 연구에 단비와 같을 것이다.

『승정원일기』의 날씨 기록은 그 기록 방식이 매우 다양하다. 예를 들어, 맑음을 표시하는 晴청이라는 글자와 관련해서는 "晴卯時辰時有霧氣청묘시진시유무기(맑음. 묘시부터 진시까지 안개가 낌)"라든지, "朝晴暮雨조청모우(아침에는 맑고 저녁에는 비 옴)", "乍雪乍晴사설사청(잠깐 눈 오다가 잠깐 맑음)", "朝晴昏陰조청혼음(아침에는 맑고 해질녘에는 음산함)", "或陰晴혹음청(간혹 음산하거나 맑음. 비슷한 표현으로 或陰或晴혹음혹청이란 표기도 있음)" 등 실로 다양하다. 눈이나 비가 왔음을 알려주는 기록도 "雨우(비가 옴)" 혹은 "雪설(눈이 옴)"이라고 하여 단순하게 표시한 것도 있지만, "或雪或雨혹설혹우(간혹 눈이 오거나 비가 옴. 역으로 "或雨或雪혹우혹설"이라는 표기도 있음)", "或雨夕晴혹우석청(간혹 비가 오다가 저녁에는 맑음)", "終日大雨종일대우(하루 종일 큰 비가 옴)", "小雪소설(눈이 적게 내림)", "乍雪旋晴사설선청(눈이 조금 내리다가 곧 맑아짐)", "朝微雨晚晴조미우만청(아침에는 살짝 비가 내리다가 늦게 맑아짐)" 등 그 표현을 보면 정감이 가면서도 매우 구체적이었다. 그리고 안개가 있으면 구체적인 시각까지 명시

하여 "晴夜一更二更有霧氣五更有霧氣청야일경이경유무기오경유무기(맑음. 밤 1경에서 2경까지 안개가 끼고, 5경에도 안개가 낌)" 등으로 표현했다.

『승정원일기』에는 위와 같은 기후 관련 기록 이외에도 천문과 관련해서 다양한 기록들을 담고 있다. 이러한 천문 변화 역시 전근대시대 왕정王政에서 중요한 의미를 가지므로 『승정원일기』 앞부분에 기록했다. 예를 들어 1623년(인조 1) 7월 25일자 『승정원일기』에는 "觀象監관상감, 今月二十四日금월이십사일, 太白見於巳地태백견어사지, 啓계"라는 기록이 확인된다. 조선시대 천문 등의 관측을 주로 담당하던 관상감의 보고 기록으로, 이를 풀어보면 '전날인 24일에 태백성이 사지巳地에 출현했다'라는 보고다. 태백성은 오늘날 흔히 샛별을 가리키는 금성이며, 사지巳地라 하면 동남 방향을 말한다. 즉 위의 기록을 오늘날의 표현으로 해보면, "금성이 동남 방향에 나타났다"라는 것이다. 옛 천문학에 조예가 깊지 않은 일반인들은 쉽게 알 수 없는 이러한 기록들이 『승정원일기』에는 날짜마다 빠짐없이 기록되어 있다.

흔히 우리가 일식이니 월식이니 하는 천문 현상도 같은 단어로 등장하기도 하지만 자주 "日有食之일유식지" 혹은 "月有食之월유식지"라고도 표현했다. 그야말로 해와 달이 자신들을 먹었다는 것이다. 그리고 일식이나 월식이 있었던 구체적인 시각까지도 적고 있다. 조선왕조에서 일식이나 월식은 특이한 기상이변이라 하여 국왕이 직접 소복을 입거나 혹은 신하들에게 대행하도록 하여 이른바 구식의救食儀(일식 때 행하는 의식)를 행하면서 변고에 대처했다.

이처럼 동양의 왕조국가에서 천문 현상은 단순한 과학이 아니었다. 하늘이 곧 백성이요 하늘이 곧 정치였다. 따라서 하늘이 노하면 백성이 노한 것이요, 하늘이 어지러우면 그것은 곧 정치를 잘하지 못한 결과를 보여주는 것이니, 천문 현상에 민감하지 않을 군주가 어디 있겠는가. 『승정원일기』 매일의 기사 첫머리에 나오는 날씨 기록의 중요성을 과학만으로는 설명할 수 없는 이유가 바로 여기에 있다. 그러나 살다가 덤이란 게 있어야 사람 사는 재미가 있듯이, 『승정원일기』의 날씨 기록은 우리에게 주는 덤이다. 그런데 덤도 그냥 주는 덤이 아니라 진주보다 귀한 보물창고를 안겨주는 격이다. 그간에 소홀하게 취급됐던 기후나 천문과 관련한 다양한 기록들이, 조선 후기 기상학이나 천문학을 연구하는 데에 소중한 자료이기 때문이다.

제 6 부

비서실 승정원과 왕의 남자들

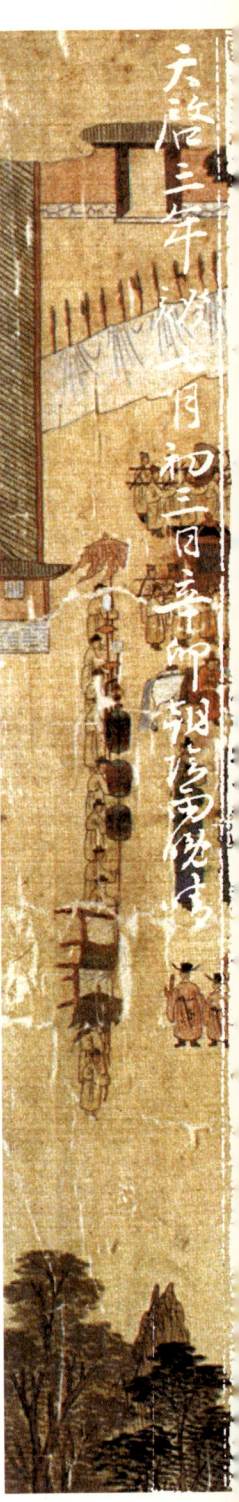

제1장

국왕의 비서실, 승정원

승정원이란 조선시대 왕명 출납을 관장하는 관청이었으니, 오늘날의 대통령 비서실에 해당한다. 그 연혁을 보면 고려 이래 정원政院 · 후원喉院 · 은대銀臺 · 대언사代言司 등으로 불렸다. 조선이 건국되고 나서도 왕명 출납 업무는 고려의 제도를 이어받아 중추원의 업무 중에 하나였다. 당시 중추원의 위상은 상당히 높았다. 왕명 출납 외에도 군기軍機를 관장하는 강력한 기구였기 때문이다. 이때 중추원 속아문으로 승지방承旨房을 두었는데, 이곳에서 왕명 출납 실무를 담당했고, 그 책임자로 도승지를 두어 정3품관으로 삼았다.

그 후 이방원이 실세로 등장하여 사병을 폐지하는 과정에서 중추원의 기능을 대폭 축소했는데, 의흥삼군부義興三軍府를 만들어 중추원의 군기 사무를 이양하는 한편, 승지방을 승정원으로 독립시켜 왕명 출납 업무를 전담시켰다. 그 후 이방원이 태종으로 즉위하면서 의흥삼군부를 승추부로 개편할 때 승정원의 기능도 이곳에다 붙이면서, 그 명칭도 대언사代言司로 수정했다. 그로부터 몇 년 후 실무부서인 6조 업무를 강화시키는 과정에서 승추부가 병조에 흡수됐고, 대언사는 다시 승정원으로 개편됐다. 이로써 국왕의 비서실격인 승정원은 완전한 독립 기구가 되어 갑오개혁 후 승선원承宣院으로 개칭될 때까지 지속됐다.

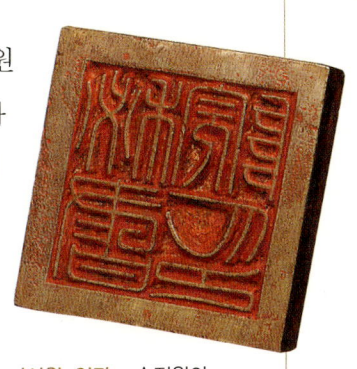

비서원 인장 승정원의 후신인 비서감이 1895년(고종 32)에 비서원으로 개칭되면서 약 10년간 사용한 인장이다. 국립고궁박물관 소장.

갑오개혁 이후 승정원의 명칭은 잦은 변화가 있었는데, 이는 근대 개화기 이후의 복잡한 정치적 상황을 반영하고 있기도 하다. 승정원의 변천 과정을 살펴보면, 1894년(고종 31) 7월부터 10월까지는 승선원承宣院이었다가, 1894년(고종 31) 10월부터 승선원을 폐지하는 대신 궁내부宮內府로 하여금 공사公事를 담당하는 체제로 개편했다. 그러다가 1895년(고종 32) 4월부터 궁내부에 재차 비서감秘書監을 설치하여 기밀문서를 관장했고, 그해 11월에는 비서감을 비서원으로 개편하여 업무를 이어갔다. 그 후 1905년(광무 9) 3월부터는 다시 비서감秘書監이란 명칭으로 승정원 업무를 해나갔으며, 1907년 11월부터는 궁내부 관제를 축소하면서 비서감을 폐지해버렸다. 따라서 이후부터는 규장각에서 궁중기록을 담당하게 되어, 이 시절의 『승정원일기』 역시 『규장각일기』라는 명칭으로 남아 있게 됐다.

조선 전기에는 경복궁 근정전의 서남쪽 월화문 밖에 승정원을 두었고, 조선 후기에는 창덕궁이 정궁으로 기능하면서 승정원 역시 이곳에다 두었다. 『궁궐지』에 수록된 「창덕궁지」에 의하면 승

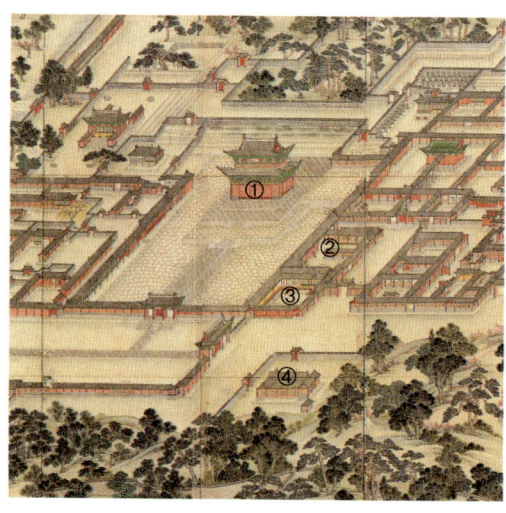

「동궐도」 중에서 승정원 부분 ①인정전, ②문서고, ③승정원, ④빈청. 고려대박물관 소장.

정원은 인정전 동쪽에 있었고, 창경궁 문정문 밖에도 승정원을 두었다고 전해진다. 승정원이 궁궐 내부와 외부에 각각 한 곳씩 배치됐던 것은 궁궐 외부에서 왕에게 보고할 내용이 있으면, 보다 쉽게 이를 기록할 수 있도록 배려한 것으로 풀이된다. 1820년대 창덕궁과 창경궁의 모습을 담은 「동궐도東闕圖」에는 승정원이 인정전 동쪽 대청과 문서고 사이에 있었던 것으로 나타나 있다.

승정원에는 오늘날 비서실장격인 도승지를 비롯하여 좌승지·우승지·좌부승지·우부승지·동부승지를 각각 1명씩 두었는데, 이를 통칭 6승지라 부른다. 그리고 모두 같은 품계인 정3품 당상관이었다. 6승지 아래에는 정7품 주서 2명이 있고, 소속 아전으로 서리書吏 28명이 잡무를 도와주며 근무하고 있었다. 조선 후기에 가면 사변가주서事變假注書 1명을 더 둔 대신 서리는 25명 정도로 줄여 운영했다.

통상 6승지는 분방分房, 즉 부서를 나누어 업무를 담당했다. 도승지는 이방, 좌승지는 호방, 우승지는 예방, 좌부승지는 병방, 우부승지는 형방, 동부승지는 공방 업무를 맡게 했다. 이는 당시 중앙부처 업무 분담이 크게 6조로 나누어져 있었고, 『경국대전』 구성에서도 6전 체제로 되어 있던 것과 맥을 같이한다. 예컨대, 승정원 이방의 경우 『경국대전』 「이전吏典」에 규정된 업무를 관장하게 되는데, 문관의 인사·서훈·고과 등의 사무 출납을 도승지가 맡았던 것이다. 따라서 도승지는 승정원의 수장이었을 뿐만 아니라 이방승지였으니, 비서실장 겸 인사행정 수석비서관 역할을 했다. 또 호방을 맡은 좌승지는 오늘날 경제수석비서관, 병방을 맡은 좌부승지는 오늘날 외교안보수석비서관과 비슷한 임무를 수행했다. 이렇게 승지들의 업무는 통상 정해진 분방 규정에 준하기도 하지만, 간혹 담당 업무를 바꾸는 경우도 있었다. 이를 환방換房이라 한다. 환방은 말하자면 보직 변경쯤으로 해석할 수 있다. 환방은 승지가 6조의 당상관과 친·인척인 경우 서로 혐의를 피해야 하는 경우이거나, 이밖에도 국왕의 특별 명령으로 환방이 되는 경우가 있었다.

이들 각방 승지들이 행정 실무부서인 6조(이·호·예·병·형·공)와 긴밀하게 정책을 조율하고 의견을 교환하는 등의 역할을 하는데, 이 역시 오늘날 청와대비서실과 행정부의 유기적 기능들과 동일한 시스템이었다. 지방 관서에서 이방·형방 등으로 나누어져 6방 관속 아전들이 수령을 보필했던 시스템 역시 비슷한 경우의 작은 정부라 생각할 수 있다.

이토록 중요한 각방 승지의 보직 명단은 왕이 직접 작성했는데,

이를 방단자房單子라 한다. 6승지는 동벽·서벽으로 나누어지기도 했는데, 도승지와 좌승지·우승지는 동벽, 좌·우 부승지와 동부승지는 서벽이라 했고, 이들은 다른 업무를 겸하는 수가 많았다. 예컨대, 경연 참찬관參贊官과 각 왕대 실록을 편찬하는 춘추관 수찬관修撰官은 당연직으로 겸하는 것이 상례였다. 그리고 도승지는 홍문관 직제학, 상서원 정尙瑞院正을 겸했으며, 승지 가운데 내의원·상의원尙衣院·사옹원司饔院 부제조를 겸했다. 이는 임금의 건강을 승지들이 직접 챙겨야 했기 때문이다. 또 형방승지刑房承旨에게 전옥서 제조典獄署提調를 당연직으로 겸하여 옥수獄囚들을 다루도록 했던 것도 본연의 임무와 긴밀한 관련성이 있어서였다.

한편으로는 어느 시기를 막론하고 승정원이 정국의 핵심에 있었기에, 대간들의 표적이 될 수밖에 없었다. 왕정 국가에서 승정원은 왕권과 밀착된 기구였지만, 대간은 왕권을 견제하는 기구였기 때문이다. 임금의 입과 혀가 되어야 하는 막중한 자리가 승정원 관직이었음을 상기한다면, 높은 도덕성과 매사에 조심스런 행동이 뒤따라야 하는 것은 당연지사였다.

조선시대에는 힘 있는 관청마다 독특한 술잔들을 갖고 있었는데, 승정원 팀들은 갈호배蝎虎盃로 술을 마셨다. 갈호란 사막에 사는 도마뱀과 비슷한 벌레로, 술을 보면 금방 죽어버린다는 전설이 있다. 따라서 갈호의 형태로 술잔을 삼은 것은 술에 대한 경계를 드러내는 것이었다. 세조 때 승지 이교연李皎然은 근무시간인데 술에 취해 누워 있다가 왕이 갑자기 업무에 대해 묻자 대답을 못한 적이 있었다. 이를 계기로 종전까지 승지가 1명 입직하던 데서 2명으로 인원이 늘기도 했다. 임금의 지근거리에서 보필해야 하는 승정원이기에 술을 조심해야 하는 것은 당연한 일이었다. 조선 후기 숙종은 승정원에 술잔을 하사하면서, 그 바닥에 다음과 같은 시를 새겼다.

酒敢多又 주감다우　　술을 굳이 많이 먹으면
伐德喪心 벌덕상심　　덕을 손상하고 마음을 상하는 것이니
毋過三爵 무과삼작　　석 잔을 넘게 마시지 말고
予訓汝欽 여훈여흠　　내 가르침을 그대들은 지킬지어다

제2장

왕명에 죽고 왕명에 산다

　조선 건국 후 국왕에 대한 관원들의 보고체계는 크게 두 계통이었다. 하나는 아일衙日(5일마다 하는 조회) 또는 조회朝會에서 이루어지는 보고체계로써, 이 경우는 국왕의 면전에서 보고 내용을 읽는 형태였다. 그러나 이런 규정은 잘 준수되지 않아 국왕과 관리들 사이에 환관들이 개입하여 농간을 부릴 소지가 있었다. 이에 권근은 아일에 참석한 각사 관리들에게 준비된 보고문서를 읽게 하고 그 문서를 도승지가 접수하여 이를 어안御案에 올리며, 국왕의 명령을 받아 이를 시행하거나 다시 살펴 헤아리도록 하자고 했다.
　권근의 이같은 건의는 같은 해 4월 각사의 업무 보고 절차 및 의식을 규정한 계사의啓事儀의 형태로 정리됐다. 이밖에도 일상적인 보고체계가 있었다. 아일이나 조회와 같은 것이 정기적인 형태였다면 이와는 다른 일상적인 보고체계가 있었던 것이다. 그리하여 보고 및 출납체계의 경우 큰 일은 승정원에서, 작은 일은 내시부

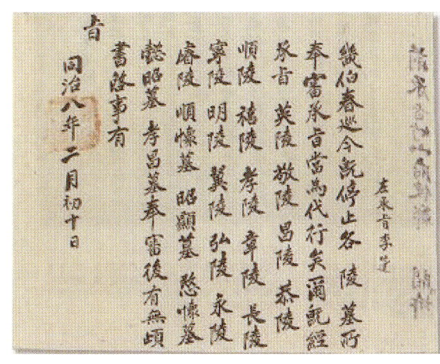

유지諭旨 좌승지였던 이만운李晩運이 작성하여 승지를 역임했던 죽산부사 정낙용에게 1869년(고종 6)에 내린 유지다. 영릉을 비롯한 여러 능침들을 잘 살펴보고 그 결과를 보고하라는 지시가 내려져 있다. 전북대박물관 소장.

소속의 내관인 승전색承傳色이 관장했다. 조선 초에는 이들 이외에도 종친이나 선전관 등도 왕명의 출납을 관장하게 했다는 기록이 전한다.

그러나 이렇게 다양한 채널로 운영되던 일상적인 보고체계는 세종대에 들어서 승정원 중심으로 재편되어갔다. 1434년(세종 16) 6월에는 특지特旨와 각사 내부의 크고 작은 행이行移할 일은 그 완급을 헤아려 해당 속아문을 관장하는 6조에 보고하거나 승정원에 보고할 것을 승정원에서 건의한 바 있다. 이는 그간 내시들이 관장하던 사복시나 상의원 등의 관서에서 직계하는 것을 막기 위한 것으로, 국왕의 허가를 받았다. 이를 계기로 각사의 일은 승정원을 중심으로 보고되는 체제를 갖추게 됐다. 그리고 이때 승정원에서 국왕에게 각사의 일을 보고할 때는 반드시 내관에게 보고하도록 했으며, 액정서 소속의 사알에게 전달하지 못하도록 했다. 승지 등의 명을 받아 왕명을 전달하기 위해 심부름을 하는 사알의 임무는 매우 중요했다. 그렇기에 이들에게 과실이 있으면 현벌懸罰(두 손을 묶어 나무에 매달아놓는 형벌)을 내린다. 세종대에 완성된 승정원

한말 육조거리 풍경(왼쪽)과 육조거리 발굴 현장(오른쪽)

중심의 보고체계를 후일의 서거정의 표현을 빌려 정리해보면, '각조各曹－승정원－중관中官(즉 내시)－국왕'이라는 계통이었다. 그러나 이러한 체제는 잘 지켜지지 않았다. 예를 들어 1446년(세종 28) 7월 당시 예조판서 정인지가 승정원을 거치지 않고 내시를 통해 보고하려고 하자, 도승지 황수신이 사알에게 명하여 이를 입계하지 못하도록 지시하고는 정인지에게 승정원에 나와서 계달하도록 한 적이 있었다. 그러자 정인지는 황수신의 이러한 요청을 무시하고 내시를 통해서 입계했다.

성종대 이후가 되면 승정원의 기능에 변화가 나타나기 시작했다. 그리고 보고체계의 변화를 시도하여, 그동안 승정원과 국왕의 중간에서 역할을 담당하던 내시들의 역할을 축소하려는 움직임이 있었다. 예를 들어 1502년(연산군 8) 4월 홍문관에서는 당시의 여러 가지 폐단을 지적하는 가운데 승정원의 기능을 강화해야 한다고 주장한 바 있다. 이는 그동안 승정원의 보고를 국왕에게 보고하는 임무를 담당하던 내시직인 상전尙傳의 경우 주로 궁궐 안에서 생활하다보니 본연의 업무를 제대로 수행하지 못하고 오히려 그 업무를 주로 액정서의 사알 등이 담당함으로써 사안에 대한 회보回報가 지체되고 있기 때문이었다.

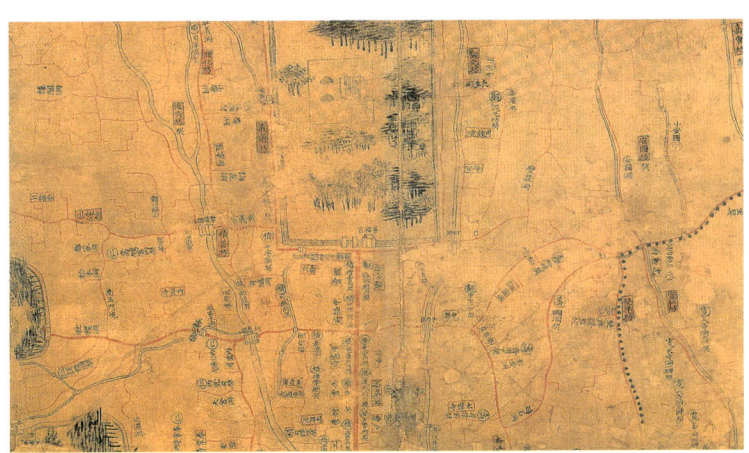

경복궁 앞의 육조 거리 지도 『도성대지도都城大地圖』(18세기 제작)의 일부분으로, 경복궁을 중심으로 왼쪽 거리에는 예조, 병조, 형조, 공조(북쪽에서 남쪽으로)가 있으며, 오른쪽 거리에는 호조와 이조(남쪽에서 북쪽으로)가 있다. 6조 이외에도 의정부나 한성부, 중추부 등이 있던 곳을 보여주고 있다. 서울역사박물관 소장.

실제로 연산군대에는 왕명을 전달하는 내시들의 입지가 강화되어, 국왕은 이들이 "왕명을 출납하니 마땅히 존경해야 하므로 승전내관이 승정원에 출입할 때에 승지는 일어나 머리를 숙여 맞이하고 주서는 계단 아래에서 무릎을 꿇고 맞이하며 사령使令과 서리는 모두 땅에 엎드리라"고 한 적도 있었다. 중종반정 후 이러한 모습은 변화되기 시작하여 내시들의 개입을 막고 승지들이 직접 고하는 이른바 친계체제親啓體制로 바뀌었다. 대개 1519년(중종 14) 6월 이후의 일로써, 승지가 직접 공사를 아뢰도록 하는 체제로 전환됐다.

결국 친계체제로의 전환은 사림세력의 진출 후 승정원에 언책言責 기능이 추가되는 것과 맥락을 같이하면서 내시들의 발호를 막는 한편, 3사三司와 함께 승정원과 같은 시신侍臣 조직을 이용해 자신들의 정치적 이상을 실현하고자 했던 사림세력들의 의지가 관철된 것이다. 다만 승지 친계체제로 전환된 이후에도 2품 이상의 재상들의 경우는 승정원을 거치지 않고 승전색에 청한 후 직계하는 관행이 행해지기도 했다.

그러나 친계체제는 이후 오래가지 못하고 폐지됐다. 이에 대해 『명종실록』에서는 다음과 같은 사평史評을 수록하고 있다.

> 승지가 직접 아뢰도록 하는 것은 곧 조종祖宗의 옛 법규로 중종 기묘연간에 조광조 등이 준행해 쓰다가 조광조 등이 화를 입은 뒤에 드디어 폐지되어 행하지 않았다.
>
> 『명종실록』, 명종 즉위년(1545) 7월 20일

승지 친계체제로의 전환은 결국 1519년(중종 14) 12월 조광조를 중심으로 사림들이 화를 당한 기묘사화己卯士禍로 중단되기도 했으나 조선 후기에는 이같은 승지의 보고체계가 일상화됐다. 즉 각 관서가 보고서를 승지에게 전하면, 승정원 주서는 "아무개 승지가 아무개 관서의 말로써 아뢰기를(某承旨모승지 以某司言啓曰云云이모사언계왈운운)"로 시작되는 일종의 요약문인 초기草記에 보고서의 내용을 간략히 하여 승지가 왕에게 보고하는 형태다. 이러한 보고 형식은 『승정원일기』를 잠깐이라도 보게 되면 금방 눈에 띄는 형식이다.

이런 가운데 영·정조대에 이르면 보고체계가 다시 한번 바뀌게 된다. 이른바 근봉체제謹封體制로의 전환이 그것이다. 근봉제도는 1733년(영조 9) 이후 정착된 관행이었다. 당시 좌부승지였던 이종성은 앞서 포도청에서 죄인 기석起石의 심문 기록인 봉초기捧招

記를 봉해 올리면서 승정원에 열어보지 말도록 했고, 또 국왕이 초기草記에 대한 비답批答도 역시 봉하여 내렸기에 열어볼 수 없었다고 하면서 왕명의 출납을 관장하는 승정원에서 이러한 문서를 볼 수 없는 것은 잘못된 관행이라 하며 이의 시정을 요구했다. 기석은 1728년(영조 4)에 발생한 무신란戊申亂과 연루된 죄인으로 당시에 청국에 망명한 황진기와 관련되어 뒷날 1733년(영조 9) 5월 국문을 받았던 죄인이었다. 이종성의 이러한 불만을 들은 국왕은 승정원에서 문서를 볼 수 없는 것은 잘못된 것으로, 그것이 무신란 때부터 관행화됐음을 말하면서 앞으로는 해당 방의 승지가 뜯어본 뒤에 '신근봉臣謹封'이라 써서 들이고, 계하啓下(국왕이 재가하여 내림)한 뒤에도 역시 열어보고 봉하여 내리는 것을 정식화하도록 했다.

제3장

승지, 실력과 배경을 겸비한 당대 최고 기둥들

    승정원은, 잡무를 맡은 서리를 빼면, 승지(6명, 정3품 당상)와 주서(2명, 정7품)로 구성된 단출한 관서였다. 품계의 차이에서 예상할 수 있듯이, 승지와 주서는 그 임무가 확연히 달랐다. 승지는 그 이름대로 '국왕의 뜻, 즉 왕지王旨를 받드는承', 그러니까 왕명의 출납을 맡은 승정원의 주역이었다.

    국왕의 거의 모든 행동을 가장 가까운 거리에서 보좌하는 비서인 승지는 당연히 손꼽히는 요직이었고, 당대의 뛰어난 관료들은 거의 모두 그 자리를 선망하거나 거쳐갔다. 승정원이 독립된 관서로 설치된 1400년부터 조선 초기가 끝나는 성종대(1470~94)까지 승지에 임명된 사람들을 분석해보면 흥미로운 결과를 얻을 수 있다.

    한 세기가 조금 못 되는 그 기간 동안 승지에 임명된 사람들은 모두 274명이었다(1년당 2.9명꼴로 임명됐다. 그러니까 산술적인 평균

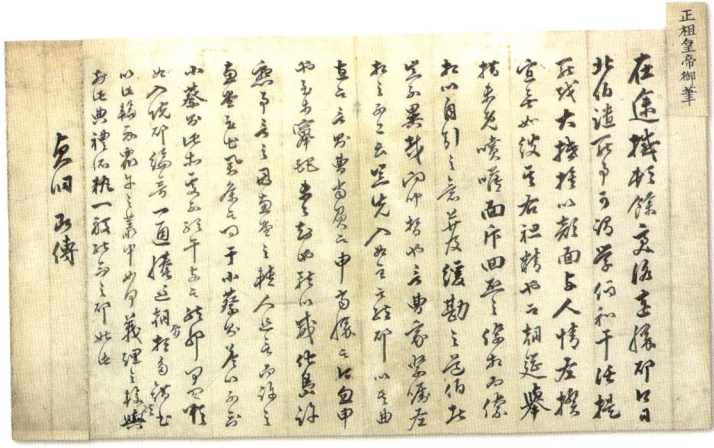

정조의 편지 정조가 당시 승지로 있으면서 함흥에 갔다온 이익운李益運(1748~1817)에게 보낸 편지다. 국립고궁박물관 소장.

임기는 4.1개월이다). 우선 그들은 매우 뛰어난 개인적 능력을 가진 인재들이었다. 그것을 입증하는 가장 대표적인 지표는 문과 급제일 것인데, 절반이 넘는 140명(51.1퍼센트)이 문과를 통과했으며 일단 음서蔭敍로 관직에 나온 뒤 문과에 급제한 경우(53명, 19.3퍼센트)까지 포함하면 70퍼센트가 넘는다. 그밖에는 무과 2명(0.7퍼센트), 음서 47명(17.2퍼센트), 음서를 거친 뒤 무과 급제 1명(0.4퍼센트), 천거 1명, 미상未詳 27명(9.9퍼센트)이었다. 즉 승지의 압도적 다수는 문과를 통과한 당시의 엘리트였던 것이다.

전근대사회의 가장 기초적인 운영 질서가 신분제도였으며, 그 핵심은 세습적 혈통이었음을 감안한다면 뛰어난 학문적 능력을 갖춰 중추적 요직에 발탁된 사람들이 당대의 명문 출신이었으리라는 사실은 그리 놀라운 일이 아니다. 조선 초기의 승지들 중에는 아버지와 할아버지가 2품 이상의 고관을 역임한 사람이 163명(60.0퍼센트)이었다. 또한 안동 권씨, 파평 윤씨, 청주 한씨, 창녕 성씨, 안동 김씨, 광주 이씨 등 당시의 대표적인 명문 25개의 가문들은 많게는 13명에서 적게는 3명에 이르기까지 모두 138명(50.4퍼센트)의 승지를 배출했다. 즉 대부분의 승지들은 뛰어난 개인적 능력과 화려한 사회적 배경을 동시에 갖춘 사람들이었다. 이런 경향은 조선 후기에도 비슷하게 유지됐을 것이다.

지금도 그렇듯이, 요직을 선망하는 까닭은 그 자체의 매력도 컸겠지만 뒷날을 도모할 더 높은 출세의 발판이 됐기 때문일 것이다. 조선 초기의 승지들도 비슷해서, 부모의 상을 당하거나 자신이 사망한 경우를 빼면 140명(51.1퍼센트)이 종2품 이상으로 승진하면서 승지를 그만두었다. 또한 승지를 거친 뒤에 오른 최고 관직을 살펴보면 정2품 이상이 112명(40.9퍼센트)이었다.

조선 초기에 국한된 분석이지만, 이런 결과는 당시 사회와 관직의 운영 원리에 대한 중요한 측면을 알려준다. 즉 당시의 핵심적 관료들은 개인적 능력과 사회적 배경을 겸비한 상태에서 그 요직에 올랐으며, 그 경력을 바탕으로 더 높은 출세를 이룬 사례가 많았다는 것이다. 아울러 승지의 평균 재직 기간이 4달을 조금 넘은 정도밖에 되지 않았다는 사실도 눈여겨볼 만하다.

승지의 임무는 크게 그 본연의 직무와 겸임한 업무로 나눌 수 있다. 먼저 본직은 국왕과 왕실에 관련된 사항이 많았다. 가장 중요한 임무는, 여러 차례 말했듯이 왕명의 출납이었다. 그것을 위해 승지는 국왕을 시종侍從하면서 그의 자문에 응하고 여러 국정 사안에 의견을 제시했다. 비서라는 임무상 승지들은 번갈아 궁궐에서 숙직하면서 국왕의 지시에 대기했다. 또한 승지들은 궁궐 건물들

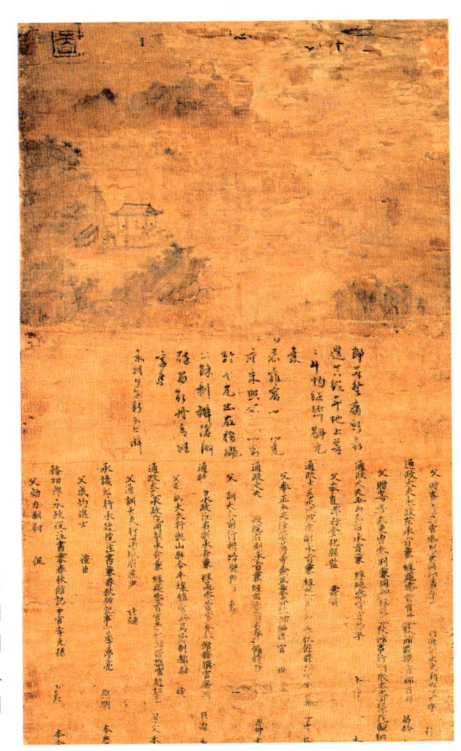

「은대계회도銀臺契會圖」 농암 이현보(1467~1555)가 동부승지에 재직할 때 도승지 남세건 등 승정원의 관원 10명이 모여 작성한 계회도다. 제작연대는 1534년(중종 29)이다. 한국국학진흥원 소장.

의 열쇠와 자물쇠를 관리했으며, 궁궐을 출입하는 데 사용하는 명패를 발급하기도 했다(그것은 '承政院승정원'이라는 세 글자가 낙인烙印된 상아패였다고 한다). 또한 외국 사신을 접대하거나 국가의 주요 제례에도 참석했다.

가장 중요한 임무인 왕명 출납의 경우 탄핵과 간쟁을 맡은 대간도 국왕에게 직접 보고해야 할 중대한 사안이 아니면 모두 승정원을 거쳐야 했다. 1434년(세종 16) 6월부터는 국왕의 특지 같은 이례적인 하교나 각 관사의 사소한 잡무를 제외한 모든 공적인 일은 승정원을 통과케 함으로써 그 위상이 한층 강화됐다. 궁궐의 숙직

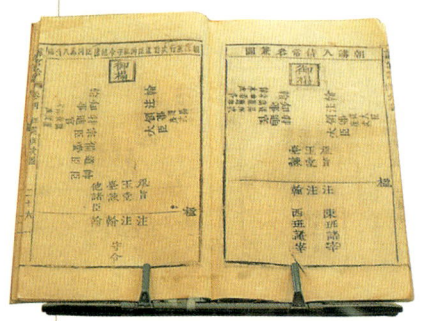

최한기의 『강관론講官論』의 한 부분
경연석상에서 임금을 모신 자리에서 승지와 옥당·대간, 그리고 주서와 한림(사관)들의 위치들이 표시되어 있다. 서울대 규장각 소장.

과 관련해서는 1459년(세조 5) 승지 이교연이 당직 중에 술에 취해 국왕의 하문에 대답하지 못한 일을 계기로 승지를 1명에서 2명으로 늘렸다.

이런 본연의 임무 외에도 승지는 다른 직책을 포괄적으로 담당했다. 우선 승지들은 6조의 사무를 하나씩 분장했다. 즉 도승지는 이조, 좌승지는 호조, 우승지는 예조, 좌부승지는 병조, 우부승지는 형조, 동부승지는 공조를 맡아 국정의 주요한 실무 기관인 6조와 긴밀한 연락을 담당했다(각 승지의 담당 업무는 왕명에 따라 융통성 있게 바뀌기도 했다).

겸직도 다양했다. 우선 승지는 1469년(예종 즉위년) 이후 경연 참찬관을 항상 겸직했으며, 춘추관 수찬관을 겸하여 사초 작성과 실록 편찬에 참여했다. 즉 승지들은 주요한 학자이자 사관이기도 했던 것이다(특히 사관의 임무는 주서에서 더욱 두드러졌다). 도승지는 홍문관 직제학直提學을 겸해 지제교知製教로서 교서의 작성에도 참여했다. 그밖에도 국가의 주요 인장을 관리하는 상서원과 내의원·상의원·사옹원 등 국왕과 관련된 여러 관서에 겸직을 가졌다. 형방승지인 우부승지는 전옥서 제조를 겸임했다.

이처럼 국정, 특히 국왕과 왕실에 관련된 핵심적 임무를 맡은 승지들은 중요한 위상을 차지하고 있었다. 특히 왕권 강화에 집중한 국왕일수록 승지들에 대한 신임이 컸다. 그런 대표적인 국왕이 태

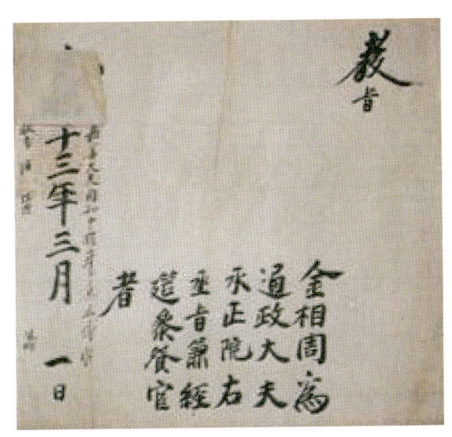

교지 1887년(광서光緖 13) 3월에 김상주를 통정대부 승정원 우승지 겸 경연 참찬관으로 임명한다는 교지다. 교지 글씨가 치졸하고, 승정원의 '政정'을 '正정'으로 잘못 표기한 점, 연호 옆의 교지 발급 사유를 추증이라 했지만 실직 제수 형태를 띠고 있는 점 등으로 미루어 위조된 교지로 보인다. 국립중앙박물관 소장.

종과 세조였다. 태종은 "대언은 비록 정3품의 관리이지만 국가의 큰일에 참여하여 결정하니 재상과 다를 바 없다"고 말했다. 험난한 집권 과정을 거쳤으며, 등극한 뒤에는 6조 직계제를 다시 실시하는 등 많은 측면에서 태종을 본받은 세조의 인식도 비슷했다. "승정원은 모든 사무의 핵심적 자리로 권위가 더욱 무겁다." 이런 측면은 승지의 권한이 국왕의 인식에 따라 일정하게 가변적이었음을 알려준다.

이를 대변하는 것이 16세기 이후 서서히 승지들에게 관행화된 이른바 봉환封還이라는 것이다. 봉환은 기록에 따라 복역覆逆이나 작환繳還 등으로 표현되는데, 자구상의 차이로 보아 복역이나 작환이 분명 봉환과는 다른 의미를 가졌을 것으로 보이지만, 내용의 전개상으로 본다면 봉환과 별반 다르지 않다. 봉환이란 황제나 국왕의 명령 출납을 관장하던 신료들이 명령이 부당하다는 의사 표시로 행해지던 관행이었다.

조선조에서 봉환 관행이 정착되기 시작한 것은 조선 중기 사림세력이 진출하면서부터다. 승지들이 봉환을 행함으로써 국왕의 명령이 사적으로 흐르거나 당시의 유교이념에 합당하지 않으면 거부해야 한다는 것이었다. 물론 승지의 봉환 관행에 대해 성종과 연산군 등은 반대했으나 시간이 흐르고 사림이 점차 정치를 주도하면서 17세기에는 승정원의 정치적 기능의 하나로 정착됐다. 봉환은 주로 해당 방의 승지나 입직 승지가 중심이 되어 행했으며, 연명으로 봉환하기도 했다. 다만 연명으로 할 경우 의견일치가 전제되어야 했다. 17세기 봉환 관행이 정착된 사림정치 시기에 결국 승정원이 언론을 담당하는 기관의 하나로 인식되기에 이르렀다. 정치 주체의 이동과 관련한 정치기구의 정치적 역할이나 기능 변화라는 발전적인 변화였다.

요컨대 승지는 뛰어난 학문적 능력과 화려한 사회적 배경을 갖춘 당시의 인재들이 대부분 거쳐가는 요직이었다. 그들은 왕명 출납이라는 본연의 임무 외에도 광범한 겸직을 수행하면서 국정의 운영에 적극적으로 참여했다. 중국사에서 드물지 않았던 환관들의 발호가 조선시대에는 거의 나타나지 않았던 중요한 원인의 하나는 비서로서 승지들의 역할이 공식적 관료체제 안에서 상당히 충실하게 유지됐기 때문이었다고 평가할 수 있다.

제4장

주서, 사관이나 다름없는 신진 엘리트

『승정원일기』 작성은 승정원에 소속되어 있는 정7품 벼슬인 주서들이 했다. 물론 일상적인 문투나 글로 된 문건은 승정원에 소속된 서리들에게 베끼도록 시켰지만, 나머지 중요한 사안들은 직접 작성하는 것이 원칙이었다.

주서는 고려 때에 당후관이라 했던 관직으로, 조선시대에 들어와서도 당후관으로 불렸다. 고려 현종 때 은대남북원銀臺南北院을 폐지하고 중추원에 좌우승선과 좌우부승선을 두었던 때가 있었다. 조선시대 승지의 역할을 맡은 자들이었다. 이때 중추원에다 정7품 관의 당후관 2명을 두었는데, 이것이 주서의 시초라고 보는 연구자가 있다. 또 『고려사』 「백관지百官志」를 인용하여 문종 때 주서 직제가 확립됐다고 보는 연구자가 있기도 하다.

아무튼 고려 이래 조선 초까지는 당후관으로 불렸다가 조선 1405년(태종 5)에 정식으로 승정원이란 간판을 달면서 당후관을 주서로 변경했는데, 품계는 그대로 유지했고, 이것이 조선 말까지 이어졌다.

이들은 매일 출근하여 상번과 하번으로 나누어 교대로 입직해야 하는데, 입직해서는 임금 곁에서 모든 상황을 기록하는 것이다. 이때 사관 2명과 함께 동일한 업무를 보기 때문에 주서는 겸

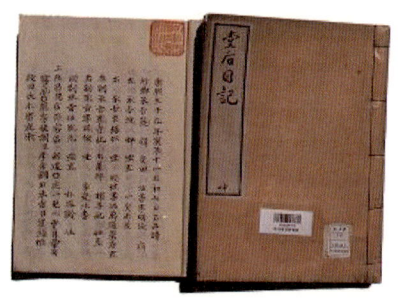

『당후관일기堂後官日記』 당후관이라 불리는 주서들이 기록으로 남겼던 일기다. 국사편찬위원회 소장.

사관兼史官으로 인정을 받는다. 근무일수 15개월을 채우면 6품으로 승진하는데, 이를 '승육昇六' 혹은 '출육出六'이라고 부른다. 조선시대 관료계급사회는 크게 참상관과 참하관으로 구분되고, 6품 이상의 참상관이 되어야만 지방 수령으로 나갈 자격이 주어진다. 따라서 승육은 당시 계급사회에서 큰 관문을 통과한 것이나 다름없다. 주서 재임자들은 직무 수행과 관련하여 『승정원일기』 기록을 규정된 기간 안에 마치지 못할 경우, 6품으로 승진하거나 수령으로 나갈 수 없도록 조치한 때도 있었다.

이처럼 주서에게 빠른 승진 혜택이 주어지는 만큼 모두가 희망하는 직책이었다. 이러한 변화는 대개 16세기 이후 일어났다. 이전까지는 주로 서기 정도로 인식되던 승정원 주서는 16세기 사림의 진출 과정에서 그 위상이 변했으며, 그 결과를 반영하는 것이 이른바 후임자를 스스로 천거하는 자천제自薦制였다. 예를 들어 1487년(성종 18) 8월 석강에 참석했던 정성근은 "무릇 사람을 임용할 적에는 반드시 전조銓曹(문무반 인사권을 가진 이조와 병조)에 맡겨 추천과 임명을 하게 해야 하는데, 지금은 이조·병조·예조

의 낭청과 승정원 주서 등이 스스로 자기들의 동료를 추천"한다고 지적한 바 있다. 이는 성종대 이후 사림세력이 점차 중앙에 진출하고, 이들의 성장 과정에서 나타난 낭청권의 성장과 관련되어 나타난 자천제의 현상 및 전랑銓郎의 통청권通淸權(3사 관원의 인사권) 등 새로운 권력운영의 모습을 지적한 것이다.

그런데 여기에 낭청과 함께 승정원 주서가 포함되어 있는 것이 매우 주목된다. 즉 종래까지 승정원의 서기에 불과하다고 평가되던 주서가 성종대 이후 사림세력의 진출과 맥락을 같이하면서 점차 현직顯職으로 인식되고, 이들은 종래의 인사운영을 벗어나 스스로 후임을 자천하기에 이른 것이었다. 이렇듯 주서의 정치적 위상에 변화가 보이기 시작하면서 비록 벼슬은 낮지만 맡은 일은 중요하다라는 지적이 자주 제기됐으며, 이에 따라 주서의 자격 요건이 엄격하게 제한됐다. 즉 문과를 급제한 문신文臣이어야 했으니 음관蔭官은 임용이 불가능했으며, 재가한 여자의 자손도 불가능했다. 인물이 용렬하거나, 물의物議가 있는 경우, 경솔한 경우 등 개인적인 문제와 함께 세계世系가 분명하지 않은 경우도 결격사유였다. 또한 재주와 행실이 뛰어난 자를 골라서 임명했으며, 특히 주서는 국왕이 신료들을 만날 때 말하는 내용을 받아 적어야 하기 때문에 뛰어난 문장력과 속필速筆의 능력을 갖춘 자를 선발했다.

16세기 이후 사림세력의 진출과 함께 정치적 위상이 변화하기 시작한 주서는 17세기 사림정치의 전개 과정에서 그 중요성이 더욱 강조됐다. 그리하여 광해군대에는 "주서는 지엄한 곳에 머무는 자들로서 아무리 가주서일지라도 다른 부처의 임시 관원에 비교할 수 없는 것입니다. 따라서 대단한 질병이 아닐 경우 임의로 나갈

이담명의 『승정원일기』 초책 이담명李聃命(1646~1701)이 승정원과 춘추관에 재직하던 1672(현종 13)~75년(숙종 원년)에 직접 기록한 것이다. 서울역사박물관 소장.

수 없고 병이 있더라도 반드시 교대하기를 기다린 뒤에 나갈 수 있습니다"라고 하여 그 중요성을 거론했다.

주서는 이처럼 임금 바로 앞자리에 시좌侍坐하여 모든 정사를 빠짐없이 기록하는 것이니, 총애를 한 몸에 받을 수 있는 자리이기도 했다. 따라서 탄탄대로의 관로를 걷기 위해서는 누구나 원하는 관직이었다. 그럼에도 불구하고 조그만 실수도 용납되지 않는 고달픈 자리이기도 했다. 숙종 때 좌부승지 신계화는 승정원 업무가 고역이어서, 어린 신진들이 모두 회피하게 됐으며, 심지어 병을 칭탁하여 관직의 경질을 도모한다고 한탄하기도 했다. 실제 승정원 주서의 재임기간은 규정된 15개월보다 이동이 빈번했는데, 17~18세기 『승정원일기』 좌목을 통계로 본 결과 대체로 주서가 2~3개월 만에 다른 관직으로 옮겨가기도 했다.

임금을 기준으로 한림들은 대개 서쪽에 자리 잡고, 주서는 동쪽

주서의 명칭들	
사변가주서事變假注書	가출가주서加出假注書
수정가주서修正假注書	진주서眞注書
수정가주서겸찰修正假注書兼察	실주서實注書
천사가주서天使假注書	상주서上注書
천사겸사변가주서天使兼事變假注書	하주서下注書
수정추국가주서修正推鞫假注書	분가주서分假注書
사변가주서겸수정事變假注書兼修正	분주서分注書
사변겸수정가주서事變兼修正假注書	당후堂後(后)
사변가주서겸접대수정事變假注書兼接待修正	당후실관堂後(后)實官
사변가주서겸수정접대事變假注書兼修正接待	당후가관堂後(后)假官
추국가주서推鞫假注書	

에 자리 잡아 모든 정사를 기록한다. 주서 자리로 배속된 2명이 서로 상번과 하번으로 임무를 바꿔 시좌하는 것이다. 그런데 2명으로 운영하다보면, 부득이하게 자리를 비워야 할 일도 생겼다. 주서의 업무가 매우 고역이기 때문에 자리가 비는 경우도 있었는데 이럴 때는 가주서를 차출했다. 또 임진왜란을 당해 전란 관계 기록이 많아지고 업무가 복잡해지자 사변가주서事變假注書 1명을 더 두었던 적이 있는데, 이는 전쟁 후에도 존속되어 그 관례가 조선 후기까지 이어졌다.

주서직 안에서의 위계질서는 엄격한 듯 보인다. 가령 하주서가 6품으로 승진하면, 상주서 또한 출육出六하도록 한 규정이나, 가주서가 해임을 청할 경우 상주서에게 허락을 받은 뒤 당상관에게 해임을 청하도록 했다. 또한 주서들이 일이 많아 다 처리하지 못해 가주서를 선임할 경우 상주서에게 간단하게나마 문의하여 후보자를 뽑도록 했던 것들이 그러한 예들이다.

현존하는 『승정원일기』는 인조 이후의 것만 남아 있는데, 이에 의하면 하루하루 기사 앞에는 반드시 6승지 외에 주서 2명, 가주서 1명, 사변가주서 1명의 명단이 기록되어 있다. 이런 명단을 흔히 좌목이라 부른다. 물론 예외적인 경우도 있다. 인조 때 수정가주서, 사변가주서겸수정, 접대수정接待修正이라는 명목의 주서들이 추가된 사례가 보이고, 1728년(영조 4) 이인좌의 난이 일어나 손이 모자라자 가출가주서加出假注書 4명을 더 차출하여 업무를 맡긴 적도 있었다. 주서의 명칭은 이밖에도 매우 다양했다.

또한 숙종 이후 좌목에는 주서 2명이 모두 기재되어 있는 경우가 드물고, 2명 모두 미차未差라 하여 공란으로 비워놓은 사례가 흔하다.『육전조례』에는 주서 2명이 매일 돌아가며 숙직을 한다고 되어 있어, 자릿수에 관계없이 2명을 정원으로 한 듯하다. 또한 사안에 따라 사변가주서를 추가로 임명한 적도 있어서, 이 경우에 주서 정원은 3명이 되기도 한다. 그러나 사변가주서 입시와 숙직에 대해서는 왕의 재가를 받아 임무를 수행한다고 되어 있으므로 사변가주서는 상·하번 주서와 약간의 차이를 보인다. 현재 남아 있는『승정원일기』좌목에는 일반적으로는 가주서 1명, 사변가주서 1명 등 두 사람의 실명이 적혀 있는 정도다.

따라서 통상 상번·하번으로 구분되는 주서는 현장에서 시좌하여 기록하고, 이를 토대로『승정원일기』작성까지 책임졌던 것 같다. 또한 주서는 입시하는 자리의 성격에 따라 참석하는 숫자와 대상이 달라졌는데, 영조대 참찬관 조영세의 언급에 따르면, 주서는 3명으로 청주서廳注書는 매번 입시하고 상주서는 약방에 입진할 때, 그리고 빈청차대의 경우에는 사변가주서와 청주서가 모두 입시한다고 했다.『승정원일기』에는 승지와 (가)주서들의 출석 현황이 좌목란에 꼬박꼬박 기록되어 있는데, 이를 통해 그들의 근무 현황을 한눈에 파악할 수 있다.

한편 임금이 행하는 정무와 세자의 대리청정이 따로 시행되는 경우에는 주서들도 따로 시좌하여 각각의 업무진행을 기록했다. 예컨대 사도세자는 대리청정 기간에 시민당時敏堂에서 정무를 보았는데, 이때에도 왕과 동일한 방식으로 『승정원일기』가 기록됐다. 세자가 정무를 볼 때면, 승지는 주서 1명을 대동하고 함께 입시하여 기록했고, 주서 업무가 바쁠 때에는 대개 임시로 뽑아온 가주서를 입시시키고 있었다. 이들이 각각 작성한 『승정원일기』는 초책으로 보관했다가 다시 정서하여 제책했다. 현전하는 『승정원일기』에는 영조와 사도세자가 각각 처리한 내용을 구분한 것도 있고, 또 구분하지 않은 경우도 있다.

제5장

왕의 남자들은 금천교를 넘지 마라

　오늘날도 각급 기관들의 당직 근무는 예외 없이 실시되고 있는데, 조선시대도 마찬가지였다. 특히 국왕을 지근거리에서 보필해야 하는 승정원의 숙직은 조선시대 내내 엄격하게 실시됐다. 조선시대 밤거리 중에서도 특히 한양 도성 안에서는 통행금지 시간이 매우 엄해서 이를 지키지 않으면 당장 관아로 끌려갔다가 풀려나곤 했다. 이렇듯 대궐문이나 성문이 닫히더라도 긴급히 왕에게 보고되고 처리되어야 할 일들이 많았을 것이고, 또 임금이 잠을 청하다가도 급히 승지를 찾는 일이 있었기 때문에 이들은 항상 비상시를 대비해 승정원에 대기해야 했다.
　『승정원일기』 기사에는 날짜와 날씨 정보에 이어 다음과 같은 승정원 관원들의 근무 현황을 반드시 기록하고 있다. 이를 흔히 좌목이라 하는데, 숙종 8년(1682) 11월 23일 좌목 현황을 잠시 보기로 하자.

都承旨도승지 鄭載禧정재희 坐좌

左承旨좌승지 尹敬敎윤경교 坐直좌직

右承旨우승지 朴泰尙박태상 式暇식가

左副承旨좌부승지 趙持謙조지겸 坐좌

右副承旨우부승지 申琓신완 在外재외

同副承旨동부승지 徐文重서문중 坐直좌직

注書주서 二員未差이원미차

假注書가주서 金宇杭김우항 仕사 李德成이덕성 仕直사직

事變假注書사변가주서 李萬齡이만령 仕사

도승지를 비롯한 6승지의 이름들이 줄줄이 적혀 있고, 그 아래 주서와 가주서 및 사변가주서의 이름들이 기록됐다. 그리고 그 이름 뒤에는 그 사람들의 근무 상황을 써놓았는데, 어떤 이는 좌坐, 어떤 이는 좌직坐直 등으로 적혀 있다. 좌는 근무, 좌직은 근무이면서 이날 숙직, 식가式暇는 휴가, 재외在外는 도성 밖으로 나가서 승정원에 없는 것, 사직仕直은 근무이자 숙직, 사仕는 근무를 각각 뜻한다.

좌坐나 사仕는 모두 근무하고 있음을 뜻하지만, 승지의 근무에 대해서는 좌坐라고 한 데 비해, 주서의 근무는 사仕라고 했다. 이는 조선시대 참하관(7~9품)들의 승진 규정에 대해 근무일수를 따지는 도숙법到宿法 때문인데, 정7품의 주서는 참하관이기에 대개 450일 근무 일수를 채우면 다른 관직으로 승진할 수 있었다. 이렇듯 주서에게 '사仕'로 표현한 것은 하루 근무일수를 채웠다는 뜻이다. 주서 2원미차二員未差라 함은 주서의 공식 정원이 2명인데, 현재 2명 모두 아직 정식으로 임명되지 않아 자리가 비어 있음을 뜻한다.

창경궁 옥천교 창덕궁의 금천교에 해당한다. 궁궐 밖에서 안으로 들어가려면 반드시 물을 건너야 하며, 이를 상징으로 나타낸 다리가 금천교다. 서울 종로구 와룡동 소재.

이상의 자료에서 확인되는 바와 같이, 숙종 8년(1682) 11월 23일의 승정원에는 도승지 정재희, 좌승지 윤경교, 좌부승지 조지겸, 동부승지 서문중이 근무했고, 주서로는 가주서 김우항·이덕성과 사변가주서 이만령이 근무했다. 또한 이날 숙직은 승지로는 좌승지 윤경교와 동부승지 서문중과, 주서로는 이덕성이 담당했다.

조선 초기만 하더라도 승지의 숙직은 1명이 하도록 되어 있었다. 그런데 세조 때 승지 이교연이 숙직을 하면서 술을 마시고 쓰러져, 야심한 밤에 세조가 찾아와 공사를 묻는데도 얼른 대답하지 못한 일이 있었다. 이로부터 승지의 숙직은 2명이 서게 됐다고 한다. 승정원의 업무 규정이라 할 수 있는 『은대조례』를 보면, 숙직을 서는 규정이 명기되어 있는데, 돌아가면서 공평하게 서는 것이 아니라 매우 차별이 심했다.

먼저 동벽은 4일에 1번 숙직을 섰던 데 비해 동부승지는 연 3일 동안 숙직을 서야 했다. 여기서 동벽이라 함은 도승지, 좌승지, 우승지를 말한다. 승정원 승지는 동벽과 서벽으로 구분하는데, 임금

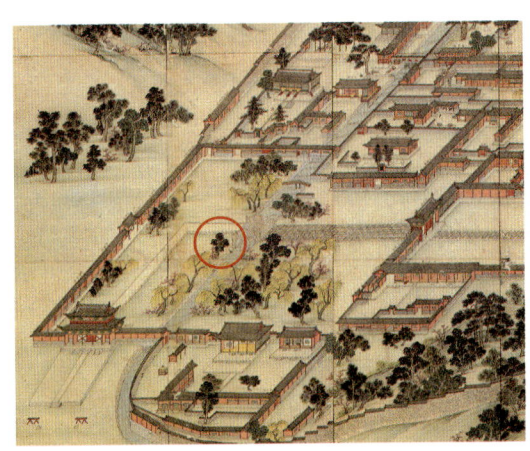

「동궐도」 중에서 금천교 부분 고려대 박물관 소장.

이 북면을 기준으로 앉는 위치에 따른 것이다. 즉 동벽은 북면의 왼쪽에 놓인 자리이고, 서벽은 북면의 오른쪽에 놓인 자리다. 조선시대 왼쪽이 오른쪽에 비해 서열이 높았으므로, 도승지, 좌승지, 우승지가 동벽에 앉게 되는 것이다. 그리고 이들은 숙직을 설 때도 4일에 1번이지만, 서열상 가장 아래인 동부승지는 연달아 3일 동안 숙직을 서야 하니, 4일에 1번 숙직이 면제되는 셈이다. 도승지를 비롯한 모든 승지들이 다같은 정3품 벼슬이지만, 그 내부에서도 엄격한 서열이 있었던 것이다.

한편 승정원에 처음 임명된 사람이 반드시 거쳐야 하는 통과의례가 있었으니, 주도做度라는 것이 그것이다. 주도란 연이어서 숙직을 서는 것이다. 처음 승지가 된 이는 13일을 연달아 숙직을 서야 한다. 말이 13일이지, 이는 고역 중에 고역이 아닐 수 없다. 임금님이 갑자기 침소에서 일어나 호출하거나 들이닥칠지도 모르는 승정원이고 보면, 숙직자의 팽팽한 긴장은 입이 바짝바짝 마를 지경이었을 것이다. 그런 숙직을 13일 동안 연달아 서는 고역을 생각하면, 신참들에게는 꽤 가혹한 통과의례였음이 분명하다. 만약 이전에 승지를 거쳤던 이가 새로 부임해오는 사람이라면 5일만 서도록 융통성을 발휘했던 것이 주도의 법이다.

주도를 마치기 전에는 금천교禁川橋를 넘을 수 없었다. 금천禁川이란 글자 그대로 '넘을 수 없는 냇가'란 뜻인데, 이는 궁궐 내부에서 안과 밖을 구분하는 경계 표시였다. 즉 궁궐이란 뜻을 풀이해 보면, 궁은 여러 건물들을 가리키고 궐은 이를 둘러싸고 있는 담장을 뜻하니, 담장을 뜻하는 궐의 안팎이 바로 성과 속의 경계인 셈이다. 그러나 궐 안에서도 다시 성과 속을 구분하는 경계의 상징이 있었으니, 그것이 바로 금천이었다.

이렇듯 궁궐의 일부분인 금천은 대개 대궐 정문 안쪽에 있으며, 그 외부에 있는 궁궐 정문에는 군사들이 지키고 있었다. 그리고 궁궐 정문을 통과하면 반드시 인공으로라도 조성된 조그마한 물을 건너게 해놓아 금천 안팎을 구분했으며, 그곳에 다리를 건설하여 금천교라 했다. 따라서 금천교는 안과 밖, 성과 속을 상징적으로 구분하는 신성한 구역이나 진배없으니, 항상 엄숙하고 경건한 예를 갖추도록 하는 마음가짐을 저절로 들게 만드는 공간이다.

이런 공간임에도 불구하고 금천교 근처에서는 심심치 않게 소란들이 일어나곤 했다. 『승정원일기』에서 발췌된 몇 사례들을 잠시 들여다보기로 하자.

인조 8년(1630) 3월 19일 금천교변에서 상의원 소속의 소목장小木匠인 최금이 칼을 빼서 상의원 조각장雕刻匠인 손명길이란 자를 베었다. 백주 대낮에 궐 안에서 칼부림이 일어난 것이다.

인조 8년(1630) 6월 29일 현수남이라는 자가 술기운에 발광하여 머리를 풀어헤치고 장검을 가지고 흥화문興化門으로 들어오려 했다. 수문장 신위망申魏望이 그를 제지하려 했으나 검으로 손가락을 상하게 하여 놓쳤고 겨우 금천교변에서 포박했다.

현종 2년(1661) 10월 18일 포수砲手 이성길이라는 자가 난입하자 지키던 군사들이 잡으려 했다. 이성길이 처벌을 두려워하여 금천교의 법석法石을 잡고 놓지 않아 결국 법석이 땅에 떨어져 귀두龜頭가 부서져버렸으니 놀랄 일이다. 이성길을 조사하고 법석은 수리토록 하다.

경종 즉위년(1720) 12월 18일 지방 유생인 이몽인 등이 영의정을 탄핵하는 글을 올렸으나 병조에서 바로 왕에게 보고하지 않자 이몽인이 그 일당들을 거느리고 작두를 들고 궐문에 난입하여 금천교에 이르러 멋대로 소란을 피웠다.

경종 2년(1722) 5월 20일 강아지 한 마리가 돈화문 동쪽 수문으로 들어와 금천교로 달려가는 것을 잡았다고 하니 놀랄 일이다. 경비를 게을리 한 수문장을 추고하고 군졸 등은 병조에서 곤장을 치도록 하다.

경종 4년(1724) 2월 8일 돼지 한 마리가 돈화문 동협문으로 들어와 금천교로 달려가는 것을 병사들이 잡았다고 하니 놀랄 일이다. 경비를 게을리 한 군졸 등은 병조에서 곤장을 치고 수문장은 추고하도록 하다.

영조 4년(1728) 9월 10일 왕이 금천교에 나아갔다. 우의정 오명항의 상을 당하여 곡哭을 했다.

대궐 안에서 칼부림이 일어나고, 포수가 몰래 진입을 하는 등 어수선하고 참으로 허술하다는 느낌이다. 그러나 당시에는 대궐을 지키는 호위병들이 주야로 교대하면서 번을 서고 있었다. 그런데도 대궐 분위기와 전혀 어울리지 않는 사건들이 자주 벌어진 것이다.

상의원 소속 장인들끼리 얼마나 원한이 깊었으면 궐 안에서 칼부림을 했을까. 상의원이란 임금의 의복을 만들거나 궁 안에서 필요한 재화財貨·금·보화 등을 관리 공급하는 일을 맡았던 관청이다. 이곳 소속 장인들이 직접 왕실에 필요한 공예품들을 제작하여 공급했는데, 그들끼리 큰 문제가 있었던 모양이다. 궁궐로 뛰어들었던 이성길은 처벌이 얼마나 두려웠길래 끌려가지 않으려고 귀두가 떨어져나갈 정도로 붙들었을까. 이몽인은 자신이 올린 상소 처리가 지연되자, 일당과 함께 작두를 들고 돈화문을 난입하여 금천교에서 소란을 피웠다고 한다. "저의 상소를 받아들여주십시오. 만약 받아들이지 않으시려면, 이 작두로 저의 목을 쳐주십시오"라고 배수진을 치며 벌인 소동임에 틀림없다.

금천은 경건한 공간이므로 소란스럽거나 동티가 나서는 안 된다. 그런데 개와 돼지가 이곳에 나타났으니 불경한 일이다. 수문장과 군졸은 어떻게 문을 지켰기에 이런 동물이 금천교에 들어왔을까. 하지만 문책의 일종인 추고推考를 당하는 수문장이나 곤장을 맞아야 하는 군졸 입장에서 보면 억울한 노릇이다. 수문으로 들어와 개천을 타고 올라온 동물을 어떻게 막을 수 있단 말인가.

죽은 신하를 위해 곡을 하는 영조 임금. 그냥 정전이나 침전에서 해도 될 것을 일부러 금천교까지 와서 절차를 갖추어서 곡을 했던 것이다. 금천교는 대궐의 가장 바깥 공간이니, 바꿔서 말한다면 속세와 가장 가까운 장소이기도 하다. 왕이 금천교까지 나와서 신하를 위해 곡을 한 것은 자신의 슬픔이 속세에 잘 전달되도록 하기 위해서였을 것이다. 더구나 이렇게 극진한 예를 갖추어 신하를 위해 곡을 한 것은 세종 이래로 없던 일이다. 정말 영조가 죽은 신하를 극진히 생각해서일까. 죽은 우의정 오명항은 소론계 인물이었다. 노론의 지지를 받았던 영조가 탕평을 위해 한평생을 몸 바치듯 했는데, 이와 관련이 있는지 아니면 어떤 다른 계책을 위한 것이었는지는 상상에 맡길 일이다.

신참으로 부임한 승지들에게 보름 동안이나 연달아 숙직을 시키면서 금천교를 넘지 못하게 한 이유도 여기에 있다. 금천교는 앞으로 신참이 왕의 비답을 받아올 때나 6조의 보고를 왕에게 전달하면서 수도 없이 넘게 될 다리다. 그렇게 금천교가 닳도록 넘나들게 되는 것은 왕명을 전달하는 승정원 관원이기 때문이다. 신참으로 하여금 주도를 마치고 왕에게 고한 뒤 다리를 건너게 하는 것은 비로소 승정원의 관원이 됐다는 의미이기도 하다. 즉 금천교를 넘을 특전을 받는다는 것은 통과의례를 훌륭하게 치러냈다는 것이고, 이들 신참 승지들에게는 이제 혼자서도 '왕명 출납' 업무를 볼 수 있게 됐다는 것이기도 했다.

상징적이면서도 엄숙해야 할 금천교에는 간간이 소란을 부리는 사단들이 있었지만, 이는 대궐 안과 일반인의 공간을 구분하는 경계였다. 그러니 잡귀 또한 금천교를 넘어서는 안 된다. 해치와 같은 조각상을 금천교에 놓는 이유도 여기에 있다. 대궐 안으로 들어가기 위해서는 반드시 넘어야 할 금천교다. 이제부터는 이같이 심오한 뜻을 담고 있는 곳이 금천교란 점을 생각하며 궁궐 길을 밟도록 하자.

제 7 부

『승정원일기』, 그 기록과 보존의 함수관계

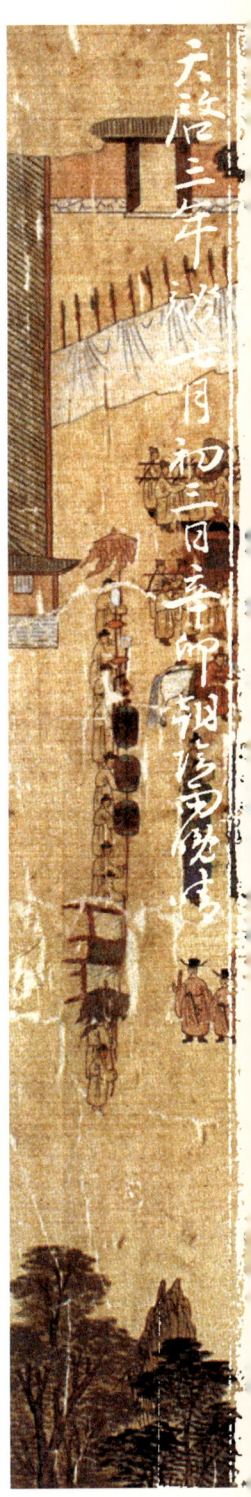

제1장

잘못 기록한 자는 처벌해야 하옵니다

 우리 전통시대의 역사기록 방법으로는 몇 가지가 있는데, 『승정원일기』는 그중에 하나였던 편년체 기록이다. 이는 날짜와 시간별 순서에 따라 전개됐던 사실을 그대로 기록한 것이다. 이러한 편년체 기록인 일기의 수록 내용을 형태별로 분류하여 정형화시켜보면 대략 다음과 같다.

　① 날짜, 간지干支, 날씨
　② 각방 승지의 좌목(참석 여부 명단)과 주서 성명
　③ 대전·중전·대비전·왕세자전에 대한 약방의 문안 및 입진
　　 (진찰) 기사
　④ 각방 승지가 각조나 각사의 보고를 받아 임금에게 올린 계사啓
　　 辭·계목啓目·첩정牒呈과 그에 대한 임금의 처리 내용을 담은
　　 전교 및 비망기·교서 등

⑤ 이·병조의 인사행정 관련 내용
⑥ 관인이나 유생의 상소 및 지방관의 장계와 그에 대한 비답批答·전유傳諭·하유下諭
⑦ 기타 임금에게 보고되는 사항들, 예컨대 사은謝恩·숙배肅拜 등
⑧ 임금의 거둥과 관련된 일체의 행사
⑨ 신료 접견 관련 사항들, 예컨대 경연·약방·상참常參·윤대·유생전강儒生殿講 등

이상에서 소개한 것이 대략의 하루치 기사다. 일기는 통상 이같은 형식으로 각각의 세부 내용들이 채워지는데, 한마디로 임금이 행하는 국정 관련 사항들이 빠짐없이 수록됐다. 국왕의 비서실 역할을 하던 승정원의 기능이 매우 중요하고 폭 넓었던 것만큼이나 일기 수록 내용도 국정 전반에 걸쳐 있었다.

국정 수행 과정에서 부닥치는 현안들에 대한 담당자의 생각과 대응 방안은 물론이고, 그에 대한 임금의 지시사항까지 생생하게 드러나 있다. 그러니 당시 정치 현안이 무엇이며, 그에 대한 대책이 어떻게 전개됐나를 정확하게 짚어낼 수 있다. 가히 오늘날 국회 속기록이나 다를 바 없다.

『승정원일기』를 읽다보면, 당시 현안에 대한 군신간의 대화를 통한 해결책 모색이나, 대책 마련의 구체적 과정까지 시간대를 따라가며 추적할 수가 있다. 이는 오늘날 녹음된 회의록만큼이나 자세하다. 이를 통해 개개인의 역량이나 정치사상도 파악이 가능하고, 정책 수립이나 결정 과정에서의 타협과 절충, 그리고 충돌 양

상까지도 적나라하게 들여다볼 수 있다. 마치 현장 비디오를 보는 듯한 느낌이다. 이것이 바로 『승정원일기』가 지닌 매력이다.

『승정원일기』의 작성자는 주서인데, 주서는 어떠한 과정을 거쳐서 『승정원일기』를 기록하는가. 우선 위의 ①, ②, ③ 항목은 의례적인 것이니, 주관적인 내용이 개입될 여지가 전혀 없다. 따라서 간지와 날씨, 좌목, 문안 및 입진 기사 등은 승정원 소속 아전이나 서리들이 미리 작업해놓고, 주서가 메울 공간만을 비워놓는다. 이를 대책大冊이라 한다.

한편 승정원 서리가 매일 6방 문서(앞의 ④, ⑤가 해당)를 실로 꿰어 다음날 아침 임시로 묶어두는데, 이를 전교축傳敎軸이라 한다. 그러면 집행부서인 6조에서 담당 승지를 통해 올린 일반 정사와 그에 대한 임금님 결재서류 등은 아전들을 시켜 전교축에 옮겨 적게 한다(앞의 ④, ⑤, ⑦이 해당). 이것들은 문건이니 그대로 옮겨 적으면 되기에 아전들에게 베껴 쓰게 하는 것이다.

이상의 대책과 전교축이 『승정원일기』를 구성하는 2대 요소다. 그런데 앞에서 설명한 대책에는 알맹이가 빠져 있다. 주서가 메울 공간이 채워지지 않았기 때문이다. 임금과 신하들이 정사에 대해 논한 것을 대화체 그대로 빠짐없이 기록해야만 알맹이가 채워지는 것이다. 알맹이를 채우는 일은 입직 주서가 맡는다. 임금과 신하들이 주고받은 내용을 빠짐없이 메모했다가 대책大冊에 옮겨넣어야만(⑧, ⑨가 해당) 『승정원일기』에 생명을 불어넣은 것이다. 이것이야말로 화룡점정의 작업이 아닐 수 없다.

그리고 마지막 단계로 신하들의 소차(상소)를 다 베껴 적게 한 후(⑥이 해당) 승정원에 보관한다. 상소문의 경우에는 서두에 의례적으로 나오는 문투는 생략할 수도 있지만, 의도적인 문구 수정이나 초략抄略은 허용되지 않았다. 이럴 경우 주서가 처벌받는 것은 당연한 일이다. 지방유생들이 연명상소를 한 경우에도 수천 명에 이르는 명단을 전부 수록해놓고 있는 것을 보면, 그 기록정신이 얼마나 투철한가를 알 수 있다.

이것이 『승정원일기』를 구성하는 3대 축이라고 할 전교축, 대책, 소차인데, 승정원 소속 아전들과 주서에 의해 하루치씩 임시로 묶어진다. 하루치 일기가 쌓여 어느 정도 분량이 늘어나면 1달치 혹은 반 달치를 묶어 장책한다.

그런데 이런 일련의 작업들이 그리 간단한 것만은 아니다. 주서가 군신간의 대화 내용을 기록할 때 문제의 소지를 안고 있기 때문이다(특히 ⑧과 ⑨의 항목). 국왕이 신료를 접견하는 과정에서 주고 받는 말을 빠짐없이 정확하게 기록하기란 대단히 어렵다. 이것이야말로 오늘날 국회 속기록이나 마찬가지인 셈이다. 물론 이런 내용은 『조선왕조실록』이나 조보朝報를 통해 남아 있기는 하다. 그러나 편집된 형태의 2차 자료여서 현장감이 떨어지니, 그 가치로 따진다면 『승정원일기』에 비할 바가 못 된다.

속기록의 어려움이란 도처에 깔려 있다. 멀리서 엎드리고 있던 주서의 귀에는 대신들의 아뢰는 말이 대부분 모기소리로밖에 들리지 않았다. 또 위에서 말하면 아래에서 답하기도 하고, 말이 채 끝나기도 전에 끼어드는 사람도 있고, 이쪽저쪽에서 동시에 말하기도 하니, 받아 적는 주서의 곤욕이란 이루 말할 수가 없었다. 오죽했으면 중종이 입시하는 주서와 사관 2명에게 기록을 분담하도록 하는 안을 낸 적도 있었다. 그러나 이는 오히려 기록을 빠뜨릴 염

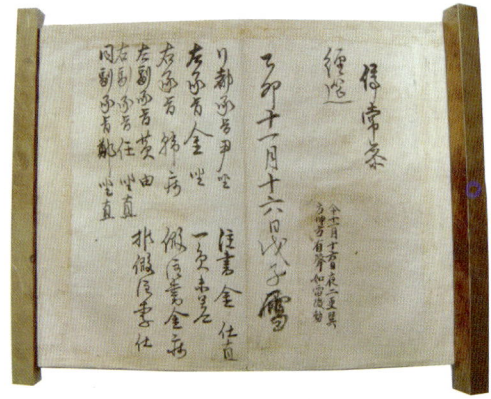

초책 광해군 당시 주서를 역임한 김시주가 작성한 『승정원일기』 초책으로, 1615년(광해군 7)에 주서로 임명된 1615년 윤8월 6일부터 이듬해 6월 18일까지 기록한 것이다. 휴대하고 다니며 기록하던 일종의 속기록이다. 안동 의성 김씨 운천종택 소장.

려가 더 크다는 이유에서 채택되지 않았다. 함께 기록한 후 대조하여 빠진 말을 보충하는 것이 효율적이었기 때문이다.

그보다는 말한 사람의 의도를 제대로 이해한 후 기록했느냐 하는 것이 더 큰 문제였다. 우리말 구어체를 한문으로 번역하여 바로 적는다는 것은 매우 어려운 일이었다. 이에 인조는 신하들에게 천천히 대화할 것을 주문한 적도 있는데, 이는 사관과 주서가 시간적 여유를 갖고 받아 적을 수 있도록 한 배려였다. 그러니 주서를 뽑을 때는 문과 급제자 중에서도 웅문속필雄文速筆을 감당할 만한 자를 특별히 선발했고, 승진에 있어 특혜를 주기도 했다.

조선을 통틀어 가장 빠르게 글씨를 써내려간 이는 숙종 때 윤양래였다고 한다. 글을 써내려가는 속도가 워낙 빨라 비주서飛注書라는 별칭을 얻을 정도였다. 그러나 대부분의 주서들은 대화의 반 정도를 따라 적지 못했다. 그렇기에 주서들은 일종의 속기록 장부였던 본초책本草冊을 지참하고 다녔다. 그런 후 자신만이 알아볼 수 있는 필체로 재빨리 기록하거나, 다 받아 적기 어려우면 대강을 메

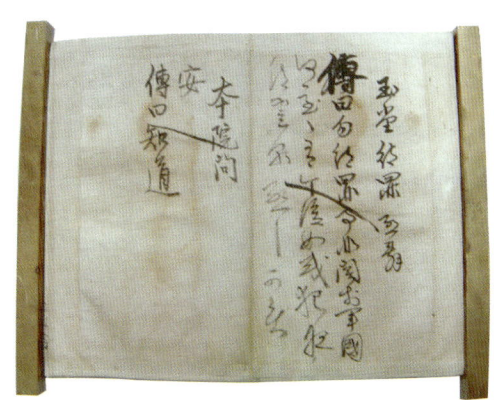

초책 광해군 당시 주서를 역임한 김시주가 작성한 『승정원일기』 초책으로, 승정원에 예속된 서리들이 『승정원일기』에 베껴넣고 난 후에 이를 표시한 흔적으로 추정되는 표시들이 보인다. 안동 의성 김씨 운천 종택 소장.

모한 후 기억을 되살려 적기도 했다. 또 동료의 초책과 비교하여 보완한 후 『승정원일기』에 정식으로 옮겨 적는 식이었다.

본초책을 줄여 초책 혹은 비초飛草라고도 하는데, 초책에 기록된 하루치의 내용을 정리하는 것은 하번주서의 몫이다. 이들이 비초를 정서하고, 신하들의 서계나 상소 같은 문건은 주로 아전들에게 옮겨 적도록 하여, 그날 분량의 『승정원일기』를 작성하게 된다. 이것을 모아 1달 분량 혹은 반달 분량 단위로 묶어 책 표지에 년·월·일을 적은 뒤에 승지에게 제출하면, 이는 승정원에 등록되어 보관된다.

이렇게 본다면 초책이야말로 소위 말하는 속기록 장부여서, 가장 기본적인 1차 사료다. 그런데 나중에 기억을 되살리거나 동료가 적었던 초책을 대조하여 다시 기록할 때 개작改作 혐의로 곤욕을 치르는 경우도 흔했다. 1534년(중종 29) 나세찬 옥사를 기록했던 주서 송세형이 『승정원일기』 개작 혐의를 받은 적이 있다. 현직 문신을 대상으로 치러진 시험에 응시한 검열 나세찬의 글이 매우 불온하다 하여 국문한 후 그를 유배시켰는데, 이 사건의 발단을 적은 주서 송세형의 기록이 사관들의 기록과는 달리 간략하고 성명을 생략해 문제가 커진 것이었다. 또한 주서의 초책 기록이 빌미가 되어 상대 당을 공격하는 정치적 사건으로 비화될 때도 많았다. 조선 후기 당쟁의 격화 속에서 자주 발생한 사건들이었다.

1726년(영조 2) 사간원 정언 홍성보가 사직 상소를 올렸다. 박휘등을 탄핵하는 사간원의 상소에 함께 참여할 수 없다는 것이 이유였다. 홍성보와 박휘등은 1722년(경종 2)에 주서와 승지로 승정원에 함께 근무한 적이 있었다. 그런데 둘이 함께 입시했던 자리에서 가주서 홍성보가 남긴 기록을 승지 박휘등이 문제 삼으면서 논쟁이 벌어졌고, 홍성보는 이 사건을 자신의 사직 이유로 거론했다.

경종이 즉위한 후 소론을 이끌던 이조판서 최석항이 노론의 신예 박치원으로부터 인사권을 마음대로 주무른다는 탄핵을 받았는데, 오히려 박치원이 무함으로 체직되어버렸다. 이렇듯 당파 간의 신경전이 심했는데, 박치원은 1721년(경종 1)에 3명의 간신諫臣으로 불린 어유룡, 이중협과 함께 왕세제(영조)의 대리청정을 주장하기에 이른다. 소론의 거센 반대가 일었던 것은 불을 보듯 뻔한 일. 그런 과정에서 1721년(경종 1) 12월 초에 노론 4대신이 물러나면서 최석항이 우의정으로 발탁되어 소론 정국으로 바뀌고, 이듬해 봄에 신임옥사辛壬獄事로 노론 4대신 등 20여 명이 사사되고 더불어 수백 명이 유배 또는 연좌되고 말았다.

이런 정국의 와중인 1722년(경종 2) 봄에 박치원 처리 문제를 놓고 군신간에 논의가 있었을 때, 우의정 최석항은 "의정부로 하여금 박치원의 형량을 정하도록"했던 이전 왕의 결정대로 본건을 처리할 것을 청했다. 그런데 이러한 최석항의 청에 대해 왕은 가타부타 말이 없었다. 당시 이 대화 내용을 기록한 사람은 한림이라 불리는 사관 2명과 승정원 소속 주서 2명 총 4명이었다. 당시 가주서였던 홍성보와 겸춘추인 장두주는 "상무발락上無發落"이라 기록했고, 다른 2명은 단지 "상왈上曰"인 채로 그 칸을 비워놓았다. "상왈"이란 말은 통상 미리 적어놓았다가 왕의 결정이 있으면 내용을 채워넣었다는 점을 감안한다면, 네 사람의 기록은 모두 왕이 특별한 언급이 없었음을 시사하고 있다. 즉 박치원 건에 대해 경종은 아무 답을 안 했던 것이다. 그런데 당시 입시했던 다른 대신들은 최석항의 청을 경종이 승인한 것으로 간주하고 본건을 처리했다.

 소론계였던 당시 대신들의 이러한 행동은 왕의 뜻을 곡해한 것으로 간주될 수도 있었다. 이를 의식해서인지 승지 박휘등은 홍성보가 남긴 입시 기록을 문제 삼았다. 자신은 귓병이 있어 잘 못 들었지만, 홍성보가 남긴 기록은 문제가 있다는 것이었다. 홍성보는 노론이었고, 시비를 건 승지 박휘등은 소론계열이었다. 결국 홍성보가 남긴 기록을 확인하기 위해 다른 3명이 남긴 기록과 대조할 필요가 있었다. 하지만 이들의 기록은 그다지 차이가 없었다. 수세에 몰린 승지 박휘등은 당시 입시했던 대신들에게 그들은 어떻게 기억하고 있는가를 물어보게 했다. 하지만 대신들의 회답은 "정확히 기억하지는 못하지만, 왕은 그렇게 하라고 한 듯하다"였다. 기록과 대신의 기억에 차이가 나는 셈이다. 결국 승지와 주서는 서로의 입장 차이를 좁히지 못하고, 이에 대한 왕의 의견을 묻는 계啓를 올리게 됐다. 이 계에 대해 경종은 크게 문제 삼지 않고 넘어가도록 했다.

하지만 세월이 흘러 1726년(영조 2)에는 세상이 변해 있었다. 당시 주서였던 홍성보는 준절한 논의를 펼치는 사간원의 정언이었고, 경종대에 피고인이었던 박치원은 승지가 되어 있었다. 이들은 왕의 뜻을 멋대로 해석한 것으로 간주될 수 있는 이 사안을 덮어두려 하지 않았다. 따라서 사간원은 당시 입시했던 신하들에 대한 탄핵을 준비하고 있었고, 정언이었던 홍성보 또한 이 탄핵에 참여해야만 했다. 하지만 자신은 승지였던 박휘등과 이 건을 가지고 논쟁을 벌였고, 이 일이 일어났을 때에 입시했던 당사자였기 때문에 혐의를 피해야 하므로 탄핵에 참여할 수 없었다. 간관으로서 탄핵이라는 본연의 임무를 수행하지 못하는 처지에 있었으므로, 사직하는 것이 마땅하다는 것이 홍성보의 사직 이유였다.

당시는 이미 노론들이 득세하던 시기였다. 그러니 자신이 작성했던 『승정원일기』 기록에 근거하여 홍성보는 자신 있게 지난 일을 거론하고 있는 것이다. 이처럼 급박하게 돌아가던 정국에서는 옛 기록들이 자칫 흉기로 돌변할 수도 있음을 보여주는 것이기도 하다.

제2장

불탄 『승정원일기』를 복구하라

 승정원의 설치와 함께 기록되던 『승정원일기』는 전란 등으로 여러 차례 개수됐다. 『승정원일기』가 대대적으로 크게 화를 입은 것은 임진왜란 때였다. 임진왜란은 국가적으로 여러 가지 피해를 주었을 뿐만 아니라 당대까지 전해져오던 많은 기록물들을 소실케 했는데, 이때 『승정원일기』도 여러 기록물들과 함께 화를 당했다. 문제는 임진왜란으로 소실된 앞시기의 모든 『승정원일기』는 복구할 엄두조차 내지 못했다는 점이다. 양도 워낙 방대하거니와 이전 시기의 자료를 찾는 것도 여의치 않았기 때문이다. 그리하여 임진왜란 이후 『승정원일기』를 개수하자는 주장이 제기됐을 때, 개수 대상 시기는 주로 선조 즉위 시점부터였다. 이점에 대해 『선조실록』에는 다음과 같이 기록하고 있다.

 정경세는 아뢰기를, "나라에 역사가 있는 것은 관계된 바가 매우 중합니다. 나라는 망할 수 있으나 역사는 없을 수 없습니다. 당대 20여 년 동안의 일기(『승정원일기』)가 병화가 스쳐간 통에 남김없이 산실됐으니, 극히 한심합니다. 춘추관으로 하여금 상의하여 사료를 수습케 하고, 지방의 수령으로서 춘추관원을 겸하는 규정이 있으니 그중에서 총명하고 기억력이 뛰어난 사람을 골라서 춘추 관원의 직임을 겸하도록 하며, 또한 잘 생각하여 기록해 약간 두서를 이룰 수 있게 한다면 전연 모양을 갖추지 못하는 상태에 이르지는 않을 것입니다" 하고, 박홍로는 아뢰기를, "사관史官이나 겸춘추兼春秋를 지낸 사람에게 만일 가장家藏된 일기가 있으면 빨리 수습하여 민멸泯滅되는 지경에 이르지 않게 하는 것이 마땅합니다. 이정형은 병자연간으로부터 조보朝報에서 유관한 것을 뽑아 일기를 만들었는데, 지금 춘추관에 있습니다. 이와 같은 것을 또 찾는다면 어찌 소득이 없겠습니까" 하고, 정경세는 아뢰기를, "신은 한준겸과 함께 사국史局에 있었는데 총명하고 기억력이 좋기로는 이 사람만한 이가 없으니, 반드시 생각해낼 수 있을 것입니다" 하고, 이정형은 아뢰기를, "소신이 당하관으로 있을 때 춘추를 겸했기 때문에 조보에서 중요한 말을 약간 기록해놓았고 뒤에 승지가 되어서도 또한 춘추를 겸했기 때문에 조금 기록해둔 것이 있는데, 병화兵禍 중에도 다행히 유실되지 않았습니다. 사국이 들여보내라고 하는데 지금 춘추관에 있으니, 경연관이 아뢴 바가 바로 그것입니다"라고 했다.

『선조실록』 선조 28년(1595) 2월 8일

정경세는 선조 즉위 이후부터를 기점으로 해서 『승정원일기』를 개수하자고 주장하면서, 그 방법으로 겸춘추 제도를 활용하여 기억에 의존하여 개수할 것을 주장했다. 이때 같은 자리에 참석했던 김신국은 전란에서 그나마도 피해를 덜 입은 전라도, 충청도, 평안도 지방에서 조보나 정목을 비롯해 개인의 일기들을 모아, 이를 바탕으로 개수하자고 주장했다. 이처럼 임진왜란 이후 개수는 개인의 기억력과 지방에 산재한 각종 자료를 수집하고, 여기에 더해 개인의 상소나 차자箚子 등을 모아 이를 토대로 이루어졌다.

선조대 이후 『승정원일기』가 다시 한번 화를 입었는데, 1624년(인조 2) 이괄의 난 때였다. 잘 알려져 있다시피, 인조반정 후 논공행상에 불만을 품고 이괄이 난을 일으켜 서울이 함락됐을 때 『승정원일기』가 크게 화를 당했다. 그리고 이후 병자호란 때도 또 한 차례 많은 분량의 『승정원일기』가 소실되어 대체로 선조대부터 개수가 이루어졌다.

인조대 이후 그나마 보존되던 『승정원일기』는 1744년(영조 20) 10월 13일에 있었던 창덕궁 인정문의 화재로 『승정원일기』 대부분이 소실됐다. 이때의 화재는 승정원을 수리하던 자가 점화를 제대로 하지 못해 발생한 것으로써, 이로 인해 인정문과 좌우 행각行閣이 불탔으며, 화염이 연영문延英門에까지 이르렀고, 이 와중에서 당시 창덕궁에 보관되어 있던 『승정원일기』가 일부를 제외하고 거의 불타버렸다. 이때의 『승정원일기』 개수는 전 시기에 비해서 신속하게 추진됐다는 인상이다. 화재가 난 지 10여 일 만에 개수 논의가 제기됐고, 그로부터 40여 일이 지난 뒤에 본격적으로 임시 관청을 설치하는 문제 등이 논의됐기 때문이다. 특히 이 논의를 주도하는 인물은 영조대 탕평정국을 주도했던 인물 가운데 1명인 송인명으로, 그는 『승정원일기』가 불에 타버려 "고사를 징험徵驗"하기가 어렵게 됐다고 하면서 서둘러 개수할 것을 주장했다. 특히 당시는 탕평세력의 정치적 역할이 증대되면서 정국이 어느 정도 안정되어, 이를 바탕으로 『속대전續大典』이나 『속병장도설續兵將圖說』, 『속오례의續五禮儀』 등 국가적인 사업이 다방면에서 추진되던 시기였다. 따라서 어느 때보다 국정 수행에 필요한 참고자료의 필요성이 절실해졌으며, 송인명의 주장은 이런 필요성을 반영한 것이었다.

이렇게 하여 『승정원일기』를 전담할 일기청日記廳이 임시로 설치됐으며, 이를 주관할 관원에 당상은 병조참의 임정, 행부사과 이철보·홍계희 등이 선임됐고, 실무자로는 홍문관 응교 송창명, 수찬 윤득재·조운규, 전 정언 이게, 겸문학 이형만 등이 뽑혔다. 흥미로운 사실은 일기청 당상관의 선임에도 탕평을 추진하던 영조의 의도가 반영되어 있다는 것이다. 즉 북인계열의 임정과 소론계열의 이철보, 노론계열의 홍계희를 함께 배치하여 이를 주관하도록 한 것이었다. 노론, 소론, 남인, 북인이라는 이른바 노소남북 4색 당파 가운데 남인이 제외된 것은 당시 남인계열로서 당상급으로 참여할 사람이 없었기 때문이다. 관청의 설치와 인원의 선임 등이 이루어진 후 본격적으로 『승정원일기』의 개수를 위한 범례 등이 작성됐다. 『승정원일기』를 볼 때 참고가 될 것이므로 장황하지만 이때 만들어진 범례를 적어보면 다음과 같다.

개수일기 범례

1) 거조擧條(거행해야 할 사항을 적어놓은 문서)는 요긴한 것과 요긴하지 않은 것을 막론하고 기록하되, 반드시 날짜를 살펴 당

일 일기에 기록한다. 지난달의 거조가 이번 달에 나온 경우에는 부표付表하여 지난달 치를 쓰는 관원에게 보낸다.
2) 각사의 초기草記는 뒷날 참고할 만한 것을 기록한다.
3) 대간의 계사啓辭는 요긴한 것과 요긴하지 않은 것을 막론하고 기록한다.
4) 입계된 상소는 대개大槪를 쓴다.
5) 입계된 정사呈辭(신하들이 사직 등을 청하면서 올린 문서)는 쓰고 세 번째 정사는 관직이 갈린 경우만 쓴다.
6) 정사政事는 '정사가 있었다有政'라고 쓰되 낙점에 관한 내용만 쓴다.
7) 각전에 대한 약방과 조정, 정원政院, 옥당玉堂이 문안한 일은 쓴다.
8) 전교傳敎는 모두 쓴다.
9) 정사에 대하여 여쭌 내용은 쓴다.
10) 사은謝恩과 하직下直에 대한 내용은 쓴다.
11) 월초 대간의 계사가 전에 아뢴 계사인지 새로 아뢴 계사인지를 모르면 지난달을 살펴보고서 쓴다. 전에 아뢴 계사는 '청컨대' 이하만을 쓰되 바뀐 내용은 쓰며, 새로 아뢴 계사는 모두 쓴다.
12) 관상감의 재이災異에 관한 내용은 해당 날짜의 일기에 쓴다.
13) 조보 가운데 이어移御한 날짜는 뽑아내어 별도로 기록하여 벽에 게시해둔다.
14) 각도의 서목書目은 쓴다.
15) 어사의 회계回啓는 쓴다.

16) 이조와 병조의 세초歲抄는 쓴다.

17) 서용은 쓴다.

18) 금부계목禁府啓目 가운데 뒷날 참고에 대비할 만한 것은 쓴다.

19) 신여일기燼餘日記(타고 남은 일기)는 옮겨 베낀다.

영조대 개수는 작업 완료까지 총 인원 384명이 투입됐는데, 당상 3명, 낭청 283명, 서리 32명(교정서리 6명 포함), 사자관 1명, 고직 3명, 서사 2명, 사령 18명, 인출장 2명, 책장 4명 등이 동원된 대역사였다. 그리고 작업 과정에서 책임자의 이름을 기록함으로써 정확성을 기하려는 의지를 엿볼 수 있거니와, 기한 안에 정해진 작업량을 제출하지 않은 일이 허다하게 발생했는지 교정 작업량을 마치지 못할 경우에는 직숙直宿하여 모든 작업을 마치도록 규정했다. 이런 과정을 거쳐 1747년(영조 23) 11월 사업이 완료되면서 개수본『승정원일기』가 완성됐다. 그러나 이때 분량은 원래의 1,796권의 분량에서 548권으로 대폭 축소될 수밖에 없었다.

영조대 대대적인 개수작업을 거쳐 유지되고 보존되던『승정원일기』는 1868년(고종 25) 3월 8일 화재로 다시 화를 입었다. 이때는 전량이 모두 소실된 것은 아니고 약 300여 권 정도가 불에 탔다. 이에 1870년(고종 27) 개수를 위한 일기청이 임시로 설치됐으며,『일성록』이나『윤발綸綍』,『내각일기內閣日記』등 주로 중앙에서 자료 수집이 이루어졌으며, 규모면에서도 앞서 영조대와 비교가 되지 않아 약 17명 정도가 동원되어 1870년(고종 27) 12월 약 361권의『승정원일기』가 개수됐다.

제3장

짐이 명하노니,
예민한 부분을 삭제하라

『승정원일기』가 세초洗草되고 삭제됐을 가능성은 일찍부터 제기 됐으나, 그 규모나 구체적 내용에 대해서는 별로 알려진 게 없었 다. 그러다가 최근 연구성과에 의해 상세한 전모가 밝혀지기 시작 했는데, 『승정원일기』 원본을 하나하나 넘겨보면 삭제된 흔적들을 여기저기서 발견할 수가 있다.

그 흔적들은 1749년(영조 25)부터 나타나기 시작하여, 주로 1755년(영조 31)과 1756년(영조 32), 1761년(영조 37)과 1762년(영 조 38)에 집중되어 있는데, 이를 표로 제시하면 다음과 같다.

『승정원일기』 삭제 기사 현황																
영조 재위년	25	26	27	28	29	30	31	32	33	34	35	36	37	38	39	40
삭제기사 건수	1				3		5	7			2	5	52	38		1	114

* 김영민, 「정조대 '임오화변' 논의의 전개와 사회적 반향」, 『조선시대사학보』 40, 조선시대사학회, 2007 참조.

일기 기사가 삭제된 경우에는 〔자료 1〕에서 보는 바와 같이, 원문 상단이나 삭제가 끝나는 지점에 "丙申병신 因傳敎洗草인전교세초"라고 적혀 있다. "병신년丙申年(1776)에 임금이 전교를 내려 세초를 했다"라는 의미다.

이렇듯 삭제 여부를 표시한 곳도 있지만, 삭제된 것이 분명한데도 표시가 전혀 되어 있지 않은 경우도 있다. 심지어는 적게는 2~10여 줄, 많게는 몇 장씩 예리한 칼로 도려낸 것도 눈에 띈다.

또 하나 흥미로운 것은 원본을 소장하고 있던 서울대 도서관에서 삭제된 부분 빈칸에 그 사실을 표기한 것도 있다는 것이다. 〔자료 4〕, 〔자료 5〕의 예에서 보는 바와 같이, '절장切張 ― 절장날짜 ― (행, 절 위치) ― 서울대학교 부속도서관 발견 연월' 등에 관한 내용들이 기록되어 있는데, 서울대 도서관에서 서책 정리를 하면서 삭제 흔적이 발견되는 곳마다 그런 식으로 표기한 것이다. 조선시대 규장각 도서가 일제강점기에 일괄로 경성제국대학으로 이관됐고, 그 도서들이 다시 서울대 도서관 장서가 됐기 때문에 나타난 현상이다. 이러한 작업은 도서 정리 과정에서 이전에 삭제됐다는 사실을 보다 명백하게 하기 위한 것으로 보인다.

아무튼 『승정원일기』 기사가 삭제된 총 114건의 기록 중에서 대부분이 1761(영조 37)~62년(영조 38) 사이에 집중되어 있는데, 하필 왜 이 시기에 모여 있을까 하는 문제도 매우 흥미롭다. 역사 연표를 찾아보면, 1762년(영조 38)은 임오화변壬午禍變이 일어난 해다. 임오화변이란 영조치세 중반기에 접어들어 노론이 주도하던 정국의 소용돌이 속에서 사도세자가 뒤주에 갇혀 죽은 사건을 말한다. 이는 사실 영조와 노론의 합작품이었다는 것을 알 만한 사람

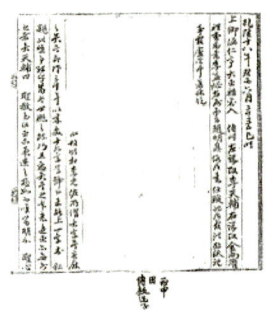 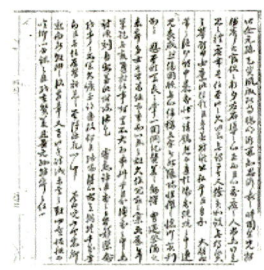

[자료 1] 영조 29년(1753) 6월 25일 기사. 삭제된 하단 여백에 '丙申傳敎洗草인전교세초'라 적혀 있다.

[자료 2] 영조 29년(1753) 11월 1일 기사. 두 줄 가량이 삭제된 상태의 기사다.

[자료 3] 영조 32년(1756) 5월 19일 기사. 왼쪽에 글자를 뭉갠 듯한 것이 보인다.

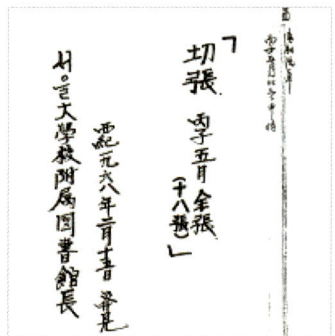 

[자료 4] 영조 32년(1756) 5월 3일의 기사.

[자료 5] 영조 37년(1761) 2월 5일의 기사. 서울대 도서관에서 절장에 대해 표기한 사례다.

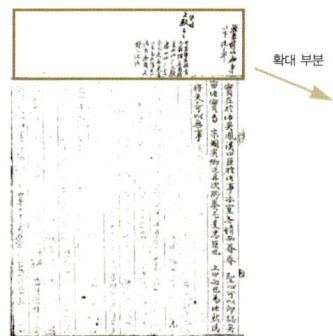 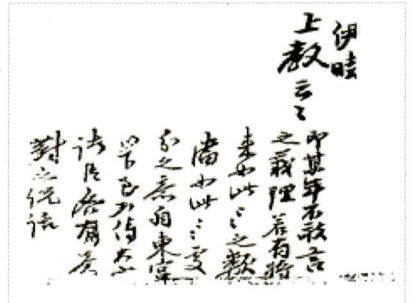

[자료 6] 영조 40년(1764) 2월 20일 기사. 『승정원일기』의 마지막 삭제 기사로 이 기사를 끝으로 세초 작업이 마무리된 것으로 보인다.

[자료 7] 영조의 명에 의해 사도세자에 대한 기록을 세초했다는 대의명분을 밝히고 있다. 이상 서울대 규장각 소장.

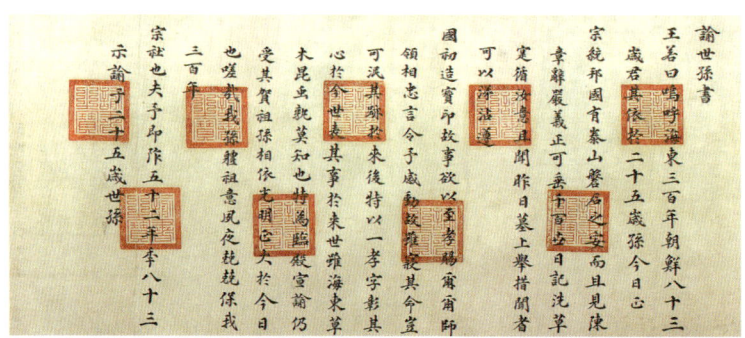

영조가 세손(뒷날의 정조)에게 내린 유서諭書 유서에는 영조가 83세 되던 해에 왕세손 정조에게 내린 선유宣諭의 내용들이 기록되어 있다. 세로 17행 206자로 이루어져 있으며, '유서지보諭書之寶'란 도장을 아홉 군데에 찍었다. 국립고궁박물관 소장.

들은 다 안다. 그런데 많은 삭제 중에서도 사도세자가 뒤주에 갇혀 몸부림치다 죽어간 영조 38년(1762) 윤5월치 일기 상당량이 남아 있지 않다.

1761년(영조 37)은 사도세자가 호랑이 같은 부왕 몰래 평양으로 행차하여 큰 물의를 일으켰던 해였다. 『승정원일기』가 본격적으로 삭제되기 시작하는 1755년(영조 31)과 1756년(영조 32)은 사도세자와 관련된 '나주괘서사건'과 '을해옥사乙亥獄事'가 일어난 해이기도 했다. 을해옥사의 여파로 소론 안의 과격파가 완전히 몰락하고, 소론 스스로 조태구·이광좌 등을 영조에 대한 불충으로 비판했는데, 이는 노론 장기집권의 명분이 확립되는 시점이어서 매우 주목을 요한다. 이 시기부터 본격적으로 『승정원일기』가 삭제됐기 때문이다.

사도세자의 비극은 아들인 정조에게는 평생 한이 됐다. 11세의 어린 나이에 아버지가 할아버지에 의해 뒤주에 갇혀 굶어죽는 엄청난 비극을 몸소 겪은 정조는 "하늘을 꿰뚫고 땅에 사무치는 원

영조 52년(1776)에 제작된 '효손은인孝孫銀印'. 통상적인 인장의 전서체가 아니라 영조의 친필 해서체로 제작됐다. 83세의 영조 밑에서 국정을 보기 시작한 그의 손자 정조가 아버지 사도세자의 죽음에 관한 『승정원일기』 기사를 삭제해달라고 상소를 올렸을 당시 영조가 '효손'이라며 정조에게 선물을 내린 것으로 추정된다. 국립고궁박물관 소장.

한을 안고서 죽지 못해 살아 있는 사람"이라고 자신을 표현할 정도였다. 그는 아버지의 처지를 옹호할 수도 없었고, 그렇다고 할아버지의 입장을 이해할 수도 없는 위치에서 자신을 짓누르던 비극을 견뎌내야 했다. 그러고는 권좌를 물려받자마자 사도세자의 기록을 모두 그의 손으로 삭제한 것이다.

여기에서 우리는 비운의 왕세자 사도세자의 일생을 간단하게나마 살펴보지 않을 수 없다. 사도세자(1735~62). 그는 영조의 둘째 아들로 태어나 만 14년 동안 영조를 대리하여 국정을 담당하다 희생된 인물이다. 영조 때 정성왕후 서씨는 아들을 낳지 못했고, 정빈 이씨가 효장세자를 낳았다. 그러나 효장세자가 돌연 사망하자 후사를 정하지 못하고 있었는데, 영빈 이씨에게서 왕자가 태어났으니, 그가 뒷날의 사도세자였다. 태어난 해에 바로 동궁으로 불렸으며, 해가 바뀌자 아기 왕자를 세자로 책봉했으니, 얼마나 후사를 학수고대했는지 가히 짐작이 가고도 남는다.

영조가 후계자에 관심을 쏟을 수밖에 없었던 것은 정통성 시비에 휘말려 있었기 때문이다. 그는 여러 차례 피비린내 나는 노·소론의 갈등을 거친 후 즉위했고, 이후 무신년戊申年(1728년, 영조 4)에는 이인좌의 난이 일어나 정통성을 도전받았다. 소론과 남인이 합세한 이 난을 두고 흔히 무신란이라 일컫기도 하는데, 이때부터 영남 남인들은 중앙 정계에 발을 들여놓지 못했다.

이런 과정 속에서 경종의 죽음에 영조가 직접 개입했다는 '왕세제 독살설'까지 파다했으니, 영조의 피해의식이란 이루 말할 수 없었다. 따라서 그는 자신이 효종·현종·숙종을 잇는 유일의 혈맥이라는 이른바 '삼종혈맥三宗血脈'을 강조하는 한편, 절대 권력을 강화하여 훗날 대를 잇게 될 세자에게도 정통성을 부여해주고 싶었다. 이리하여 지나칠 정도로 세자에게 제왕교육을 주입하려 했는데, 그 결과는 너무나 참담한 것이었다.

세자교육의 모든 것은 영조가 직접 나서서 진두지휘하는 식이었다. 내관을 시켜 세자가 잠자고 공부하는 시간까지 체크할 정도였다. 세자교육을 맡은 시강원 관직은 모든 중신들의 기피 대상 1호였다. 세자를 경연에 불러 답변이 명확하지 않으면 시강관들이 추고당하는 일이 잦았기 때문이다. 시강원이 개설된 1736년(영조 12)부터 27년 동안 총 2,043회의 발령장을 남발했으니, 평균 1달 반 만에 신임 발령이 났던 것이다. 많게는 1달에 4회까지 신임 발령이 난 경우도 있었다.

이렇듯 영조의 집요한 관심과 교육방침은 오히려 세자를 망가지게 하는 결과를 초래했다. 세자는 운동 부족으로 심각한 비만 증세를 보였는데, 나이 12살에 몸을 지탱하지 못할 정도였고, 몸집

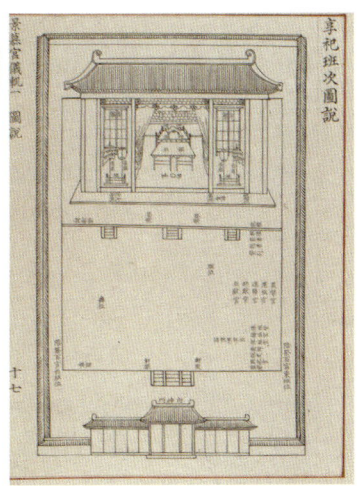

「경모궁의궤」 정조 때 사도세자와 그의 비 헌경왕후慮敬王后 사당인 경모궁에서 제사지낼 때의 의식을 기록한 책이다. 1783년(정조 7) 의궤청儀軌廳에서 작성됐다. 서울대 규장각 소장.

도 거의 영조에 육박했다고 한다. 이러한 육체적 비정상은 결국 질병과 정신적 장애로까지 이어졌다. 가래가 차는 증세도 왔고, 심지어는 우울증까지 나타나 말수가 거의 없었다.

이러한 상황 속에서 세자 나이 15살이 되자 영조는 대리청정이란 카드를 꺼내들었다. 영조는 평소 세자의 나이가 15살이 되면 은퇴하겠다고 말해왔고, 그것이 현실로 다가온 것이었다. 그러나 어린 세자가 이를 감당하기란 쉬운 일이 아니었다. 이때에는 이미 국가 운영체제가 비변사 중심의 실무체제로 전환됐던 시기라 세자의 대리청정 업무가 용이한 상황이기는 했다. 하지만 균역법 시행이라는 중대사가 있었기에 세자의 14년간 대리 업무는 한계가 분명했다. 더군다나 1757년(영조 33) 이후에는 세자에게 병환이 있어 정상적인 업무 수행이 힘들 때가 많았다.

1755년(영조 31) 전라남도 나주에서 윤지尹志의 괘서사건으로 시작된 을해옥사는 세자의 발목을 잡았고, 또 세자의 병세가 악화되

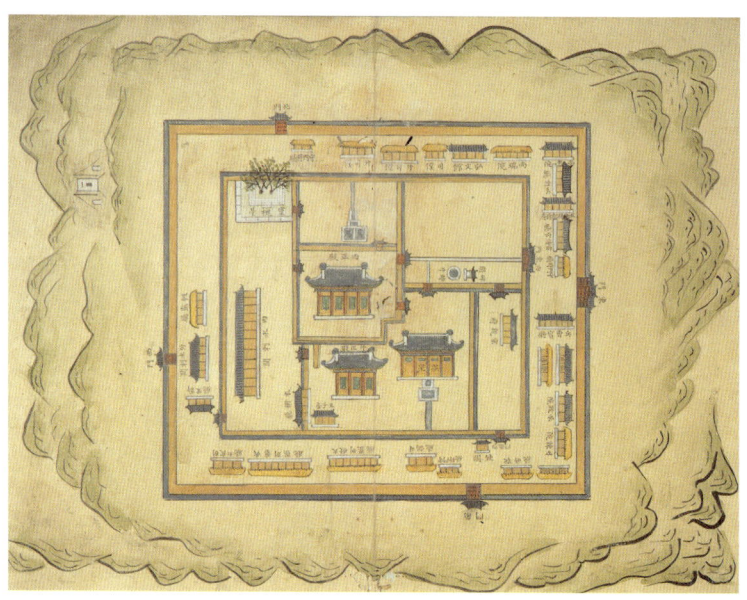

「온양별궁전도(溫陽別宮全圖)」 조선시대의 왕들이 질병을 치료하기 위해 자주 행차했던 것이 온양별궁이다. 서울대 규장각 소장.

면서 여승을 궁중에 두고 함께 생활하거나 상해와 살인 등을 서슴지 않고 저지르자 지지층이던 소론계조차도 외면하는 신세가 되고 말았다.

이 과정에서 신병 치료를 위해 19일 동안 온양 온천에 머물렀다. 영조의 세심한 배려 속에서 출발했지만, 세자가 온천 행차에서 백성들의 고통을 들어주고, 성군으로서의 자질을 실현했는지를 영조는 확인하고 싶었다. 통상 국왕이 궐 밖으로 행차하여 행궁에 머물면 승정원 주서들이 수행하면서 일지를 기록하게 된다. 그것이 『승정원일기』에 고스란히 남는 것이다. 당시 수행한 주서가 누구였는지는 알려져 있지 않으나, 영조는 『주서일기注書日記』를 확인해보고자 했다. 그러자 온천 행차의 성격은 돌변할 수밖에 없었다.

온천 행차 이후 영조와 세자 사이의 긴장은 늘 주위를 불안하게 만들었다.

문제는 지금까지 수수께끼로 남겨진 세자의 평안도 여행이다. 사도세자는 1761년(영조 37) 봄에 3달 가량 평안도를 여행했다. 당시 사도세자는 대리청정 중이어서 대궐을 비워서는 안 됐다. 혹자는 평안도 여행을 쿠데타와 관련지어 설명하기도 한다. 그곳에는 변방을 지키는 정예군이 주둔하고 있었고, 세금으로 거둬들이는 곡식도 중앙정부로 수송하지 않고 현지에서 사용했다. 이런 조건이야말로 쿠데타 시도에 가장 좋은 거점이 될 수 있었다는 것이다. 이 사건으로 많은 관료와 내관들이 파직됐다. 그리고 오랫동안 세자를 지키던 내시들조차 죽거나 유배형을 받았다.

또 하나의 가능성은 사도세자와 영조의 갈등이 이미 돌이킬 수 없을 만큼 악화일로에 있었다는 데 있다. 사도세자의 대리청정은 영조의 기대에 부응하지 못했고, 노론 위주로 정리된 정치의리는 사도세자의 눈으로도 정당화될 수 없었다. 사도세자와 영조의 지지세력이 소론과 노론으로 갈려 정치적 기반을 달리하고 있었다는 점도 의심을 부추기는 대목이다. 그럼에도 불구하고 쿠데타와 연관됐다는 기록은 어디에서도 찾을 수 없다.

평양행차 사건이 나던 이듬해, 나경언의 고변告變이 발단이 되어 사도세자는 뒤주 속에 갇히는 신세가 됐다. 뒤주에 갇힌 지 7일 만에 세자가 죽자 영조는 기다렸다는 듯 전교를 내렸다. 시호를 사도세자思悼世子, 묘호를 수은垂恩이라 한 것이다. 나경언이 영조에게 올렸다는 '세자 비행 10여 조', 그 내용의 전모는 알려져 있지 않다. 그것이 세자를 폐위시킬 만한 사안이었는지, 아니면 뒤주 속에 가둬 죽여야 할 정도의 것이었는지 현재로서는 알 길이 없다. 『승정원일기』 기록들이 모두 삭제됐기 때문이다.

사도세자는 어려운 처지에서 벗어나기 위한 노력으로 소론계를 정치적 보호자로 찾지도 않았다. 여러 날에 걸쳐 세자가 대명待命을 했음에도 이 사실을 영조에게 알리는 이가 없었다. 이는 당색과 계파를 뛰어넘어 사도세자가 고립됐다는 증거다. 임오화변을 입에 담는 자는 역신으로 다스리겠다는 영조의 엄명이 떨어졌다. 비록 조정 밖에서 은밀하게 수군댈 수는 있을지언정, 누구도 이 사건을 입에 담지 않으려 했다. 다만 하루하루치 기사를 즉석에서 바로 적어내려간 『승정원일기』에는 생생하게 기록됐을 것이다.

1776년(영조 52) 2월 영조는 죽음을 앞두고 세손(뒷날의 정조)에게 대리청정을 명했다. 그러자 세손은 명을 받들면서 『승정원일기』 세초를 요청했다. 영조의 허락이 떨어지던 그날 저녁, 실록을 세초하는 예에 따라 승지 1명과 주서 1명이 창의문 밖 차일암에서 즉각 세초를 단행했다. 이때 『승정원일기』 세초는 그 양의 방대함으로 한두 명이 세초해야 할 부분을 다 찾지는 못했을 것이다. 세초 허락이 떨어지자 그날 저녁에 바로 실행했다는 것은 매우 조직적으로 준비해왔음을 의미한다.

이상에서 살펴보았던 내용들이 우리에게 궁금증을 자아냈던 병신년(1776) 세초사건의 전말이다. 『승정원일기』가 병신년 세초 외에도 특정 집단의 정략적 목표 때문에 의도적으로 기록을 삭제했을 가능성은 배제할 수 없다. 그리고 정조에 의해 실행된 『승정원일기』 세초 내역은 지금까지 추측만 해왔을 뿐 그 규모나 내용에 대해서는 전혀 알려진 게 없었다. 다만, 『이광현일기李光鉉日記』를 통한 간접적인 추측은 어느 정도 가능하다. 이 책은 아마 『승정원일기』 초책으로 추정되는데, 승정원 주서가 그날그날의 상황을 바로 기록한 초고본 같은 것이다. 이광현은 당시 가출가주서였다.

정조가 영조로부터 허락받은 것은 『승정원일기』의 관련 기록 삭제만이었는데, 실제 폐기 대상은 그에 한정되지 않았다. 왕실은 물론 공가公家에 남아 있는 사도세자 관련 기록도 모두 폐기했던 것으로 보인다. 관찬사료 중에서 사도세자가 동궁으로 있을 당시의 기록이었던 『경모당일기景慕堂日記』도 이때 삭제 또한 폐기된 것으로 추정된다.

『경모당일기』는 사도세자의 『춘방일기春坊日記』인데, 일자와 날씨, 세자의 서연書筵 내용, 약방 입진, 문안 기사 등이 고스란히 기록됐다. 특히 사도세자가 14년 동안 대리청정을 했기 때문에 1749년 기록부터는 정무 내용도 많이 첨가됐다. 1738년(영조 14) 1월부터 1762년(영조 38) 윤5월 4일까지 기록이 남아 있는데, 윤5월 13일까지 춘방관원 및 가출가주서가 활동했던 것을 감안하면 4일 이후 벌어진 기록들이 폐기된 것이다. 이 역시 『승정원일기』 세초를 전후로 정조가 주도했던 것으로 보인다. 개인 자료도 삭제됐을 가능성은 크다. 금서를 사가에 소유한다는 것은 자칫 멸문의 화를 당할 수도 있기 때문이다.

임오화변이 역사에 묻히는 듯했지만, 정조가 즉위하자 영남 유생 이응원이 상소를 올렸다. 억울하게 죽은 사도세자의 신원과 관련자 처벌을 요구했던 것이다. 그는 권정침의 일기를 통해 사도세자 사건을 알았다는 것인데, 『권정침일기權正忱日記』를 유포시킨 죄로 본인과 아버지 이도현은 물론 책 소장자였던 권정흠(권정침의 동생)까지 화를 입었고, 그들이 살던 안동부가 현으로 강등되는 조치를 당했다. 이는 정조 초반이란 시대적 한계 때문에 생긴 피해였지만, 후대 영남만인소嶺南萬人疏 사건의 기폭제가 됐다.

 정조는 사도세자와 관련된 자료의 폐기와 유통의 금지를 철저히 진행한 후 사도세자 추숭과 함께 그 죽음에 대해 변론하기 시작했다. 효장세자의 아들로 입적되어 왕위를 계승했건만, 즉위한 후에는 사도세자의 아들임을 천명했고, 이듬해부터 아버지 추숭작업을 대대적으로 시작했다. 사도세자 묘호를 '영우원永祐園'으로 격상하는 한편 사도세자가 생전에 쓴 글씨를 수집하여 '무안왕묘비武安王廟碑'를 건립했다.

 1789년(정조 13)에는 결국 사도세자 묘를 수원으로 이장하여 현륭원이라 했고, 어머니 혜경궁 홍씨가 환갑이 되는 갑자년甲子年(1804)에 화성 신도시를 건설한다는 '갑자년 구상'이 구체화됐다. 이런 가운데 사도세자가 죽은 지 30년이 되는 1792년(정조 16) 영남 남인들이 대거 연명하여 만인소를 올렸다. '영남만인소' 배후에는 기호 남인의 영수 채제공이 버팀목으로 있었다. 안동은 영남 지역 양반의 메카였다. 영조 때 무신란 이후 남인들의 본거지인 영남 선비들이 중앙정계에 진출하는 길이 막혀버렸고, 그 후 왕위를 이은 정조가 남인들을 등용하면서 기를 펴기 시작했다. 이런 때에 영남 선비들은 1만 명씩이나 연명한 소를 올려 사도세자의 억울한 죽음을 밝히려 했던 것이다.

 이런 시대적 배경 속에서 『승정원일기』 자료 약 114건이 삭제되거나 뭉텅이로 폐기됐다. 정치 상황의 변화에 따라 세자의 죽음과 관련해 논란이 벌어졌던 것은 당연한 결과였고, 이는 곧 정치세력

간의 갈등을 낳는 원인이 됐다. 한편으로는 후일 임오화변을 바라보는 시각에도 큰 차이가 나타났다. 이 모두가 인위적으로 역사를 정리한 탓이다.

현존하는 사도세자 관련 기록은 『한중록閑中錄』과 『현륭원지문顯隆園誌文』이 대표적이다. 그런데 두 자료는 매우 상반된 입장을 보인다. 전자는 혜경궁 홍씨가 직접 겪은 사건의 전말을 자전적 수필 형식으로 쓴 것인데, 화의 주된 원인을 사도세자의 병증狂症으로 돌리고 있다. 영조와 친정아버지 홍봉한의 입장을 크게 두둔한 내용들이다. 그런 것에 비해 후자는 사도세자의 아들인 정조 입장에서 쓴 글이다. 사도세자의 남달랐던 천재성과 어진 인군의 자질을 부각시키고 있는 것이다. 특히 노론계열 중에서 남당세력이었던 김상로와 홍계희 등이 영조와 세자를 이간질하여 사도세자가 억울하게 죽었음을 강조했다. 오늘날 연구자들도 대체로 위의 두 기록 중 어느 한쪽을 취하다보니, 입장에 따라 역사적 평가 역시 상반되는 경우가 많다.

『승정원일기』에 담겨 있던 사도세자 관련 자료들이 거의 세초되고 폐기됐으니, 시시비비를 가릴 만한 자료가 영원히 사라져버린 셈이다. 사건에 대한 긍정적 시각이든 부정적 시각이든 그 기록 자체에 대한 가치는 늘 존재한다. 더구나 그날그날의 현장에서 기록한 『승정원일기』라면 이보다 더 큰 사료적 가치를 가진 자료는 찾아보기 어려울 것이다. 그리고 그 기록에 대한 평가는 후세 역사가의 몫이다. 그럴진대 임의대로 자료를 삭제하고 폐기해 후대 역사가를 혼란에 빠뜨렸으니, 그 결과에 대한 책임은 누가 져야 하는가. 참으로 안타까운 노릇이다.

제4장

사례로 본 『승정원일기』의 가치

　조선 세조 때의 공신 홍윤성은 포악하기로 소문이 났다. 일찍이 그는 도순문출척사都巡問黜陟使가 되어 경기도를 순행할 때 양주 땅에서 자색을 겸비한 한 좌수의 딸을 보고 욕심을 부렸다. 이때 그 처녀는 "나도 사족士族의 딸이니 정식 아내로 맞아들인다면 받아들이되, 첩으로 여긴다면 자진하겠다"고 윽박질렀다. 이미 부인이 있었으나 홍윤성은 그녀의 요구를 들어주기로 하고, 숭례문 밖에 집을 구해 살았다. 홍윤성이 죽은 후 전처와 후처 사이에 적처 자리를 놓고 크게 다툼이 일게 됐다. 이때 후처가 기발한 아이디어를 냈다. 지난날 세조가 홍윤성을 따라 자신의 집에 와서 술을 마신 적이 있는데, 이를 기록한 『승정원일기』에 '부인'이 술을 쳤다고 했는지, '첩'이 술을 따랐다고 했는지 확인해보면 누가 적처인지 알 것이 아니냐고 했다. 이리하여 결국 『승정원일기』까지 동원되어 적처를 가리게 됐으니, 『승정원일기』에는 '부인'이라고 기록된 사실

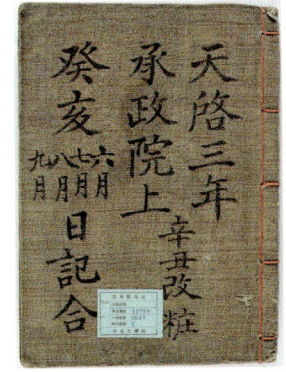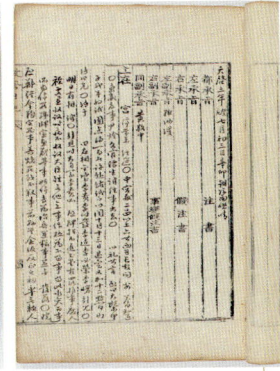

『승정원일기』 천계天啓 3년(1633) 즉 인조가 즉위한 해 6월부터 9월까지의 『승정원일기』를 한 권으로 묶은 것이다. 서울대 규장각 소장.

이 확인됐다. 사건 심리를 하던 성종은 특별히 2명 모두를 적처로 인정하지 않을 수 없었고, 재산을 반으로 나누게 했다는 것이다.

이처럼 『승정원일기』는 필요할 때면 언제든지 꺼내 참고할 수 있는 자료였다. 비사秘史였던 『조선왕조실록』은 임금조차도 열람이 허락되지 않았지만, 『승정원일기』는 필요할 때면 언제든지 볼 수 있었다. 국정 운영상 전례를 찾을 때는 으레 『승정원일기』를 참고했고, 실록 편찬을 위한 시정기 찬집이나 『비변사등록』 작성에도 가장 큰 참고자료가 됐으며, 앞의 홍윤성의 사례와 같이 개인의 송사 문제에까지 참고가 됐다. 그러니 조선 후기 난무하는 변무辨誣(사리를 따져서 억울함을 밝힘) 사건들에는 당연히 『승정원일기』를 증거로 내세운 경우가 많았는데, 주로 입직 주서가 해당 사건을 찾아 등사해주었던 것 같다. 뿐만 아니라 개인 문집을 낼 때 필요한 자료로 뽑아 쓸 정도로 『승정원일기』는 널리 애용됐다.

이같이 『승정원일기』가 등사되어 남발되는 일이 확산되자 정조가 이에 제동을 걸었다. 『승정원일기』는 마땅히 사초와 같이 다루어야 하는 것이니, 긴급하게 전례를 상고하는 것 외에는 열람을 금

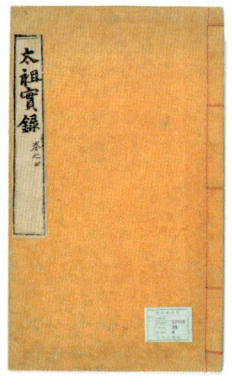
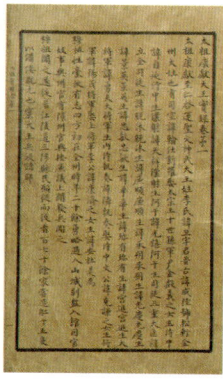

「태조실록」 조선왕조의 개창자 태조의 재위(1392~98) 6년 동안의 역사를 기록한 책으로, 표제는 『태조강헌대왕실록太祖康獻大王實錄』으로 되어 있다. 서울대 규장각 소장.

지하라는 것이었다. 또 불가피하게 열람할 때에는 일지에다 구체적 사항을 기록으로 남기도록 했다.

『조선왕조실록』은 사건이 있은 후에 얻어진 결과를 놓고 그 과정을 재구성하는 기록이다. 이에 비해『승정원일기』는 사건 현장에서 실시간 진행되는 과정을 시간대에 따라 차례로 기록한 것이니, 역사적 진실 게임에 있어 이보다 효용가치가 큰 자료는 없다.

예를 들어 1728년(영조 4)에 일어난 이인좌의 난을 진압하는 과정에 대한 기록을 비교해보자. 이인좌·정희량 등이 일으킨 무신란은 영조와 밀착된 노론정권에 대한 소론·남인의 반발에서 야기됐다. 그런데 영조정권에 참여했던 소론세력인 이광좌·오명항·조현명·박문수 등의 적극적인 대처와 활약으로 주모자들이 처형되어 반란으로 규정됐으며, 이후 영조는 무마책으로 연합정권을 구성하는 탕평책을 들고 나와 난관을 극복하려 했다. 그러나 종국에는 노론 일당의 독주로 치달아, 무신란 진압을 주도했던 소론 대표 이광좌가 노론의 줄기찬 공격으로 사후에 관작이 추탈되고 끝내 역적으로 몰리고 말았다.

영조가 죽고 정조 초기에도 노론이 득세했다. 이런 상황에서 『영조실록』이 편찬되면서 무신란 서술은 공정한 평가를 기대하기 어려웠다. 거사가 실패로 끝났으니 난으로 규정된 것은 당연한 것이었고, 그 난을 진압했던 이광좌 등의 소론세력도 나중에 역적으로 몰

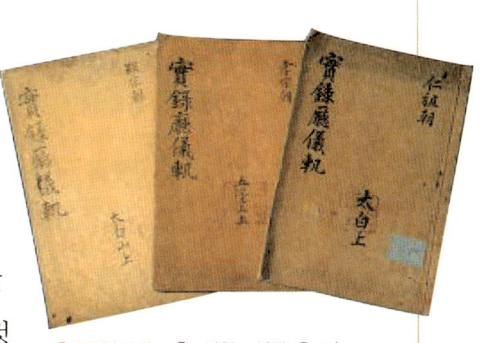

『실록청의궤』 『조선왕조실록』을 편찬하거나 수정할 때 그 전말을 기록한 책이다. 서울대 규장각 소장.

렸기에 정당한 평가를 받지 못했다. 그리하여 난을 진압하던 과정에서 보여주었던 그들의 수완과 공로가 『조선왕조실록』에서는 모두 삭제되는 대신 영조가 처음부터 침착하게 진압 과정을 진두지휘한 것으로 묘사되어 있다.

그러나 『승정원일기』 기록은 『조선왕조실록』과는 사뭇 다르다. 이광좌의 사건 처리 솜씨가 보탬도 숨김도 없이 드러나고, 영조가 초기 실상을 제대로 파악하지 못해 방심하다가 청주가 함락되고 나서야 크게 당황하는 모습이 생생히 그려져 있다. 이 대목에서는 특히 이광좌가 왕을 안심시키는 대화가 그대로 실려 있다. 이렇듯 『승정원일기』를 읽다보면 이광좌를 비롯한 소론 대신들의 반란 진압에 임하는 자세나 뛰어난 정치수완이 잘 드러나 있어 『조선왕조실록』과는 대조를 이루고 있는 것이다.

『승정원일기』의 가치를 더욱 돋보이게 하는 것은 날씨 정보다. 여기에는 조선 후기 288년 동안의 날씨기록이 하루도 빠짐없이 고스란히 남아 있다. '晴청(맑음)', '陰음(흐림)', '雨우(비)', '雪설(눈)' 등으로 그날의 날씨가 기록되어 있고, 때에 따라서는 '午前

晴오전청', '午後雪오후설', '朝雨夕晴조우석청'과 같이 일기 변화까지도 빼놓지 않았다. 측우기로 강수량을 측정한 결과까지 잘 정리되어 있다. 이는 세계 어디에서도 유래를 찾기 힘든 기록들이다.

『승정원일기』는 임금의 동정을 기록하는 것이 우선이다. 따라서 임금의 건강이나 환후는 비교적 상세하게 기록으로 남아 있다. 『승정원일기』의 입진 기사가 그것인데, 때로는 처방과 약 조제 상황까지 있어서 한의학 분야에서도 크게 각광을 받을 것으로 보인다. 당대 최고 어의들의 처방전들이 자세하게 소개되어 있기 때문이다.

1759년(영조 35) 6월 9일, 초여름 궁궐 안에서는 정성왕후를 잃은 66살의 늙은 임금 영조가 나이 겨우 15살 된 어린 신부를 맞고 있었다. 김한구의 딸을 두 번째 왕비로 맞아들이는 가례를 행했던 것이다. 『조선왕조실록』에는 "삼간택을 하여 유학 김한구의 딸로 정했다. 대혼을 6월 22일 오시(오전 11시~오후 1시)로 정하고 이날 정사를 열어 김한구로 돈녕부 도정으로 삼았다"라고만 기록했다. 그러나 『승정원일기』에는 6월 2일 재간택으로 6명을 뽑은 사실부터 6월 9일 왕비로 정하고 왕이 빈청에 의견을 구하는 과정과 그 후 예조에서 친영을 위한 길일을 정해야 한다는 의견 제시 및 가례 진행 상황 등이 자세하게 실려 있다. 규장각이나 장서각에는 이런 행사와 관련된 각종 의궤류가 많이 남아 있어 기본 자료를 제공하고 있다. 그러나 그림만으로는 행사 성격이나 세부 진행을 잘 알 수가 없는데 이를 보완해주는 자료가 바로 『승정원일기』인 것이다. 이를 통해 당시 행사 장면을 훌륭하게 재현해낼 수도 있을 것이다.

그럼에도 불구하고 『승정원일기』의 사료적 가치에 대한 흠을 잡지 않을 수 없다. 인조에서 경종 원년까지의 기사에 대한 재검토가 필요하다는 점이다. 화재로 소실된 시기가 영조 20년이고, 보수가 23년에 끝났는데, 이 시점을 매우 주목해야 한다. 1740년(영조 16) 경신처분庚申處分(노론 4대신에 대한 완전한 신원과 신임옥사가 소론과 격파에 의해 조작된 무옥誣獄임을 판정한 처분)과 1741년(영조 17)의 신유대훈辛酉大訓(경신처분을 대내외에 천명한 대훈 반포)을 거치면서 당쟁의 쟁점이었던 충역忠逆 의리 문제가 노론의 일방적인 승리로 끝났다. 이에 따라 노론을 역逆으로 규정했던 임인년壬寅年 국안이 무안誣案(죄인이 거짓으로 꾸며낸 공초供招를 기록한 문서)으로 판정되어 소각됐고, 1744년(영조 20)부터는 소론과 남인에 대한 노론의 공세가 본격화됐다. 노론은 1728년(영조 4) 무신란으로부터 경종 초의 신임옥사辛壬獄事(1721~22), 또 그 이전 숙종 때의 엎치락뒤치락했던 사건들에까지 소급하여 상대 당을 역逆으로 몰아가고 있었다. 이렇듯 정치 공세가 치열하던 민감한 시기에 인조 이후 『승정원일기』가 노론계 홍계희의 주관으로 보수작업이 시작된 것이다. 이때는 단순한 보수가 아니라 거의 편찬과 맞먹는 작업이었다고 보는 것이 학계의 입장이다.

한편으로는 정치적 상황에 따라 이미 서술해놓은 부분도 때로는 수정됐다는 점이다. 왕의 언동 가운데 후세에 남겨 교훈이 되지 않거나 성덕에 누가 될 만한 것은 신하들의 요구로 삭제되거나 고쳐졌는데, 기존 연구에 의하면 사도세자와 관련된 기록은 114군데가 삭제됐다고 한다.

제 8 부

전통시대 기록문화와 『승정원일기』

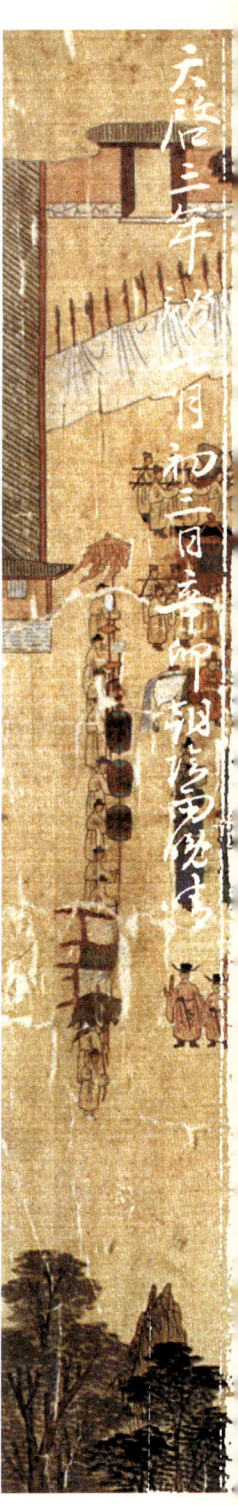

제1장

동아시아 기록문화의 전통

　인류가 살아온 시기를 크게 선사시대와 역사시대로 구분한다. 그것은 문자 기록의 유무에 따라 구분한 것이다. 약 200만 년 전부터 인류가 지구상에 존재해왔다고 한다면, 문자로 기록을 남긴 역사시대는 무시해도 좋을 만큼 짧은 기간이다.

　그러니 국가가 생겨나고, 자국의 역사를 기록으로 남긴 역사는 더 짧을 수밖에 없다. 나라의 역사를 편찬한다는 것은 국가체제가 완전히 모습을 드러낸 후 자긍심을 대내외적으로 나타내기 위한 발로에서 출발하는 것이기 때문이다. 또한 국가기록물이 체계적으로 생산되고 관리되어야만 국사를 편찬할 수 있다는 점에서 본다면, 이는 정치적으로나 문화적으로 보다 성숙한 단계에서야 가능한 일이었다.

　흔히들 동양 역사의 아버지로 우리는 사마천을 떠올린다. 그가 편찬한 『사기史記』는 이후 동아시아 역사 서술의 모범을 보여주었는데, 이 역시 중국의 최초 국가였던 하 왕조가 성립한 후 약 2천 년이 흘러간 뒤에야 나타났다. 이것이 대개 기원전 100년경인 한나라 때의 일이었는데, 이미 주나라 때부터 사관史官이라는 직책이 있어서 가능한 것이었다. 물론 『사기』에 앞서 편찬된 『춘추春秋』와 같은 역사서가 현존하기도 하고, 또 전하지는 않지만 『사기』 편찬에 동원된 문헌만도 100여 종이 넘는다고 한다.

중국에서 편찬되던 왕조의 역사가 개인 저술 형태로 내려오다가, 공동 편찬체제로 전환됐던 것이 당나라 때였다. 사마천의 『사기』는 물론이고, 우리에게 잘 알려진 반고의 『한서漢書』도 개인이 저술한 사서였다. 그리고 이런 편찬체제는 육조 중기부터 당나라 초기까지 계속됐다. 『양서梁書』, 『진서陳書』, 『북제서北齊書』, 『남사南史』, 『북사北史』 등도 모두 개인이 편찬한 사서였다.

그러다가 당 태종의 명에 의해 편찬된 『진서晉書』, 『수서隋書』에는 여러 명의 사관들이 분담하여 함께 편찬한 이른바 '분찬分纂' 방법이 동원됐다. 국가에서 사관들을 동원하여 분찬한 경우, 역사 편찬 전담기구인 사관史館을 따로 두었다. 여러 명이 모여서 편찬하기에 편리하기 때문이다.

분찬 방법의 대표적인 것이 실록인데, 이는 왕이 서거하면 재위 기간의 역사를 나누어 편찬하는 것이다. 남북조시대 양나라에서 처음 실록을 편찬한 전통이 이후에도 꾸준하게 이어졌으나, 현존하는 것은 명·청실록뿐이다. 명나라는 기거주起居注라는 관직을 두어 매일 일어나는 일들과 중앙과 지방관청 기록물들을 일별로 혹은 월별로 정리했다. 그러고는 황제가 죽으면 실록 편찬 책임자인 감수관을 임명하여 실록을 편찬케 했다. 편찬된 실록은 정본과 부본 2부를 만들어 따로 보관하고, 부본은 다음 실록을 편찬할 때 사관들이 참고하도록 했다. 또 궁궐 안에 보관된 실록은 공개하지 않는 것이 원칙이었으나, 조선에서와 같이 엄격하게 지켜지지는 않았던 것 같다. 민간으로 유출되어 만들어진 사본들이 산재하는 것도 그 때문이다.

청나라 실록은 태조(누르하치)로부터 선통제宣統帝까지의 것들이 남아 있는데, 간혹 그림을 삽입하거나 한문과 만주어 및 몽골어로 서술됐다는 특징이 있다. 편찬된 실록은 베이징 궁전 안의 황사성·건청궁·내각실록고 등에 분산시켜놓고, 펑톈奉天의 궁전인 숭모각에도 1부를 비장했다. 베이징본은 만주어·몽골어·한문의 3체로, 숭모각본은 만주어·한문 2체로 기록됐는데, 현재 완전한 것은 숭모각본뿐이다.

일본은 초기 국가 성립 후 한반도나 중국과의 교류를 통하여 선진문물을 받아들였다. 이때에 국가체제에 근간이 되는 율령제도를 도입하고, 역사 찬술을 시도하게 된다. 각 지역에 사관 직책을 맡은 '국사國史'를 두어 중앙 관서에서 관장했고, 이러한 노력으로 『일본서기日本書紀』가 완성될 수 있었다. 『일본서기』보다 약 8년 정도 앞선 시기에 『고사기古事記』란 책이 간행되기도 했다. 이는 7세기 초까지 다루긴 했으나, 대부분의 내용이 신대神代 기사여서 사서라기보다는 신화로 봐야 한다. 『일본서기』 이후 『속일본기』, 『일본후기』, 『속일본후기』, 『문덕황제실록文德皇帝實錄』, 『삼대실록三代實錄』 등이 연달아 편찬됐다. 이들을 합쳐 흔히 '육국사六國史'라 부르며, 『일본서기』보다 사료적 가치가 높다고들 한다.

6국사 명칭에서 보이는 '기紀'와 '실록'의 실질적인 차이는 별로 없다. 실록이란 이름이 있기 전의 역사서는 여러 대의 역사를 한꺼번에 편찬했던 것에 비해, 실록 명칭으로 된 것들은 중국의 실록편찬 방법에 따라 만들어진 것이다. 따라서 일본의 실록은 분량이 많고 내용도 비교적 자세하다. 그러나 원본으로 전해지는 것은 없고 사본만 전할 뿐인데, 그나마 18세기에 와서야 간행된 것들이 대부분이다.

일본에서는 중국이나 우리나라에서처럼 기거주와 좌사左史·우사右史 제도를 두지 않았기 때문에 자료 수집과 편찬에 시일이 많이 소요됐다. 그리고 3대 실록이 만들어진 이후에 실록은 더 이상 편찬되지 않았다. 실록은 강력한 중앙집권체제가 구축된 왕조의 산물인데, 율령제가 무너지고 10세기 초에 이르면 봉건제가 실시됐기 때문이다. 무사계급(사무라이)이 지배하는 봉건제 아래에서는 실록이 아니라 이야기식으로 서술하는 사서들이 편찬됐던 것이다.

우리나라를 비롯해 중국, 일본 등에서 편찬된 실록은 오늘날의 베트남, 즉 월남에서도 편찬됐다. 월남에서 실록이 편찬된 것은 응우옌왕조阮朝(1802~1945) 때로, 응우옌왕조는 국가를 통일하고 율령을 정비하는 한편 유교적 문화사업을 추진했는데, 실록 편찬도 그중의 하나였다. 응우옌왕조에서는 실록 편찬을 위해 한림원 시강侍講 한 사람을 기거주로 임명하여 실록 편찬의 실무를 맡도록 했다. 이렇게 편찬된 실록이 『대남식록大南寔錄』으로, 실록을 '식록寔錄'이라 명명한 것은 중국 명나라 명제의 황후 호씨胡氏의 이름에 '실實'자가 들어 있어 이 글자를 피하기 위한 것일 뿐 내용이나 편찬방법은 실록과 다름이 없었다. 『대남식록』도 분량이 548권이나 되는 방대한 것으로, 1935년까지 편찬됐다고 한다.

제2장

조선 이전의 우리 기록문화

　우리나라에서 역사를 편찬한 기록이 처음 보이는 것은 삼국시대부터다. 고구려 영양왕 때 이문진이 『유기留記』 100권을 『신집新集』 5권으로 간행했고, 백제는 근초고왕 때 박사 고흥이 『서기書記』를, 신라는 진흥왕 때 이사부의 건의에 따라 거칠부가 『국사國史』를 편찬했다. 자국의 역사를 편찬한다는 것은 정치·문화가 융성하여, 그 자신감을 대내외에 과시하기 위한 일종의 수단이었다.
　이들 사서 편찬체제는 여러 사람이 분담 편찬하는 분찬이 아니라 개인 편찬이었고, 고려 중기에 이미 소실된 것으로 보인다. 『삼국사기』에서 백제의 『서기』 편찬을 소개하면서도 직접 인용하지 못하고, "고기古記에 이르기를"이란 주석을 달았기 때문이다. 고기古記는 삼국시대 각 개인들이 남긴 기록이 아닌가 여겨진다. 신라가 삼국통일을 이룬 시기를 전후하여 기록문화에도 큰 변화가 있었다. 『삼국사기』 태종무열왕 7년부터 월별 기사에서 탈피하여 날짜별 기사

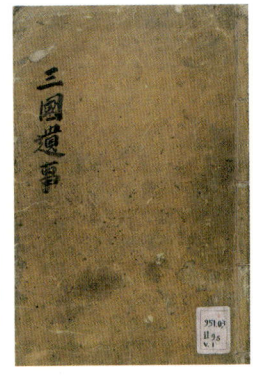
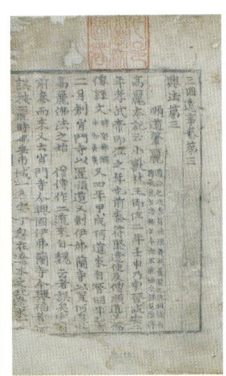

『삼국유사』 고려 충렬왕 때 보각국사普覺國師 일연一然(1206~89) 스님이 신라·고구려·백제의 각종 유사遺事를 모아서 엮은 책으로 여러 판본들이 전한다. 서울대 규장각 소장.

로 편찬한 것이 대표적인 사례다. 날짜별로 기사를 기록했다는 것은 사관이 기록한 것을 토대로 편찬했을 가능성이 높은 것이다.

『고려사』에는 감수국사監修國史·수국사修國史·동수국사同修國史·수찬관修撰官·직사관直史官이란 관직들이 보인다. 춘추관에 소속된 관직들인데, 이들에 의해 역대 실록이 편찬됐던 것이다. 아무튼 중국에서 당나라 때부터 분찬 형식의 관찬 사서가 만들어졌듯이, 우리나라에서도 고려에 들어와 분찬 형식의 역사가 사관史館에서 편찬됐던 것이다. 고려 실록들이 언제 망실됐는지 확실치는 않다. 『고려사』를 편찬할 때 고려 실록들을 참고했다는 기록이 있으니, 조선 초기까지 전해진 것은 분명하다. 이 당시 귀중한 책들을 춘추관이나 충주사고에 보관했으니, 이들 역시 이곳에 보관되다가 임진왜란 때 소실된 것으로 추측해볼 따름이다.

고려 실록이 처음 불에 탄 것은 고려 1010년(현종 1) 거란의 2차 침입 때였다. 이때 태조에서 목종에 이르는 7대 실록이 소실됐고, 1013년부터 최항을 감수국사로 삼아 7대 실록을 복원했다. 아울러 9대 임금인 『덕종실록』이 있었다는 사실도 『고려사』 덕종찬德宗贊

제2장 조선 이전의 우리 기록문화 315

「무구정광대다라니경」 세계 최초의 인쇄본으로 알려져 있다. 청주고인쇄박물관 제공, 국립중앙박물관 소장.

에서 확인할 수 있고, 15대『선종실록』도『세종실록지리지』를 편찬할 때 인용했다는 사실이 확인된다. 그밖에도 숙종(13대), 예종(16대), 인종(17대), 의종(18대), 고종(23대), 원종(24대), 충렬왕(25대), 충선왕(26대), 충숙왕(27대)의 실록도『고려사』나『고려사절요』에서 확인되고 있다.

따라서 고려시대에도 왕이 승하하면 바로 감수국사 이하 편수관을 임명하여 실록을 편찬했던 것이 분명하다. 예컨대, 19대 임금인『명종실록』은 감수국사 최보순, 수찬관 김양경·임경숙 등이 편찬했는데, 춘추관과 해인사에 1부씩 보관했다고 한다. 실록이나 귀중한 국가 기록물은 반드시 원본과 부본을 따로 보관했는데, 개경은 춘추관에, 지방은 사고나 사찰 등에 분산 보관했을 것이다.

그리고『명종실록』편찬에는 권경중과 이규보 등도 참가했는데,『고려사』「권경중 열전」에 의하면 연대를 나누어 편찬했다고 한 바, 편년체로 기록했음을 알 수 있다. 편년체란 날짜별 순서에 따라 사건을 기록한 역사 서술체제인데,『승정원일기』와『조선왕조실록』이 그 대표적인 예이다.

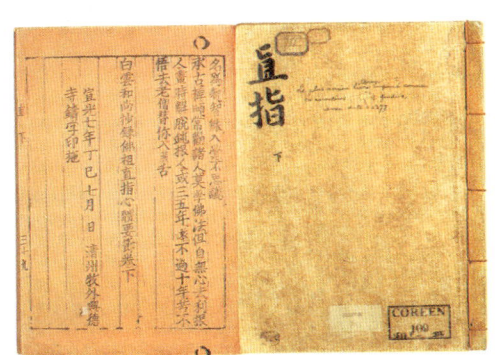

『직지심체요절』 세계 최초의 금속활자로 간행했다. 청주고인쇄박물관 제공, 프랑스국립도서관 소장.

고려 이래로 국가 기록물을 담당한 관청은 별도로 조직되어 있었다. 학사원·한림원·문한서 등으로 변천을 거쳐 고려 말 예문춘추관으로 불리던 기구가 그것인데, 이는 조선이 건국된 후에도 그대로 계승됐다.

이와 같은 역사 기록물들과 함께 풍성한 인쇄물들이 쏟아져 나왔다. 1966년 불국사 석가탑의 보수 과정에서 발견된 『무구정광대다라니경無垢淨光大陀羅尼經』은 우리나라뿐 아니라 세계 인쇄 및 기록의 역사를 다시 쓰게 했다. 고려시대에는 괄목할 만한 인쇄술의 발달을 보여, 세계 최초로 금속활자가 제작됐다. 현존하지는 않지만 1234년 최윤의崔允儀 등이 지은 『상정고금예문詳定古今禮文』은 금속활자로 제작됐을 것으로 추정된다. 1377년 간행된 일명 '직지' 또는 '직지심체요절'로 불리는 『백운화상초록불조직지심체요절白雲和尙抄錄佛祖直指心體要節』은 세계 최고의 인쇄 기록물로 공인받아 2001년 유네스코 지정 세계기록문화유산에 등재됐다. 이같은 뛰어난 기록물들은 이후 조선시대의 찬란한 기록문화를 꽃피우게 되는 배경이 됐다.

제3장

찬란했던 조선시대의 기록문화

　조선조 태종은 국가 역사기록의 중요성을 일깨우기 위해 예문관과 춘추관을 분리 독립시켰다. 예문관은 군왕의 사명辭命을 지어 올리는 기관이었다. 그 최고 관직인 영사는 영의정이 겸했고, 직제학은 도승지, 응교는 홍문관의 교리 이상이 겸했다. 그 아래 7품 이하 봉교·대교·검열의 관직을 가진 8명의 한림들이 있었는데, 이들이 바로 사관史官이었다. 한림은 과거 급제자 중에서 가장 우수한 자를 선발하니, 젊고 패기가 넘치는 자들이었다. 그래야만 때 묻지 않은 곧은 절개를 지키며, 과감하게 직필할 수 있기 때문이다. 한림에 제수되면 하늘에 분향례焚香禮를 행하는 관행이 있었다. 아마도 천직天職이라는 소명의식 때문이었을 것이다. 이에 대해 박지원의 『연암집』에는 다음과 같은 내용이 전한다.

　　우리 왕조가 건국한 지 이미 오래되다보니 사대부들이 전적으로 문벌만을 숭상하는데, 그 문벌의 청환淸宦으로는 한림과 이조좌랑吏曹佐郎을 더욱 중하게 여겼다. 이조의 정랑正郎과 좌랑은 3품 이하 관원의 들고 나는 것을 모두 주관하며 또 자기 후임을 스스로 추천하지만, 그 이름과 지위는 낭관을 벗어나지 못한다. 그런데 한림의 고사故事(오래된 규례)에는 한림을 추천하는 자리에서 예문관에 소속된 하인이 고사에 따라, "자리에 계신 분들은 회피하셔야겠습니다" 하고 아뢰면, 아무리 대관大官이라도 전에 검열을 지낸 사람이 아니면 으레 다 자리를 피해야 한다. 선발에 든 사람이 문벌과 재학才學에 털끝만큼의 하자도 지적되지 않은 다음에야 비로소 완천完薦(추천 완료)이 됐다. 완천한 날에는 분향하고 맹세하기를, "추천된 사람이 적임자가 아니면 재앙이 자손에게까지 미칠 것입니다"라고 했으니, 이것은 사관의 직무를 중히 여긴 때문이었다. 그러므로 벼슬은 비록 낮으나 어디에도 통제되고 소속되지 않았으니, 이조의 정랑과 좌랑에 비해서 이름이 더욱 화려하고 돋보였다.

박지원, 『연암집』 권3, 공작관문고孔雀館文稿, 「왕고수서한림천기王考手書翰林薦記」

『조선왕조실록』 사관들의 분찬 형식으로 편찬된 『조선왕조실록』은 단 4부만 만들면서도 인쇄하는 방법을 택했다. 서울대 규장각 소장.

사관의 임무 중에서 가장 중요한 것이 사초史草 작성이었다. 이들은 매일 매일의 시사時事를 있는 그대로 사초로 작성했고, 이를

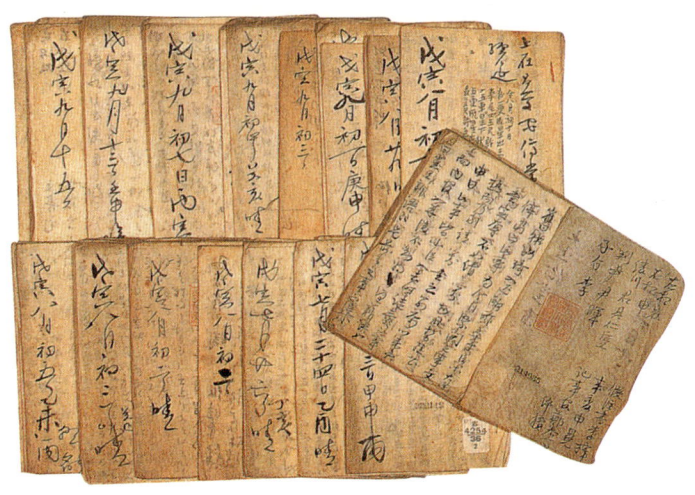

『인조무인사초仁祖戊寅史草』 1638년(인조 16)에 작성된 사초 원본이다. 이는 사관이 특정 사건이나 인물에 대해서 개인적으로 보고 듣고 느낀 점을 기록하여 보관했다가 실록이 편찬될 시기에 제출하는 가장사초다. 서울대 규장각 소장.

종합해 시정기를 편수했다. 또한 사관들은 시정기에 수록하기 곤란한 국왕에 대한 비판이나 관리 및 사건에 대한 논평들을 따로 기록하여 개인적으로 보관하기도 했다. 이를 가장사초家藏史草라고 한다. 작성된 사초는 국왕도 볼 수 없었다. 다만, 한 왕의 사후 실록을 편찬할 때, 해당 왕의 재위기간에 한림을 지낸 사람들은 자신들이 작성한 사초를 반드시 제출하여 실록 편찬의 중요한 자료로 활용토록 했다.

한편 춘추관은 역사를 편찬하는 기구이자 국가기록물을 보관하는 곳이기도 했다. 시정기를 비롯한 역사 편찬 자료뿐만 아니라 그 완성본인 실록을 보관하는 사고史庫 기능까지 갖추고 있었다. 이곳 관원은 원래 소속된 관청에서 고유 업무를 수행하다가 실록 편찬을 위한 실록청이 구성될 때 모였다. 이들 역시 사관 역할을 수행

조선시대 사고史庫의 변천

조선 초기	세종~임란전	임란 당시	임란 이후	이괄의 난	인조~순조
춘추관사고 (내사고)	춘추관사고	소실	춘추관사고	소실	일부 잔존분 병자호란 때 소실
	충주사고	소실	오대산사고	존속	오대산사고
충주 사고 (외사고)	성주사고	소실	태백산사고	존속	태백산사고
	전주사고	묘향산사고	마니산사고	존속	정족산사고
			적상산사고	존속	적상산사고

했기 때문에 겸사관이라 불리기도 한다.

영의정은 영춘추관사를 겸하고, 좌·우의정은 감춘추관사를 겸한다. 판서 두 사람이 지춘추관사를, 참판 두 사람이 동지춘추관사를 겸한다. 그 아래 실무를 담당하는 수찬관과 편수관, 기사관을 두어 초벌 원고 작성과 편찬의 기초 작업을 하도록 했다.

조선시대 춘추관에는 한림 8명과 겸사관 52명 등 모두 60명 정도가 활약하고 있었다. 52명에 달하는 겸춘추는 당시 중요 관청에서 요직으로 일하던 대부분의 관료들이 망라되어 있었는데, 여기에서 당시 기록문화에 대한 관심과 국가적 지원책을 읽을 수 있다.

조선시대의 기록문화 가운데 또 하나의 특징은 오늘날 신문과 같은 조보가 있었다는 점이다. 조보는 조정의 소식을 전하는 언론 매체다. 오늘날 정부에서 발행하는 관보와 유사하다. 연구자에 따라서는 조보의 기원을 신라시대로 추정하기도 하나, 현재까지 알려진 가장 오래된 것은 조선 중종 때의 것이다. 이때부터 고종 때까지 계속 발행됐으며, 1895년 2월 갑오개혁 때 관보로 바뀌었다.

조보는 국왕의 엄격한 통제 아래 승정원에서 발행했는데, 왕의

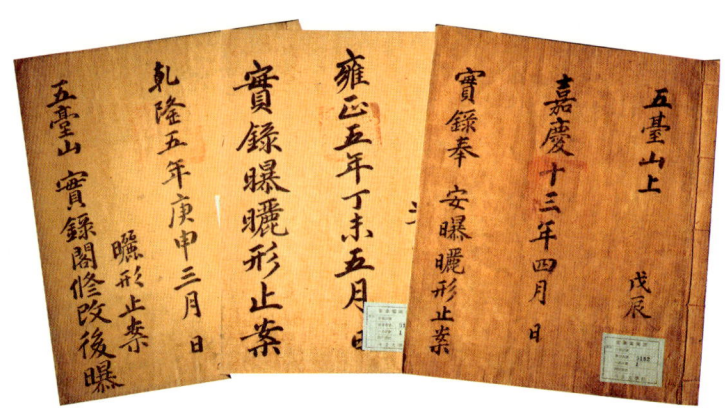

『실록형지안實錄形止案』 조선시대에 실록을 열람하거나 이동사항이 있을 때 이에 대한 목적·의식·절차·규정·인원 등을 상세히 규정했던 증빙문서다. 서울대 규장각 소장.

명령이나 지시 사항, 승진·사망·휴가 등 관리와 관련된 일, 왕에게 올린 상소, 조정의 결재 사항, 각 지방의 날씨 등이 실렸다. 승정원에서 발행에 필요한 자료들을 모아 조보소에 보내 이를 발표하는 형식이었다.

이때 각 관청에서 파견한 기별서리들이 붓으로 베껴 소속 기관으로 발송했는데, 처음 필사된 것이 복사되어 여러 산하기관에 배포됐기에, 그 내용이 다소 변질되는 경우도 많았다. 시간을 다투는 급한 일은 다음날 아침까지 기다리지 않고 즉시 호외를 발행했다. 이를 '분발分撥'이라고 불렀는데, 하루에 여러 번 발행되는 일도 많았다. 그래서 아예 각 관청마다 호외를 담당하는 분발 서리나 분발 군사를 따로 두기도 했다.

조보는 정기적으로 매일 발행됐으며, 크기는 일정하지 않으나 대략 세로 35센티미터 가량이었다. 제호와 기사 제목 없이 발행일자만 적혀 있을 뿐이다. 서체는 초서체인데, 한문이나 간혹 이두

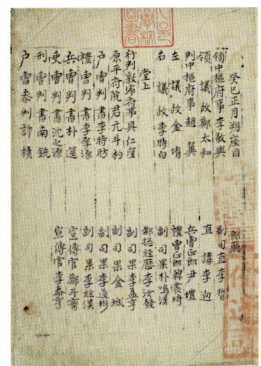

『비변사등록』 표지 제목이 비국(비변사), 계사년(1653) 등록으로 되어 있고, 좌목에는 영의정 정태화를 비롯한 비변사 당상과 낭청들의 명단들이 보인다. 서울대 규장각 소장.

식 표현이 섞이기도 했다. 배포 범위를 제한하기 위해 필사만을 허용한 듯한데, 원칙적으로 전·현직 고위관리들에게만 배포되어 일반 대중에게 미치는 영향은 크지 않았다.

한편으로는 오늘날 관청별로 업무일지가 있듯이, 조선시대에도 그러한 일지들이 있었다. 관청별 일지로 대표적인 것이 『일성록』, 『의정부등록議政府謄錄』, 『비변사등록』 등이다. 실록은 사초와 시정기 등을 기초로 재구성하는 과정에서 취사선택과 첨삭이 이루어진다. 그러나 일기와 등록류는 그 당대에 기록한 것이기 때문에 생생한 1차 자료다.

『일성록』은 1752년(영조 28)부터 1910년(순종 4)까지 국왕 동정과 국정 제반사항을 기록한 일기체 연대기다. 『조선왕조실록』이나 『승정원일기』와 더불어 조선시대의 대표적인 관찬 연대기 사서다. 정조 임금의 개인 일기로 출발했으나 규장각이 설치되자 이곳의 소속 관리인 각신閣臣이 대신 편찬하는 정부의 공식기록이 됐다.

『비변사등록』은 조선시대 중·후기 국가 최고 회의기관이었던 비변사의 업무일지다. 비변사에 회의가 있을 때마다 낭관이 입회

하여 회의 내용 및 의결사항을 기록했다. 1년에 1권씩 작성하는 것이 원칙이었으나, 사건이 많을 때는 2~3권으로 나누어 작성하기도 했다.

『의정부등록』은 조선 중기 이후 의정부에서 행한 각종 정사와 전례를 기록한 것이다. 인조에서부터 철종까지 약 214년 동안을 대상으로 했으나, 중간에 78년분의 내용이 빠져 있다. 3정승을 비롯한 의정부 관원이 참여한 의례·인사·외교·형사·정사는 물론이고, 의정부 관원의 제수·동정·국정 참여 형태도 기록되어 있다.

이외에도 『포도청등록捕盜廳謄錄』이나 『종친부등록宗親府謄錄』 등 각 관청마다 고유의 업무일지들이 다양하게 작성됐는데, 이것들을 통해서도 조선시대 기록문화의 단면을 엿볼 수가 있다.

제4장

기록문화의 꽃, 『승정원일기』

　조선시대 각 관청별 업무일지 중에서 대표적인 것이 바로 『승정원일기』다. 『승정원일기』는 내용의 자세함과 규모의 방대함에서 타의 추종을 불허한다. 『조선왕조실록』보다 5배 이상이나 되는 엄청난 양이기 때문이다. 그것도 남아 있는 조선 후기의 것만 따져서 그렇다.

　『승정원일기』는 왕명을 출납하던 국왕 비서실의 일기다. 왕명 출납은 물론이요, 국왕에게 보고되고 처리된 모든 일들과 의례적 사항들이 빠짐없이 기록되어 있다. 『승정원일기』는 국정 전반에 걸친 매일 매일의 기록을 날짜순으로 정리한 기본사료이자 1차 사료다. 따라서 그 당시 정책에 참고할 일이 있으면 반드시 『승정원일기』에서 사례를 찾아보았을 정도였다.

　조선 전기에도 『승정원일기』가 작성됐고, 고려시대에도 기구는 다르나 비슷한 일기가 작성됐을 것이다. 승정원과 비슷한 기능을 가진 부서들이 있었기 때문이다. 고려 성종대에는 은대남북원을 두었고, 현종대에는 중추원에 정3품의 승선承宣 4명과 정7품의 당후관 2명을 두어 왕명을 출납했다. 시간이 흐르는 동안 부서와 명칭의 변화가 있었으나 그 기능은 지속됐다. 따라서 이 당시에도 일기는 기록됐을 것으로 추정된다. 조선 건국 초기 정식으로 발족된 승정원 이후부터 작성됐던 『승정원일기』는 임진왜란 때 불타고 말았다. 그 후에도 세 차례 정도 화재로 소실됐다. 이런 대형 화재 외에도 몇 차례에 걸친 부분적 분실 또는 소실이 있었으나, 그때마다 개수되어 오늘날까지 우리에게 전해졌다.

2001년 9월 4일은 『승정원일기』의 역사에서 잊을 수 없는 날이다. 충북 청주에서 열린 유네스코 심의회의에서 『승정원일기』가 세계기록유산으로 지정됐기 때문이다. 23개국에서 신청된 42건의 경쟁 자료들을 제치고 『직지심체요절』과 함께 세계기록유산으로 지정됐으니, 그 중요성을 세계로부터 공인받은 것이다. 특히 『승정원일기』는 세계 최대 규모의 편년체 역사 기록물이며, 국왕에게 직접 보고된 당시의 생생한 문서라는 특장점을 높이 평가받았다. 이로써 당시 우리나라는 세계 32개국 69건의 세계기록유산 중 4건을 보유하게 되어, 국가의 문화적 위상을 한층 높이게 됐다(2009년 현재는 7건 보유).

『승정원일기』의 가장 큰 가치는 방대함과 자세함을 온전하게 구비하고 있다는 점이다. 비록 조선 전기 부분은 남아 있지 않지만, 3,245책에 적혀진 2억 4천 250만 자라는 놀라운 분량은 조선시대 전체를 포괄한 『조선왕조실록』보다 5배 이상 많으며, 중국에서 가장 방대한 역사 기록물이라는 『명실록明實錄』(2,964책, 1,600만 자)

과도 비교가 되지 않을 정도다.

더욱 중요한 측면은 그 자세함일 것이다. 지나간 과거의 시간을 탐구하는 학문인 역사학에서『승정원일기』는 당시의 정치·경제·사회·문화 등 국정의 거의 모든 핵심적 상황을 마치 영상처럼 보여준다. 승정원의 주서들은, 대궐 안에서는 물론 책상 앞에서 국왕의 언행을 비교적 편안하게 기록할 수 있었지만, 궐 밖 행차시에도 붓과 종이를 들고 수행함으로써 '임금의 모든 행동은 은폐하지 않고 반드시 기록한다君擧必書 良史書法不隱'는 동양의 기록정신을 모범적으로 재현했다. 그러니『조선왕조실록』이 마치 롱테이크로 찍은 뒤 주요 부분만을 압축한 편집본이라면, 『승정원일기』는 근접 촬영의 무삭제본이라고 할 수 있다.

『승정원일기』의 이런 특징은『조선왕조실록』과 비교해보면 더욱 뚜렷하게 드러난다. 영조 46년(1770) 11월 14일의『조선왕조실록』을 보면, "전국의 누락된 세곡을 4만 석까지 탕감하라"는 임금의 지시 사항이 간략하게 기록되어 있다. 그러나『승정원일기』를 펴보면, 당시 내린 지시 내용은 물론이고, 이에 대한 회의 내용들이 깨알같이 적혀 있다. 그 전교傳敎는 진시(오전 7~9시)에 영조가 대신들과 숭정전에서 경연을 마친 차대次對 자리에서 내린 것이었다. 시혜 차원에서 내린 하명의 동기를 한번 들여다보자. 당시 고령으로 건강이 좋지 않던 영조는 경연 직후 어의들에게 진맥을 받았는데, 맥박이 정상이라는 진단을 받자 영조는 이에 대한 감사와 보답의 뜻으로 백성들에게 실질적인 혜택이 돌아갈 만한 방책을 물었다. 영의정 김치인이 세곡 탕감을 제의했고, 이에 대한 문제점들을 중신들과 논의를 거쳐 그렇게 결정한 것이다. 각 대신들의 발언 내용들이 세세하게 적혀 있음은 물론이다.

한 사안의 전말을 이처럼 자세하게 기록한 『승정원일기』의 내용은 단편적인 결과만을 전달해주는 『조선왕조실록』의 한계를 뛰어넘어 그런 정책이 결정된 때와 장소, 동기는 물론 대화 내용을 통해 각 관료들의 말투와 성품까지도 유추할 수 있게 해준다. 순조대에 도승지로 근무했던 박종훈이 내린 평가를 한번 보기로 하자.

> 경연에서 논의한 비밀 사항도 반드시 입시해 직접 기록하고, 다음달 20일이 되기 전에 책을 만들어 바치기 때문에 그 자세함과 정확성에서 우리나라의 문헌 중 『승정원일기』보다 나은 것이 없다.
>
> 「승정원일기」 순조 16년(1816) 8월 24일

이처럼 『승정원일기』는 편찬물이 아니라 국정 현장에서 일어나는 대화 내용, 임금에게 올려진 문건을 일체의 가감 없이 그대로 적은 기록물이었다. 편찬자의 사관이나 그에 따른 사료의 취사선택이 이루어진 『조선왕조실록』과 달리, 거기에는 어떤 주관적인 판단이나 사적인 이해관계가 얽혀 있지 않다. 오로지 객관적 자세에서 사실만을 기록했을 뿐이다. 따라서 가장 믿을 만한 신사信史였다. 나아가 현장에서 일어나고 말해지는 바를 동일한 시간대에 따라가며 빠짐없이 상세하게 적어놓은 일종의 다큐멘터리 기록물이다. 『승정원일기』를 현장성, 객관성, 신빙성, 다큐멘터리적인 기록성으로 특징짓는 이유도 바로 여기에 있다.

이렇듯 자세하고 방대한 기록물이었다 할지라도 승정원을 거치지 않은 자료는 실리지 않은 흠결은 있다. 또 인조 때 이괄의 난으로 그 이전의 『승정원일기』가 모두 불타버렸고, 한번 불탄 자료는 회복이 불가능했다. 그리고 1744년(영조 20) 승정원에 대형 화재가 발생하여, 그때까지 보관해온 선조 이후 경종 때까지 약 130년 동안의 『승정원일기』 1,796권이 또 불타버리고 말았다. 이는 우여곡절 끝에 보수작업이 이루어졌지만, 내용면에서는 부실하기 짝이 없었다. 1,796책이던 분량이 548책에 그쳤으니, 그 허술함이야 말해 무엇하랴! 그러나 그 정도라도 회복이 됐으니 얼마나 다행한 일인가. 4대 사고에 분산 비치된 『조선왕조실록』과 달리 『승정원일기』는 궐내 승정원에 1부만이 비치됐기에 항상 훼손이나 소실의 위험이 있었고, 고종이 1부 더 필사하여 북한산 깊은 곳에 비장할 것을 제안한 것도 이에 대한 대비책이었다.

아무튼 『승정원일기』가 이런 자료적 중요성에도 불구하고 그 방대함과 난해함 때문에 널리, 그리고 보다 쉽게 이용되지 못하고 있었던 것이 안타까울 뿐이다. 따라서 이제부터는 보존도 보존이지만 활용에 더욱 관심을 기울여야 할 것이다. 선조들이 기록과 보존에 심혈을 기울였던 것은 우리 후손들의 다양한 활용을 전제로 한 것이 아니었겠는가. 현재 진행 중인 『승정원일기』 전산화 작업과 번역이 하루빨리 완료된다면, 모두가 손쉽게 『승정원일기』를 읽을 수 있는 날이 올 것이다. 선조들이 가꾸어온 수준 높은 기록문화의 전통을 오늘에 되살리는 작업들이 그리 녹록한 것은 아니지만, 우리 DNA 속에는 분명 그런 힘을 갖고 있으니, 법고창신法古創新 정신으로 『승정원일기』에 대한 인식과 활용이 다양해지고 풍부해지기를 기대해본다.

| 참고문헌 |

기본 사료

『경국대전經國大典』, 『궁궐지宮闕志』, 『동의보감東醫寶鑑』, 『목민심서牧民心書』, 『성호사설星湖僿說』, 『승정원일기承政院日記』, 『연려실기술燃藜室記述』, 『연암집燕巖集』, 『은대조례銀臺條例』, 『은대편고銀臺便攷』, 『조선왕조실록朝鮮王朝實錄』, 『지봉유설芝峯類說』, 『필원잡기筆苑雜記』, 『한중록閑中錄』, 『현륭원지문顯隆園誌文』.

저서

강명관, 『조선의 뒷골목 풍경』, 푸른역사, 2003.
김대길, 『조선 후기 우금牛禁 주금酒禁 송금松禁 연구』, 경인문화사, 2006.
김문식·김정호, 『조선의 왕세자 교육』, 김영사, 2003.
김문식·신병주, 『조선 왕실기록문화의 꽃, 의궤』, 돌베개, 2005.
김　범, 『사화와 반정의 시대—성종·연산군·중종과 그 신하들』, 역사비평사, 2007.
김　호, 『동의보감 편찬의 역사적 배경과 의학론』, 서울대 박사학위 논문, 2000.
박상환, 『조선시대 기로정책耆老政策 연구』, 혜안, 2000.
박홍갑, 『조선시대 문음제도門蔭制度 연구』, 탐구당, 1994.
_____, 『사관 위에는 하늘이 있소이다』, 가람기획, 1999.
_____, 『양반나라 조선나라—조선의 양반문화·관료문화』, 가람기획, 2001.
배현숙, 『조선실록연구서설』, 태일사, 2002.
백영자, 『조선시대의 어가행렬』, 한국방송통신대, 1994.
서인화 외, 『조선시대 음악풍속도』 2, 민속원, 2004.
송준호, 『조선사회사 연구』, 일조각, 1997.
신명호, 『조선 왕실의 의례와 생활』, 돌베개, 2003.

심승구 외, 『조선 세종조 궁중조회, 상참의常參儀 고증 연구』, 한국문화재보호
　　　재단, 2003.
윤　정, 『18세기 국왕의 '문치文治' 사상 연구』, 서울대 박사학위 논문, 2007.
우인수, 『조선 후기 산림세력山林勢力 연구』, 일조각, 1999.
역사학회, 『과거科擧―역사학대회 주제토론』, 일조각, 1981.
이근호, 『영조대 탕평파의 국정운영론 연구』, 국민대 박사학위 논문, 2002.
이기백 외, 『한국사 시민강좌 제24집―특집 족보가 말하는 한국』, 일조각,
　　　1999.
이동희, 『조선 초기 승정원의 정치적 역할』, 전북대 박사학위 논문, 1994.
이성무, 『유네스코 지정 세계기록유산 조선왕조실록 어떤 책인가』, 동방미디
　　　어, 1999.
____, 『조선시대 당쟁사』 1·2, 동방미디어, 2000.
____, 『조선의 부정부패 어떻게 막았을까―대간·감찰·암행어사 이야기』,
　　　청아, 2000.
____, 『한국의 과거제도(개정증보)』, 집문당, 2000.
____, 『조선의 사회와 사상』, 일조각, 2004.
이수건, 『한국의 성씨와 족보』, 서울대 출판부, 2003.
이왕무, 『조선 후기 국왕의 능행陵幸 연구』, 한국학중앙연구원 박사학위 논문,
　　　2008.
이원식, 『조선통신사』, 민음사, 1991.
이재호, 『조선정치제도연구』, 일조각, 1995.
한상권, 『조선 후기 사회와 소원제도訴冤制度·상언上言·격쟁擊錚 연구』, 일
　　　조각, 1996.
한영우·김대벽, 『조선의 집 동궐에 들다―창덕궁과 창경궁으로 떠나는 우리
　　　역사 기행』, 열화당·효형출판, 2006.
한영우, 『조선왕조 의궤』, 일지사, 2005.
____, 『「반차도」로 따라가는 정조의 화성행차』, 효형출판, 2007.

논문

강성득, 「영조대 개수본 『승정원일기』에 나타난 『내하일기內下日記』 검토」,

『도시역사문화』 4, 서울역사박물관, 2006.

_____, 「17~18세기 승정원 주서직注書職의 인사실태」, 『한국학논총』 31, 국민대, 2009.

권연웅, 「조선 영조대의 경연經筵」, 『동아연구』 17, 서강대 동아연구소, 1989.

김경수, 「조선시대 '가장사초家藏史草'에 일연구」, 『서지학보』 21, 한국서지학회, 1998.

_____, 「조선 후기 이담명의 『주서일기』에 대한 연구」, 『한국사학사학보』 12, 한국사학사학회, 2005.

김무진, 「조선사회의 유기아遺棄兒 수양收養에 관하여」, 『계명사학』 4, 계명사학회, 1993.

김성준, 「고려 7대 실록實錄 편찬과 사관史官」, 『민족문화논총』 1, 영남대, 1981.

———, 「조선 수령칠사守令七事와 『목민심감牧民心鑑』」, 『민족문화연구』 21, 고려대, 1988.

김영민, 「정조대 '임오화변壬午禍變' 논의의 전개와 사회적 반향」, 『조선시대사학보』 40, 조선시대사학회, 2007.

김창현, 「조선 초기 승정원에 관한 연구─승지의 전주기능銓注機能과 임용실태를 중심으로」, 『한국학론집』 10, 한양대 한국학연구소, 1986.

나일성, 「영조의 측우기 복원」, 『동방학지』 54·55·56, 연세대, 1978.

남지대, 「조선 초기의 경연제도經筵制度」, 『한국사론』 6, 서울대 국사학과, 1980.

박병련, 「한국의 전통사회와 족보읽기」, 『장서각』 창간호, 한국학중앙연구원, 1999.

박홍갑, 「조선시대 면신례免新禮 풍속과 그 성격」, 『역사민속학』 11, 한국역사민속학회, 2000.

변주승, 「조선 후기 유기아遺棄兒·행걸아行乞兒 대책과 그 효과─급량책給糧策을 중심으로」, 『한국사학보』 3·4호, 고려사학회, 1998.

서정문, 「『승정원일기』 국역의 현황과 과제」, 『민족문화』 24, 민족문화추진회, 2001.

송준호, 「과거제도를 통해서 본 중국과 한국」, 『조선사회사연구』, 일조각,

1987.

신병주, 「『승정원일기』의 자료적 가치에 관한 연구」, 『규장각』 24, 서울대 규장각, 2001.

신석호, 「승정원일기 해제」, 『한국사료해설집』, 한국사학회, 1964.

심승구, 「임진왜란 중 무과의 운영실태와 기능」, 『조선시대사학보』 1, 조선시대사학회, 1997.

_____, 「조선 후기 무과의 운영실태와 기능」, 『조선시대사학보』 23, 조선시대사학회, 2002.

안휘준, 「고려 및 조선왕조의 문인계회文人契會와 계회도契會圖」, 『고문화』 20, 한국대학박물관협회, 1982.

연갑수, 「『일성록日省錄』의 사료적 가치와 활용 방안」, 『민족문화』 27, 민족문화추진회, 2004.

이근호, 「『승정원일기』 보고기록報告記錄의 특징과 정보화 방안」, 『한국사론』 37, 국사편찬위원회, 2003.

_____, 「영조의 명 태조 이해와 황단병사皇壇並祀」, 『조선시대의 정치와 제도』, 집문당, 2003.

_____, 「영조대 『승정원일기』 개수改修 과정의 검토」, 『조선시대사학보』 31, 조선시대사학회, 2004.

_____, 「조선 중기 승정원의 봉환封還 관행에 대한 검토」, 『사학연구』 75, 한국사학회, 2004.

_____, 「조선시대 조참의례朝參儀禮 설행設行의 추이와 정치적 의의」, 『호서사학』 43, 호서사학회, 2006.

이동희, 「조선 태종대 승정원의 정치적 역할」, 『역사학보』 132, 역사학회, 1991.

_____, 「조선 세종대 승정원의 활동과 그 정치적 의미」, 『역사학보』 138, 역사학회, 1993.

이수건, 「정조조의 영남만인소嶺南萬人疏」, 『교남사학』, 영남대, 1985.

이왕무, 「영조의 사친궁私親宮·원園· 조성과 행행幸行」, 『장서각』 15, 한국학중앙연구원, 2006.

이홍두, 「『승정원일기』의 문헌학적 특징과 정보화 방안」, 『한국사론』 37, 국사편찬위원회, 2003.

임천환, 「조선 후기 승정원 주서 연구」, 국민대 석사학위 논문, 2002.

____, 「『승정원일기』 왕명기록王命記錄의 특징과 정보화 방안」, 『한국사론』 37, 국사편찬위원회, 2003.

장병인, 「조선 중기 혼인제의 실상—반친영半親迎의 실체와 그 수용 여부를 중심으로」, 『역사와 현실』 58, 한국역사연구회, 2005.

장필기, 「인조조 정태제鄭泰齊의 『사초史草』에 나타난 사론史論」, 『한국사학사연구』, 우송조동걸선생정년기념논총간행위원회, 1997.

전해종, 「승정원고承政院考—『은대조례銀臺條例』와 『문전조례文典條例』를 통하여 본 그 임무와 직제」, 『진단학보』 25·26·27, 진단학회, 1964.

정만조, 「영조대 초반의 탕평책蕩平策과 탕평파蕩平派의 활동—탕평기반蕩平基盤의 성립에 이르기까지」, 『진단학보』 56, 진단학회, 1983.

____, 「영조대 중반의 정국과 탕평책蕩平策의 재정립—소론탕평少論蕩平에서 노론탕평老論蕩平으로의 전환轉換」, 『역사학보』 111, 역사학회, 1986.

____, 「『승정원일기』의 작성과 사료적 가치」, 『한국사론』 37, 국사편찬위원회, 2003.

최완수, 「겸재진경산수화고謙齋眞景山水畵考」, 『간송문화』 21, 한국민족미술연구소, 1981.

최재복, 「『승정원일기』 대화기록의 특징과 정보화 방안」, 『한국사론』 37, 국사편찬위원회, 2003.

한충희, 「조선 초기 승정원연구—실제기능과 통치기구와의 관계를 중심으로」, 『한국사연구』 59, 한국사연구회, 1987.

____, 「조선 전기(태조~선조 24년)의 권력구조 연구—의정부·육조·승정원을 중심으로」, 『국사관논총』 30, 국사편찬위원회, 1991.

____, 「조선 초기 승정원 주서注書 소고」, 『대구사학』 78, 대구사학회, 2005.

홍순민, 「『일성록日省錄』의 편찬 과정과 구성 원리」, 『민족문화』 27, 민족문화추진회, 2004.

* 승정원일기 웹사이트 주소 http://sjw.history.go.kr

승정원일기, 소통의 정치를 논하다

지은이 박홍갑 이근호 최재복
펴낸이 윤양미
펴낸곳 도서출판 산처럼

등 록 2002년 1월 10일 제1-2979호
주 소 서울시 종로구 내수동 72번지 경희궁의 아침 3단지 오피스텔 412호
전 화 725-7414
팩 스 725-7404
E-mail sanbooks@paran.com

제1판 제1쇄 2009년 11월 25일
제1판 제2쇄 2009년 12월 15일

ⓒ 박홍갑 이근호 최재복, 2009

값 18,000원

ISBN 978-89-90062-37-6-03910

*잘못된 책은 서점에서 바꾸어 드립니다.